语言表达与应用写作

沙立玲 彭翠 赵军辉 主编
安丰霞 徐晓迪 李雨薇 李滟蔚 副主编

清华大学出版社
北京

内 容 简 介

本书是为适应和满足职业教育快速发展的需要，根据职业教育人才培养目标及要求，遵循职业教育教学特点，针对高职高专学生的实际情况，结合教学实践编写而成。

本书采用项目式编写体例，共编写十个项目和两个拓展课堂，每个项目都是根据实际生活中语言的不同应用需要来选择的，分别是：见贤思齐、科学发声、表情达意、百家争鸣、舌战群儒、你说我讲、职场办文、职场办公、职场办会、职场提升；两个拓展课堂分别是普通话等级测试和戏曲文化，主要针对普通话水平测试的学生和戏曲文化爱好者设计的。

本书既可作为高职高专院校的公共课教材，也适合广大读者自学使用。

本书封面贴有清华大学出版社防伪标签，无标签者不得销售。
版权所有，侵权必究。举报：010-62782989，beiqinquan@tup.tsinghua.edu.cn。

图书在版编目（CIP）数据

语言表达与应用写作 / 沙立玲，彭翠，赵军辉主编．
北京：清华大学出版社，2024.9. -- ISBN 978-7-302-67294-4
Ⅰ. H0；H152.3
中国国家版本馆 CIP 数据核字第 2024ZX7992 号

责任编辑：聂军来
封面设计：常雪影
责任校对：刘　静
责任印制：宋　林

出版发行：清华大学出版社
网　　址：https://www.tup.com.cn，https://www.wqxuetang.com
地　　址：北京清华大学学研大厦A座　　邮　编：100084
社 总 机：010-83470000　　邮　购：010-62786544
投稿与读者服务：010-62776969，c-service@tup.tsinghua.edu.cn
质量反馈：010-62772015，zhiliang@tup.tsinghua.edu.cn
课件下载：https://www.tup.com.cn，010-83470410
印 装 者：三河市龙大印装有限公司
经　　销：全国新华书店
开　　本：185mm×260mm　　印　张：13.25　　字　数：320千字
版　　次：2024年10月第1版　　　　　印　次：2024年10月第1次印刷
定　　价：49.00元

产品编号：099874-01

前 言

党的二十大报告指出："育人的根本在于立德。"立德树人是高等教育的根本任务，为党育人、为国育才是教育的根本要求。传承弘扬中华优秀传统文化是立德树人的重要内容。语言文字战线围绕立德树人根本任务，加强中华优秀语言文化的研究和阐释，将其创新转化为以文化人、以文育人的深厚文化土壤，培养堪当民族复兴重任的时代新人。

党的二十大报告概括提出并深入阐述了中国式现代化理论，擘画了以中国式现代化全面推进强国建设、民族复兴的宏伟蓝图。语言文字事业具有基础性、全局性、社会性和全民性特点，是国家文化建设和社会发展的重要组成部分，是推进中国式现代化的重要保障支撑，事关历史文化传承和经济社会发展，事关国家统一和民族团结，事关国民素质提高和人的全面发展。切实发挥高职院校语言文字工作基础育人作用，具有重要意义。

"语言表达与应用写作"课程整合普通话、应用文写作、演讲与口才内容，围绕立德树人根本任务，着重培养学生"一种能力，两个意识"，即语用能力、思政意识和文化意识，致力于建设"以思政为核心，以专业为应用，以文化为特色，以技能赛事为载体，以活动实践为抓手"的"五位一体"的人文素质核心课程，提高学生的职业适应能力和可持续发展能力，实现"能说会写"的总目标。

本书通过将普通话、应用文写作等相关课程的内容进行整合优化提炼，针对学生表达与应用问题，结合学生成长规律，以立德树人为宗旨，以为学、为用、为能为目标，设置十个项目，注重学生听、说、读、写能力训练，人文引导贯穿始终，充分体现出人文基础课程文化育人、文化树人的作用。编写中，我们尽力做到以下几个方面。

1. 以文化人，匠心独具

立足语言文字蕴含的传统人文价值与精神智慧，以立德树人为宗旨，秉承"文为魂，主题为载体，润而化之"的编写理念，特设十个项目，首设见贤思齐专题，增设国学导读、吟诵欣赏专栏，挖掘语言文字在文化、文明传承中的重要作用，引导学生感受发现语言文字的运用价值与美感，激发学生学习兴趣，提升学生语言运用能力，引导学生做正能量的传播者。

2. 为学为用，实用充实

本书编写遵循学生认识规律，从学生成长实际出发，编写十个项目，内容从易到难，难度从低到高。选用典型案例，设置典型情境，解读与解析相结合，重点与难点突出，简明扼要。本书内容广泛，可读性强，口语化语言的使用，如同友人间倾心交流，贴合实际，接近生活，通俗易懂，倍感亲切，有利于学生学习理解。

3. 多维呈现，信息新颖

本书内容选用新信息与新资料，理论联系实际，紧密结合实际。办公用文部分，根据 2012 年 4 月 16 日中共中央办公厅、国务院办公厅印发的《党政机关公文处理工作条例》为依据编写改版，知识更新，有益于学生学习掌握。本书内容多维呈现，具有较强的职业性、开放性、实践性，有利于促进学生的职业核心能力形成、奠定学生的职业迁移和可持续发展基础。

本书以实践育人为切入点，立足语言文字蕴含的传统人文价值与精神智慧，以社会服务为出发点，建立行动导向的课程体系；以应用能力提升为目标，建立教学核心圈；以共建共享为核心，完善互联网网络教学平台，根据语用能力培养规律，设立见贤思齐、科学发声、表情达意、百家争鸣、舌战群儒、你说我讲、职场办文、职场办公、职场办会、职场提升十个项目；增设拓展课堂一普通话等级测试专题和拓展课堂二戏曲文化专题，引导学生感受并发现语言文字的运用价值与美感，提升语用能力。

本书精心选材，教学案例多选用授课教师原创作品，上至仁人志士的家国情怀，下至身边学生的感人故事，或侃侃而谈，或娓娓道来，可读性强，具有一定的影响力。开篇设立见贤思齐专题，引导学生明白，古人"比学赶帮超"的是品德、是修养、是知识、是本领。而熟练地驾驭语言文字，会说会写，善于言谈应对，既是修养，也是本领，故语言表达专题后都设有课后训练，意在引导启发学生学好国家通用语言文字，为实现中国梦贡献力量。

本书寓教于乐，通俗易懂，设有国学导读、吟诵欣赏，通过经典诵读，美文品读，感受文化之美，感悟纯净的人性和不朽的人格，寓教于乐，丰富了语言表达类课程教材的内容与形式，实用、适用、富有创意。通过学习，学生在了解语言应用的重要意义和作用，习得语言交流和公文写作的基本技巧的同时，打通"课堂内外＋校园活动＋社会服务＋企业平台"四条实践渠道，提高口语表达和应用写作能力，掌握朗诵、解说、演讲、辩论等技巧，具备独立办文、办会、办公的能力。本书首先加强学生对中华语言文字美的感受和鉴赏，增强学生对中华语言文化的热爱，树立文化自信；引导学生明事理，知进退，擅表达，强文字，培养良好的沟通表达意识。

本书由沙立玲、彭翠、赵军辉担任主编，安丰霞、徐晓迪、李雨薇、李滟蔚担任副主编，许红岩、李海强、刘新英参与编写，各位编者倾注了自己的真诚和热情。由于教材编写责任重大，各位编者虽然全力以赴，尽职尽责，然能力所限，如有不足或疏漏之处，敬请批评指正。

编　者

2024 年 1 月

语言表达与应用写作课程概述

目 录

项目一　见贤思齐 ··· 1

项目二　科学发声 ··· 9
　　第一节　声母发音 ··· 9
　　第二节　韵母发音 ·· 18
　　第三节　声调 ·· 33

项目三　表情达意 ·· 42
　　第一节　朗诵 ·· 42
　　第二节　经典诵读 ·· 46

项目四　百家争鸣 ·· 65
　　第一节　演讲技巧 ·· 65
　　第二节　演讲稿 ··· 72
　　第三节　演讲训练 ·· 74

项目五　舌战群儒 ·· 83
　　第一节　辩论 ·· 83
　　第二节　应聘答辩 ·· 88

项目六　你说我讲 ·· 93
　　第一节　有效沟通 ·· 93
　　第二节　解说 ·· 96

项目七　职场办文 ··· 101
　　第一节　应用文基础知识 ·· 101

  第二节 公文基础知识 ·· 104
  第三节 应用文制发与处理 ·· 112

项目八 职场办公 ··· 117
  第一节 通知 ··· 117
  第二节 函 ··· 121

项目九 职场办会 ··· 127
  第一节 会议通知 ·· 127
  第二节 会议记录 ·· 131
  第三节 会议纪要 ·· 136
  第四节 简报 ··· 140

项目十 职场提升 ··· 147
  第一节 计划 ··· 147
  第二节 总结 ··· 151
  第三节 述职报告 ·· 155
  第四节 调查报告 ·· 158

拓展课堂一 普通话等级测试 ································· 165
  第一节 普通话水平测试用朗读短文 50 篇 ···················· 165
  第二节 普通话水平测试用说题 ································ 190

拓展课堂二 戏曲文化 ·· 192
  第一节 戏曲文化概述 ·· 192
  第二节 地方戏曲——茂腔 ······································ 195

附录1 《诵读经典三百篇》目录 ······························· 198

附录2 《普通话水平测试大纲》评分系统 ···················· 203

附录3 普通话测试易错字词表 ································· 204

参考文献 ·· 205

项目一 见贤思齐

国家之魂，文以化之，文以铸之。语言文字是国家重要的文化资源、经济资源、安全资源、战略资源，事关国民素质提高和人的全面发展，事关历史文化传承和经济社会发展，事关国家统一和民族团结，是国家综合实力的重要支撑，在党和国家工作大局中具有重要地位和作用。党的二十大报告强调："加大国家通用语言文字推广力度。"国家通用语言文字是中华民族共同性的重要标志之一，是各民族共享的中华文化符号和中华民族形象，更是铸牢中华民族共同体意识的文化基因。推广普及国家通用语言文字是铸牢中华民族共同体意识、推进中华民族共同体建设的必然要求，有利于促进各民族交往交流交融，促进各民族像石榴籽一样紧紧抱在一起，促进各民族共同繁荣发展。新时代新征程，要进一步提高政治站位，坚定不移推广普及国家通用语言文字。

学习掌握语言文字的意义

一、高校开设语言文字类课程的意义

"世界上最伟大的艺术和最有征服力的武器是语言，人类的进步与文明就是从拥有语言沟通开始。"语言文字事业关乎国家统一和民族团结，关乎国民素质提高和人的全面发展，在国家发展战略中具有重要地位和作用。语言文字应用能力是人的职业核心能力之一。正确规范地使用语言文字是提高人际沟通，提高工作效率和工作质量的重要因素，体现出社会职业人的文明和综合素质。当代大学生重新更好地认识语言文字的作用，掌握语言文字工具，不仅有利于提升言语修养，提升语言文字运用能力的提升，而且可以塑造良好的个人形象，继而影响他人，以点带面，促进和谐的文明沟通，推进国家语言文字工作。

语言表达与应用写作

1. 语言文字是国家文化软实力

《国家中长期语言文字事业改革和发展规划纲要（2012—2020年）》指出，语言文字是人类最重要的交际工具和信息载体，是文化的基础要素和鲜明标志，是国家发展的软实力。语言文字是人类社会最重要的交际工具和信息载体，是文化的基础要素和鲜明标志。

语言文字事业是国家综合实力的重要支撑，在党和国家工作大局中具有重要地位和作用。我国是一个多民族、多语言、多方言的人口大国，语言文字是人类最重要的交际工具和信息载体。一个民族的崛起，除了经济的强盛外，更重要的是文化的繁荣。随着经济全球化的深入发展，许多国家纷纷制定语言规划，通过语言来推进国家战略，维护国家利益。进入新世纪，工业化、信息化、城镇化、市场化、国际化的深入发展对语言文字工作提出了新的要求，即营造与之相适应的语言环境，提升国民语文素质，培养大批高素质的劳动者，促进人的综合素质提升与全面发展，开发利用好丰富的语言文字资源，传承和弘扬中华民族优秀文化，提高汉语的国际竞争力，促进我国语言文化的国际传播。高等学校是推行国家通用语言文字的主阵地，是构建和谐校园文化的重要标志，对于继承和弘扬中华优秀传统文化、提高教育教学质量和科学文化素质都有重要作用。党的十八大以来，习近平总书记在不同场合多次提出要提高国家文化软实力，而语言文字是文化创造传承延续的基础。西汉刘向《说苑》中曾引子贡的话说："出言陈辞，身之得失，国之安危也。"由此可见，大到治国安邦，小到立身处世，都离不开人的言语行为。语言文字是有能量的，中国古代就有"一人之辩，重于九鼎大吕；三寸之舌，强于百万之师"的典故故事与精辟话语。

案例1

谏逐客书

李斯

臣闻吏议逐客，窃以为过矣。昔穆公求士，西取由余于戎，东得百里奚于宛，迎蹇叔于宋，来邳豹、公孙支于晋。此五子者，不产于秦，而穆公用之，并国二十，遂霸西戎。孝公用商鞅之法，移风易俗，民以殷盛，国以富强，百姓乐用，诸侯亲服，获楚、魏之师，举地千里，至今治强。惠王用张仪之计，拔三川之地，西并巴、蜀，北收上郡，南取汉中，包九夷，制鄢、郢，东据成皋之险，割膏腴之壤，遂散六国之众，使之西面事秦，功施到今。昭王得范雎，废穰侯，逐华阳，强公室，杜私门，蚕食诸侯，使秦成帝业。此四君者，皆以客之功。由此观之，客何负于秦哉！向使四君却客而不内，疏士而不用，是使国无富利之实，而秦无强大之名也。

今陛下致昆山之玉，有随、和之宝，垂明月之珠，服太阿之剑，乘纤离之马，建翠凤之旗，树灵鼍之鼓。此数宝者，秦不生一焉，而陛下说之，何也？必秦国之所生然后可，则是夜光之璧不饰朝廷；犀象之器不为玩好；郑、卫之女不充后宫，而骏良駃騠不实外厩，江南金锡不为用，西蜀丹青不为采。所以饰后宫、充下陈、娱心意、说耳目者，必出于秦然后可，则是宛珠之簪，傅玑之珥，阿缟之衣，锦绣之饰不进于前，而随俗雅化佳冶窈窕赵女不立于侧也。夫击瓮叩缶弹筝搏髀，而歌呼呜呜快耳者，真秦之声也；《郑》《卫》《桑间》，《昭》《虞》《武》象者，异国之乐也。今弃击瓮叩缶而就郑卫，退弹筝而取昭虞，若是者何也？快意当前，适观而已矣。今取人则不然。不问可否，不论曲直，非秦者去，为客者逐。然则是所重者在乎色乐珠玉，而所轻者在乎人民也。此非所以跨海内、制诸侯之术也。

臣闻地广者粟多，国大者人众，兵强则士勇。是以太山不让土壤，故能成其大；河海不择细流，故能就其深；王者不却众庶，故能明其德。是以地无四方，民无异国，四时充美，鬼神降福，此五帝三王之所以无敌也。今乃弃黔首以资敌国，却宾客以业诸侯，使天下之士退而不敢西向，裹足不入秦，此所谓借寇兵而赍盗粮者也。

夫物不产于秦，可宝者多；士不产于秦，而愿忠者众。今逐客以资敌国，损民以益仇，内自虚而外树怨于诸侯，求国无危，不可得也。

资料来源：朱东润.中国历代文学作品选[M].上海：上海古籍出版社，2002.

案例分析

李斯一篇《谏逐客书》名满天下。《谏逐客书》立意高深，雄辩滔滔，开头"臣闻吏议逐客，窃以为过矣"一句直陈其意，一个"窃"字，契合身份不失礼仪。文章围绕"大一统"的目标，从秦王统一天下的高度立论，正反论证，利害并举，最终从而打动了秦王嬴政，推动了秦朝统一的历史进程。

2. 良好的语言文字能力对个人成长的推动作用

从古代到当代，从中国本土到国家战场，语言文字犹如核武器，发挥出振聋发聩的能量。从大的方面说，语言的应用能力，和谐语言生活的创建，是国家软实力的体现。从小处说，对个人而言，拥有较强的语言文字能力，会使我们的生活和事业锦上添花。

国家语言能力是政府处理一切与国家利益相关事务的语言能力。其关键要素是国家语言治理能力、国家语言核心能力和国家语言战略能力。其中，治理能力具有全局性和统领性，核心能力具有基础性和先导性，战略能力具有前瞻性和长远性。可以说，国家通用语言文字有利于铸牢中华民族共同体意识，是国之重器，"强国必须强语，强语助力强国"。作为学生，具备良好的语言文字能力，打好语言文字基础也同样非常重要。

案例2

小逢同学才思敏捷，善于思考，做事情脚踏实地。有一次学院组织科技创新比赛，他发明的肥皂棒受到同学们的追捧。小逢介绍产品创意时说，他小的时候，家里住在乡下，看到母亲冬天洗衣服时，手一直浸泡在冰水里，加上洗衣服要再打肥皂，肥皂又小又滑，不好拿，母亲的手冻得又红又肿，皲裂处被肥皂水腌得疼痛难忍，他很心疼。长大后的他常帮母亲干家务。现在他发明的这款肥皂棒，形状像我们常用的胶棒，肥皂放到塑料棒中，用时可以拧出来，减少了手和肥皂直接接触的面积，干净方便又节约。他还给他的产品设计了一句广告语：爱妈妈，从妈妈的手开始。小逢介绍完以后，全场掌声雷动，拳拳孝心，溢于言表。

案例3

一个朋友做售楼工作，作为楼盘置业顾问，她每天认认真真，兢兢业业，业绩在团队中名列前茅，她梦想通过自己的努力，自食其力，在大城市里安家落户。有一天她迎来了她的一个客户，一个衣着普通的中年男子，前来询问楼盘情况，她像往常一样，认真地为客户介绍沙盘，力所能及地为客户解答疑惑。讲解结束后，她依旧像往常一样，送走客户，又开始新的工作。几天后，她接到一个知名房地产公司人事部门的经理打来的电话，告诉她，公司的总经理很欣赏她的工作态度和能力，想聘请她到他们公司业务部做经理。朋友很惊讶，询问为什么？人事部门的经理说，他们总经理说了，那天她做的沙盘介绍是总经理听过的所有沙盘介绍中内容最清晰，表达最好的。后来，朋友去了那家房地产公司，有了更广阔的平台去实现她的梦想。

二、高校语言文字工作目标

高校开展语言文字工作，要积极触发学生语言文字习得机制，多角度、多层次、全方位打造语用环境，提高语用频率，强化语用标准，强调语用服务，发挥高校示范引领，提升辐射带动作用，由外而内，自内向外，激发学生学习的渴望与热情。

打造全社会语言文字规范化建设的示范标杆，培养学生的"一种能力，两种意识"。"一种能力"即语言文字应用能力；"两种意识"即自觉规范使用国家通用语言文字的意识和自觉传承弘扬中华优秀文化的意识。

要实现上述目标，就要求教师熟悉党和国家语言文字方针政策及相关法律法规，普通话水平达标，汉字应用规范、书写优美，具有一定的朗诵水平和书法鉴赏能力，熟练掌握相关语言文字规范标准；具有高度的文化自觉和文化自信；普遍具有自觉推广国家通用语言文字与中华优秀文化的意识和自豪感。

通过学习，学生的普通话水平达标，口语表达清晰达意，交流顺畅；掌握相应学段应知应会的汉字和汉语拼音，具有与学段相适应的书面写作能力、朗读水平和书写能力，高校学生应具有一定的书法鉴赏能力；具有对中华优秀传统文化的认同感、自豪感和自信心。

三、落实提升学生语言文字应用能力的路径

（1）构建顶层设计，树立育人品牌，突出育人实效。根据高校语言文字工作的目标与责任，引导学生认识国家语言文字工作建设的战略意义，做建设工作的参与者、倡导者、影响者，打造校园文化品牌，增强主流价值观的校园影响力和引导力，推动精神效能转化。以弘扬传统文化、全面提升学生语言修养、语用能力和文化底色为核心，引导学生热爱传统文化，提升语言文字能力，有涵养、能传承。

（2）发挥课堂教学阵地作用，推进语言文字规范进课程、进课堂。思想文化是人格教育的源头活水。高尚、优秀的思想文化蕴含着丰富的智慧，浸润心灵，鼓舞斗志；庸俗、卑下的思想文化颓丧鄙陋，消磨意志，毒蚀精神。课程以实践育人为切入点，立足语言文字蕴含的传统人文价值与精神智慧，秉承"文为魂，专题为载体，润而化之"的理念，以社会服务为出发点，建立行动导向的课程体系；以应用能力提升为目标，建立教学核心圈；以共建共享为核心，完善互联网网络教学平台，根据语用能力培养规律，设立项目专题，引导学生感受发现语言文字的运用价值与美感，提升运用能力。

（3）坚守第一课堂、第二课堂、学生社团及文化传承基地四个育人主阵地。立足第一课堂，深入挖掘课程内涵，提升学生格局，培养学生素养，发挥语言文字应用能力，影响人、塑造人。第二课堂致力于学生语用能力的巩固与拓展，丰富业余生活，点燃学习热情。学生社团发挥文化社团、社团文化的凝聚力、向心力，完善学生知识结构，点燃兴趣之火，碰撞兴趣火焰，陶染涵养情操，促建校园文化组织细胞。

四、结语

增强中华文明传播力影响力明确要求我们加快构建中国话语和中国叙事体系，展现中国之路、中国之治、中国之理背后的思想力量和精神力量。见贤思齐，就是要用汉语言文字讲好中国故事、传播好中国声音，展现可信、可爱、可敬的中国形象。《论语·子路》："一言而可以兴邦，有诸？"唐代刘禹锡《唐故相国李公集纪》："古所谓一言兴邦者，信哉！"语言是一种社会现象，语言及其运用同社会、文化的关系至为密切。言语修养历来受到高度重视。《论语》记载，孔门有德行、言语、政事、文学四科。德行第一位，言语第二位。儒家重视"立言"，把"立言"列为与"立德""立功"并提的"三不朽"之一。魏晋时期，清谈之风盛行，士大夫在待人接物中特别注重言辞风度的修养，悉心磨炼语言技巧，使自己具有高超的言谈本领。力求言谈寓意深刻，见解精辟，言辞简洁得当，声调抑扬顿挫，举止挥洒自如。而士大夫的言谈雅事在《世说新语》中都有所记录。

在国外，语言表达也同样受到重视，公元前4世纪，雅典涌现出了一大批著名的演说家，安提芬、安多西德、利西亚斯、伊索克拉底等10人被誉为古希腊的"十大演讲家"，其中，德摩西尼被评为最为雄辩、最为杰出、最负盛名的口才家，被尊为古希腊"十大演讲家之首"，受到世人爱戴。

总之，文化传承离不开语言文字，人际交流离不开语言文字，信息时代更离不开语言文字。当代大学生任重道远，好好学习掌握语言文字，提升运用语言、驾驭语言的技能，

语言表达与应用写作

驾驭语言文字为我所用，回报社会，服务岗位，提升自我，做中国语言文字、文化的捍卫者和传播者，具有重要意义。

国学导读

学记（节选）

玉不琢，不成器；人不学，不知道。是故古之王者建国君民，教学为先。《兑命》曰："念终始典于学。"其此之谓乎！

虽有嘉肴，弗食，不知其旨也；虽有至道，弗学，不知其善也。是故学然后知不足，教然后知困。知不足，然后能自反也；知困，然后能自强也。故曰：教学相长也。《兑命》曰："学学半。"其此之谓乎？

古之教者，家有塾，党有庠，术有序，国有学。比年入学，中年考校：一年视离经辨志，三年视敬业乐群，五年视博习亲师，七年视论学取友，谓之"小成"。九年知类通达，强立而不反，谓之"大成"。夫然后足以化民易俗，近者说服而远者怀之，此大学之道也。《记》曰："蛾子时术之。"其此之谓乎！

大学始教，皮弁祭菜，示敬道也。《宵雅》肄三，官其始也。入学鼓箧，孙其业也。夏、楚二物，收其威也。未卜禘不视学，游其志也。时观而弗语，存其心也。幼者听而弗问，学不躐等也。此七者，教之大伦也。《记》曰："凡学，官先事，士先志。"其此之谓乎！

大学之教也，时教必有正业，退息必有居学。不学操缦，不能安弦；不学博依，不能安诗；不学杂服，不能安礼；不兴其艺，不能乐学。故君子之于学也，藏焉，修焉，息焉，游焉。夫然，故安其学而亲其师，乐其友而信其道。是以虽离师辅而不反也。《兑命》曰："敬孙务时敏，厥修乃来。"其此之谓乎！

译文

玉石不经过雕琢，就不能变成好的器物；人不经过学习，不会明白儒家至道。所以古代的三王，建立国家，统治人民，要把兴办教育作为首要任务。《尚书·兑命》篇中说："由始至终要经常想着学习先王正典。"这就是它所要表达的意思呀。

虽然有美味佳肴，不吃就不知道它的味美；虽然有至极大道，不学就不知道其中奥妙。所以深入学习之后才知道自己德行不足，教书育人之后才知道自己学识不通达。知道自己德行不足然后才能自我反省，知道自己学识不通达然后才能自我奋勉。所以说：教与学是相互促进的。《尚书·兑命》篇中说："教育别人所起到的效果，其中一半就是使自己增长德行学识。"这就是它所要表达的意思呀。

古代设学施教，每一间设有学校叫塾，每一党设有学校叫庠，每一遂设有学校学校叫序，在天子或诸侯的国都设有大学。新生每年都可入学，隔年考试一次。第一年考察学生离析经文义理和辨别志向所趋的能力；第三年考察学生是否尊敬师长，能否和学友和睦相处；第五年考察学生是否广学博览，亲敬师长；第七年考察学生在学术上的见解和择友的眼光，称为"小成"。第九年考察学生是否能够触类旁通，知识渊博通达，临事不惑，不违背老师教诲，称为"大成"。然后就足可以教化臣民，移风易俗，使亲近的人心悦诚服，疏远的人人心归附。这就是大学教育的纲要。《记》中说："幼蚁时时学习它（幼蚁时时术学衔士之事，而成大垤，犹如学者时时学问，而成大道)。"这就是它所要表达的意思呀。

大学开学时，天子和官吏身穿朝服以素菜祭祀先圣先师，教育学生求学要首先具备谦虚和恭敬的态度。在祭祀时，齐颂《小雅》，练习三首（指《鹿鸣》《四牡》《皇皇者华》），从学习像这三首诗所描述的长幼有序，各自劝励那样去做官开始；学生入学时乐师的助手击鼓召集学生，然后发放盛有所发经书的书筐，这样是为了让学生恭顺于学业；夏楚两件东西，是为了让学生害怕，用以整肃学生的威仪；夏祭之前天子诸侯不视察学校，不考查学生经业，是为了让学生有充裕的时间按自己的志愿去学习；教师时时观察学生，而不加以指导，当学生遇到疑难问题时，让学生在心里翻来覆去地思考，直到怎么想也想不通，想来想去都无法表达时，才去启发，这样学生才会牢牢地记在心里；如果有疑难问题必须请教老师时，则推举学长一人请教老师，初学者只可以听，不允许插嘴，教育学生要知道谦让，长幼有序不能逾越次第。这七点是教学的宗旨呀。《记》中说："凡学习，想做官要先学习管理，想做学者要先立志。"这就是它所要表达的意思呀。

大学的教育，要让学生时时练习，一定要用先王正典进行教学，休息一定要有固定住处。学习的关键在于练习基本功，学习音乐时，如果课余不练习基本指法，课内就不可能把琴弹好；学习诗书时，如果不依靠课余广泛练习比喻，课内就不能学好诗书；学习礼法时，如果课余不学习各种场合办事应酬的规矩，课内就学不好礼仪。总的来说，如果对这些课外的操缦、博依、六艺不感兴趣，就不可能对《诗经》《尚书》等正典感兴趣。所以，君子学习的方法是：时刻放在心上，任何时候都不能放弃学习，休息时也要做与学习有关的事情，哪怕闲暇旅游时也要牢记学习。这样，才能潜心于学业并亲敬师长，与学友和睦相处并深信所学圣贤之道，即使离开师友也不会违背。《尚书·兑命》篇中说："一个人只要能做到敬重圣贤之道、逊顺于学业、时时练习、立即行动，他就会学业有成。"这就是它所要表达的意思呀。

经典介绍

《学记》是中国古代也是世界上最早的一篇专门论述教育和教学问题的论著，是中国古代典章制度专著《礼记》中的一篇，写于战国晚期。据考证，作者为孟子的学生乐正克。《学记》文字言简意赅，喻辞生动，系统而全面地阐明了教育的目的及作用，教育和教学的制度、原则和方法，教师的地位和作用，教育过程中的师生关系以及同学之间关系。全文共20节，1229个字，其篇幅短小精悍，内容相当丰富、精辟、深刻，是我国先秦时期教育思想和教育实践的概括和总结。

吟诵欣赏

关　雎

关关雎鸠，在河之洲。窈窕淑女，君子好逑。
参差荇菜，左右流之。窈窕淑女，寤寐求之。

语言表达与应用写作

求之不得，寤寐思服。悠哉悠哉，辗转反侧。
参差荇菜，左右采之。窈窕淑女，琴瑟友之。
参差荇菜，左右芼之。窈窕淑女，钟鼓乐之。

课后实践

实践项目：我和我的团队

组建团队
自由组建团队。

团队介绍
包括名称口号、成员介绍、技能与专长、分工与合作。

自我介绍
用三个关键词介绍自己。

实践要求

（1）发音准确清晰，表达流畅连贯。

（2）自我介绍要求简洁明了、包含基本信息、强调关键特点、与场合相关、自信表达、注意语言表达，小组成员之间进行练习与反馈。

（3）团队建设要求明确共同目标、建立信任和尊重、注重角色和责任分工、鼓励创新和学习、培养合作精神、处理冲突和问题，以及评估和持续改进。

（4）团队介绍要求简明扼要、清晰明了、重点突出、真实可信、引人入胜、以听众为导向、突出成就与经验，并且能够鼓舞信心。

项目二

科学发声

在日常生活中，因为方言造成的沟通障碍屡见不鲜。方言是一定地域内人们的通用语言。有人说方言是一种美丽的文化，透着厚重的家乡情与味儿。那么我们到底要说方言，还是要说普通话呢？王蒙先生说，一种语言并不仅仅是一种工具，而是一种文化，是一个活生生的人群，是一种生活的韵味，是一种奇妙的风光，是自然风光也是人文景观。其实，普通话和方言之间并非鱼与熊掌，而是相依共存、相互补充。任何一种语言既是文化，更是社会生活中须臾不可缺少的交际工具。工欲善其事必先利其器。语言沟通，重在说得清楚、说得明白。当我们走向社会、走向职场、走进生活的时候，要掌握好日常交流沟通，不要让语言成为你我发展的绊脚石。

普通话与方言

第一节 声母发音

普通话的音节由声母、韵母和声调三部分组成，声母是音节的开头部分。普通话22个声母，其中21个是辅音，还有一个零声母。不同的声母是由不同的发音部位和发音方法决定的。据此，我们可以给声母进行分类。

语言表达与应用写作

一、声母的分类

（一）按发音部位分类

声母的分类

发音时，发音器官构成阻碍的部位称为发音部位。普通话声母按发音部位的不同可分为七类。

（1）双唇音：由上唇与下唇闭合，构成阻碍后发音。普通话的双唇音有三个：b、p、m。

（2）唇齿音：由下唇与上齿接触，构成阻碍后发音。普通话的唇齿音只有一个：f。

（3）舌尖前音：舌尖平伸抵住或接近上齿背，构成阻碍后发音。普通话的舌尖前音又称平舌音，共有三个：z、c、s。

（4）舌尖中音：舌尖抵住上齿龈，构成阻碍后发音。普通话的舌尖中音共有四个：d、t、n、l。

（5）舌尖后音：舌尖与硬腭的前部接触或接近，构成阻碍后发音。普通话的舌尖后音又称翘舌音，共有四个：zh、ch、sh、r。

（6）舌面音：舌面前部抵住或接近硬腭前部，构成阻碍后发音。普通话的舌面音共有三个：j、q、x。

（7）舌根音：舌根和软腭相接，构成阻碍后发音。普通话的舌根音共有三个：g、k、h。

（二）按发音方法分类

发音时，发音器官构成阻碍的方式和解除阻碍的方法叫发音方法。我们可以从声母发音时阻碍方式、气流的强弱及声带是否颤动三个方面加以分析、比较。

1. 按阻碍的方式

根据构成阻碍和解除阻碍的不同方式，可以把声母分为塞音、擦音、塞擦音、鼻音、边音五类。

（1）塞音：又称"爆破音"，发音时发音部位完全闭合，使气流无法通过，然后解除阻碍，发音部位突然放开，气流骤然冲出，爆发成音。普通话的塞音有六个：b、p、d、t、g、k。

（2）擦音：又称"摩擦音"，发音时发音部位上下接近，留下窄缝，气流从窄缝中挤出，摩擦成声。普通话的擦音有六个：f、h、x、sh、r、s。

（3）塞擦音：发音时发音部位开始靠紧，堵塞气流，然后略略放松，气流冲开一条窄缝，并从窄缝中挤出摩擦成声。普通话的塞擦音有六个：j、q、z、c、zh、ch。

（4）鼻音：发音时发音部位靠紧，堵塞口腔气流通道，软腭下降，打开鼻腔通路，气流从鼻腔通过，形成鼻音。一般鼻音都是浊音性的，发音时声带颤动产生周期性声波。普通话的鼻音有两个：m、n。

（5）边音：发音时舌尖抵住上齿龈，软腭上升，堵塞鼻腔通路，气流振动声带，从舌头两边通过。普通话的边音只有一个：l。

2. 按气流的强弱

气流的强弱指的是气流送出的状态。气流微弱且短的，自然流出的是不送气音。用力喷出一口气的叫送气音。送气、不送气是相对而言的，没有不用气就可以发出的声音。在普通话中它有辨义的作用。普通话有六个送气音：p、t、k、q、ch、c；不送气音有六个：b、d、g、j、zh、z。

3. 按声带是否颤动

发辅音时，声带可以处于两种状态，一种是声带不颤动；另一种是声带颤动，产生浊音。前种状态下发的音称为清辅音，后种状态下发的音称为浊辅音。普通话中除 m、n、l、r 这四个浊音声母外，其余十七个都是清音声母。

根据以上分类法，我们将普通话声母的发音情况综合为下列总表（表2-1），以供参考。

表 2-1　普通话声母总表

发音部位	塞音		塞擦音		擦音	鼻音	边音
	清音		清音		清音	浊音	
	不送气	送气	不送气	送气			
双唇音	b	p				m	
唇齿音					f		
舌尖前音			z	c	s		
舌尖中音	d	t				n	l
舌尖后音			zh	ch	sh	r	
舌面音			j	q	x		
舌根音	g	k			h		

二、声母的发音

下面将根据发音部位和发音方法的特点，逐一地学习普通话的辅音声母。

1. b[p] 双唇、不送气、清、塞音

发音时，双唇自然闭拢，软腭上升，堵塞鼻腔通道，声带不颤动，较弱的气流突然冲开双唇的阻碍，迸发而出，爆破成声。例如：

把柄 bǎ bǐng　　　不必 bù bì　　　宝贝 bǎo bèi
爸爸 bà ba　　　　褒贬 bāo biǎn　　冰雹 bīng báo
步兵 bù bīng　　　卑鄙 bēi bǐ　　　包办 bāo bàn
背包 bēi bāo　　　标榜 biāo bǎng　　薄板 báo bǎn

练习-声母

2. p[pʻ] 双唇、送气、清、塞音

发音时，双唇自然闭拢，软腭上升，堵塞鼻腔通道，声带不颤动，气流突然冲开双唇的阻碍，迸发而出，爆破成声。除在打开时送出的气流较强外，其他的情况和 b 完全一样。

乒乓 pīng pāng　　偏颇 piān pō　　　品牌 pǐn pái
匹配 pǐ pèi　　　　澎湃 péng pài　　瓢泼 piáo pō

语言表达与应用写作

批评 pī píng　　　偏僻 piān pì　　　批判 pī pàn
婆婆 pó po　　　铺平 pū píng　　　评判 píng pàn

3. m[m] 双唇、浊、鼻音

发音时，双唇闭拢，软腭下降，鼻腔畅通。气流从鼻腔出来，同时颤动声带。

埋没 mái mò　　　美妙 měi miào　　　茂密 mào mì
麦苗 mài miáo　　明媚 míng mèi　　　眉目 méi mù
命脉 mìng mài　　弥漫 mí màn　　　美貌 měi mào
迷茫 mí máng　　买卖 mǎi mài　　　美满 měi mǎn

4. f[f] 唇齿、清、擦音

发音时下唇和上齿接近，形成窄缝。软腭上升，堵塞鼻腔通道。声带不颤动，气流从唇齿之间的窄缝中挤出，发出摩擦声。

仿佛 fǎng fú　　　福分 fú fèn　　　非法 fēi fǎ
奋发 fèn fā　　　肺腑 fèi fǔ　　　夫妇 fū fù
防范 fáng fàn　　丰富 fēng fù　　　反复 fǎn fù
分封 fēn fēng　　芬芳 fēn fāng　　放飞 fàng fēi

5. d[t] 舌尖中不送气、清、塞音

发音时舌尖抵住上齿龈，软腭上升，堵塞鼻腔通道，声带不颤动，较弱的气流冲破舌尖和上齿龈的阻碍，迸发而出，爆破成声。

大豆 dà dòu　　　达到 dá dào　　　抵挡 dǐ dǎng
单调 dān diào　　带动 dài dòng　　颠倒 diān dǎo
等待 děng dài　　道德 dào dé　　　得到 dé dào
当地 dāng dì　　　订单 dìng dān　　大胆 dà dǎn

6. t[tʻ] 舌尖中、送气、清、塞音

发音时舌尖抵住上齿龈，软腭上升，堵塞鼻腔通道，声带不颤动，气流冲破舌尖和上齿龈的阻碍，迸发而出，爆破成声。发音时，除冲破阻碍用较强的气流外，其他情况和 d 完全一样。

逃脱 táo tuō　　　天堂 tiān táng　　听筒 tīng tǒng
体贴 tǐ tiē　　　贪图 tān tú　　　跳台 tiào tái
淘汰 táo tài　　　抬头 tái tóu　　　探讨 tàn tǎo
团体 tuán tǐ　　　图腾 tú téng　　　挑剔 tiāo tì

7. n[n] 舌尖中、浊、鼻音

发音时，舌尖抵住上齿龈，软腭下降，阻塞气流在口腔中的通路。打开鼻腔通道，气流从鼻腔出来，同时颤动声带。

农奴 nóng nú　　　牛奶 niú nǎi　　　恼怒 nǎo nù
能耐 néng nài　　扭捏 niǔ niē　　　呢喃 ní nán
男女 nán nǚ　　　袅娜 niǎo nuó　　哪能 nǎ néng

泥泞 ní nìng　　　　　　　南宁 nán níng　　　　　　　暖暖 nuǎn nuǎn

8. l[l] 舌尖中、浊、边音

发音时舌尖顶住上齿龈，软腭上升，堵住鼻腔通路。气流振动声带，从舌头前部的两边通过。

留恋 liú liàn　　　　　　　罗列 luó liè　　　　　　　浏览 liú lǎn
联络 lián luò　　　　　　　玲珑 líng lóng　　　　　　轮流 lún liú
理论 lǐ lùn　　　　　　　　冷落 lěng luò　　　　　　　力量 lì liàng
蓝领 lán lǐng　　　　　　　流露 liú lù　　　　　　　　来历 lái lì

9. g[k] 舌根、不送气、清、塞音

发音时舌根抵住软腭，软腭上升，堵塞鼻腔通道，声带不颤动，较弱的气流冲破舌根和软腭形成的阻碍，迸发而出，爆破成声。

钢轨 gāng guǐ　　　　　　光顾 guāng gù　　　　　　广告 guǎng gào
高贵 gāo guì　　　　　　　公共 gōng gòng　　　　　　更改 gēng gǎi
梗概 gěng gài　　　　　　桂冠 guì guān　　　　　　　尴尬 gān gà
观光 guān guāng　　　　　故宫 gù gōng　　　　　　　改革 gǎi gé

10. k[k'] 舌根、送气、清、塞音

发音时舌根抵住软腭，软腭上升，堵塞鼻腔通道，声带不颤动，冲破舌根和软腭形成的阻碍，迸发而出，爆破成声。除冲破阻碍时用较强的气流外，其他情况和 g 完全一样。

可靠 kě kào　　　　　　　宽阔 kuān kuò　　　　　　可口 kě kǒu
困苦 kùn kǔ　　　　　　　苛刻 kē kè　　　　　　　　亏空 kuī kōng
慷慨 kāng kǎi　　　　　　空旷 kōng kuàng　　　　　刻苦 kè kǔ
夸口 kuā kǒu　　　　　　　开垦 kāi kěn　　　　　　　坎坷 kǎn kě

11. h[x] 舌根、清、擦音

发音时，舌根接近软腭，形成窄缝，软腭上升堵鼻腔通道，声带不颤动，让气流从舌根和软腭之间的窄缝中挤出，发出摩擦成声。

黄河 huáng hé　　　　　　呼唤 hū huàn　　　　　　　缓和 huǎn hé
辉煌 huī huáng　　　　　　荷花 hé huā　　　　　　　挥霍 huī huò
互惠 hù huì　　　　　　　憨厚 hān hòu　　　　　　　浩瀚 hào hàn
航海 háng hǎi　　　　　　绘画 huì huà　　　　　　　好汉 hǎo hàn

12. j[tɕ] 舌面、不送气、清、塞擦音

发音时舌面前部抵住硬腭前部，软腭上升，堵住鼻腔通路，声带不颤动，然后把舌面放松一点儿，让气流很微弱地冲开舌面的阻碍，从窄缝中挤出，摩擦成声。

焦急 jiāo jí　　　　　　　计较 jì jiào　　　　　　　坚决 jiān jué
境界 jìng jiè　　　　　　将军 jiāng jūn　　　　　　紧急 jǐn jí
家具 jiā jù　　　　　　　季节 jì jié　　　　　　　　积极 jī jí
经济 jīng jì　　　　　　　结晶 jié jīng　　　　　　　讲解 jiǎng jiě

13. q[tɕ'] 舌面、送气、清、塞擦音

发音时舌面前部抵住硬腭前部，软腭上升，堵住鼻腔通路，声带不颤动，然后把舌面放松一点儿，让气流冲开舌面的阻碍，从窄缝中挤出，摩擦成声。发音时和 j 相同只是透出的气流比 j 强。

崎岖 qí qū	氢气 qīng qì	凄切 qī qiè
全球 quán qiú	情趣 qíng qù	秋千 qiū qiān
亲切 qīn qiè	祈求 qí qiú	清欠 qīng qiàn
缺勤 quē qín	牵强 qiān qiǎng	弃权 qì quán

14. x[ɕ] 舌面、清、擦音

发音时，舌面前部抬起，接近上齿龈和硬腭前部，留出窄缝，软腭上升，堵鼻腔通路，声带不颤动，让气流从窄缝中挤出来。

学习 xué xí	选修 xuǎn xiū	虚心 xū xīn
细小 xì xiǎo	相信 xiāng xìn	详细 xiáng xì
雄心 xióng xīn	喜讯 xǐ xùn	消息 xiāo xi
遐想 xiá xiǎng	形象 xíng xiàng	选项 xuǎn xiàng

15. zh[tʂ] 舌尖后、不送气、清、塞擦音

发音时，舌尖向上翘起，顶住前部软腭上升，堵住气流通道，声带不颤动，让较弱的气流冲开舌尖的阻碍，从窄缝中挤出摩擦为成声。

主张 zhǔ zhāng	住宅 zhù zhái	制止 zhì zhǐ
辗转 zhǎn zhuǎn	战争 zhàn zhēng	政治 zhèng zhì
专著 zhuān zhù	支柱 zhī zhù	珍重 zhēn zhòng
执着 zhí zhuó	站长 zhàn zhǎng	执政 zhí zhèng

16. ch[tʂ'] 舌尖后、送气、清、塞擦音

发音时，舌尖向上翘起，顶住前部软腭上升，堵住气流通道，声带不颤动。气流冲开舌尖的阻碍，从窄缝中挤出摩擦为成声。发音情况和 zh 相同，只是从窄缝里挤出来的气流较强。

车床 chē chuáng	戳穿 chuō chuān	唇齿 chún chǐ
踌躇 chóu chú	驰骋 chí chěng	出丑 chū chǒu
出产 chū chǎn	抽查 chōu chá	传承 chuán chéng
传抄 chuán chāo	长城 cháng chéng	长春 cháng chūn

17. sh[ʂ] 舌尖后、清、擦音

发音时舌尖向上翘起，接近硬腭前部，留出窄缝，软腭上升，堵塞鼻腔通路，声带不颤动。气流从窄缝中挤出，摩擦成声。

闪烁 shǎn shuò	杀手 shā shǒu	舒适 shū shì
少数 shǎo shù	事实 shì shí	上市 shàng shì
神圣 shén shèng	设施 shè shī	省市 shěng shì
绅士 shēn shì	史诗 shǐ shī	顺手 shùn shǒu

18. r[z] 舌尖后、浊、擦音

发音时情况和 sh 相近只是要振动声带。

荣辱 róng rǔ	仍然 réng rán	柔韧 róu rèn
软弱 ruǎn ruò	仁人 rén rén	荏苒 rěn rǎn
容忍 róng rěn	如若 rú ruò	融入 róng rù
闰日 rùn rì	忍让 rěn ràng	人肉 rén ròu

19. z[ts] 舌尖前、不送气、清、塞擦音

发音时舌尖向上轻轻顶住上齿背，软腭上升，堵住鼻腔通路，声带不颤动，较弱的气流先把舌尖的阻碍冲开一道窄缝，接着从窄缝中挤出，摩擦成声。

自尊 zì zūn	栽赃 zāi zāng	在座 zài zuò
总则 zǒng zé	走卒 zǒu zú	宗族 zōng zú
造作 zào zuò	藏族 zàng zú	增资 zēng zī
祖宗 zǔ zōng	自在 zì zài	孜孜 zī zī

20. c[ts'] 舌尖前、送气、清、塞擦音

发音时舌尖向上轻轻顶住上齿背，软腭上升，堵住鼻腔通路，声带不颤动，较弱的气流先把舌尖的阻碍冲开一道窄缝，接着从窄缝中挤出，摩擦成声。发音时除冲破阻碍时用较强的气流外，其他情况和 z 一样。

苍翠 cāng cuì	从此 cóng cǐ	粗糙 cū cāo
草丛 cǎo cóng	参差 cēn cī	匆匆 cōng cōng
仓促 cāng cù	猜测 cāi cè	灿灿 càn càn
措辞 cuò cí	层次 céng cì	残存 cán cún

21. s[s] 舌尖前、清、擦音

发音时，舌尖接近上齿背，形成窄缝，软腭上升，堵塞鼻腔通道，声带不颤动，气流从舌尖和上齿背间的窄缝中挤出，摩擦成声。

思索 sī suǒ	素色 sù sè	四岁 sì suì
诉讼 sù sòng	瑟缩 sè suō	苏三 sū sān
洒扫 sǎ sǎo	琐碎 suǒ suì	撕碎 sī suì
缫丝 sāo sī	速算 sù suàn	嘶嘶 sī sī

22. 零声母

零声母指的是音节开头没有辅音。实际上就是没有辅音声母，我们一般都把这种情况称为"零声母"，例如"安"（ān），这个字音不是辅音开头，而是用元音 a 开头的，这样的音节就是"零声母"音节。

懊恼 ào nǎo	昂扬 áng yáng	韵味 yùn wèi
按捺 àn nà	哀怨 āi yuàn	按钮 àn niǔ
傲岸 ào àn	婀娜 ē nuó	额外 é wài
安宁 ān níng	偶尔 ǒu ěr	欲望 yù wàng

三、声母辨正

要学好普通话，首先要找准自己的方言习惯与普通话发音的差异。通过分辨、纠正自己的发音，使之符合普通话。现将容易出现问题的几组声母提列出来，认真分析。

声母的发音与纠正

1. 舌尖后音 zh、ch、sh 和舌尖前音 z、c、s

由于发声母 zh、ch、sh 的时候，舌尖上翘，所以又叫翘舌音。发声母 z、c、s 的时候，舌尖平伸，所以又叫平舌音。这两组辅音声母的区分，也就是普通话中所谓的平翘舌问题。舌尖后音（即翘舌音）在很多方言中都没有，如鲁西南的单县、枣庄、滕州、曲阜、泗水、济宁、汶上等地，他们通常将普通话中的 zh、ch、sh 读作 z、c、s。如"诚实"读作"céng sí"。

有平翘舌问题的人在学习普通话的时候，首先要知道哪些字发平舌音，哪些字发翘舌音，还要注意区分发音部位、增强翘舌能力、掌握发翘舌音主要存在的问题。例如：

（1）发音部位靠前。说话时用舌尖抵住上齿龈发音。

（2）舌尖过于后卷，或接触上腭的面积过大，发音含混。

（3）舌尖肌肉过于紧张，舌叶上翘，外部又同时伴有拢唇动作。

（4）舌尖过于上靠，带有舌面音色彩。

2. 舌面前音 j、q、x

粤方言、闽方言、湘方言及吴方言区中有声母 j、q、x 与 zh、ch、sh 混用的情况，如把"知道"读成"机道"，"少数"读成"小数"等。

北方方言、吴方言及湘方言区中，如河北、河南、江苏、山东、山西、广西等部分地区的一些人，常常把 j、q、x 团音发成 z、c、s 尖音。舌面音 j、q、x 跟 i、ü 或以 i、ü 开头的韵母拼合的，叫团音；舌尖前音 z、c、s 跟 i、ü 或以 i、ü 开头的韵母拼合的，叫尖音。如把"旧 jiù"读成"ziù"。普通话里没有尖音，只有团音。

纠正 j、q、x 的发音，关键要掌握正确的发音要领：舌面前部隆起，抵住或接近硬腭最前端，构成阻碍；舌尖深深地垂到下门齿背后，不要让舌尖碰到牙齿或两齿之间的任何部位。

3. 舌尖中音 n 和舌尖中音 l

n、l 不分的情形主要分布于湘方言、赣方言、闽方言的一部分地区以及西南官话、江淮官话等地区。其表现情况也不同，有的两者可以互换，如兰州话；有的 l 变为 n，如重庆话；有的是 n 变为 l，如武汉、成都、长沙、南京话；合肥、扬州的人在开口呼、合口呼韵母前，可以发准声母 l，而在齐齿呼、撮口呼前容易发成鼻音 n。其情形非常复杂。各方言区的人最好先对自己方言中 n、l 的表现进行一个了解，再进行发音纠正。

n、l 的发音部位相同，不同的只是发音方法。n 是鼻音，发音时气流从鼻腔流出。l 是边音，发音时气流从舌的两边流出。如感觉不到，可把鼻子堵住，发音困难的就是鼻音。相反，发音不困难的就是边音。发边音时可适当地将嘴张开一些，这样就可以帮助气流从舌头两边顺利流出。

4. 舌尖后音 r

r 和 zh、ch、sh 都是舌尖后音，它们在汉语里是共现的，凡是没有前三个音的方言，也就没有这个音。大体上主要包括以下几种情形。

（1）把普通话的 r 声母字读作浊擦音 [z]。如太原、盂县（今孟州市）以及成都、苏州、温州、济宁、聊城、曲阜等地区的方言。

（2）把普通话的 r 声母字读作边音 [l]。如南昌、扬州、济南、淄博、寿光等地区的方言。

（3）把普通话的 r 声母字读作鼻音 [n]。如汉口（今武汉市江汉区）等方言。

（4）把普通话的 r 声母字读作零声母齐齿呼、撮口呼的。如山东东部的方言。

（5）也有些方言虽有声母 r，但不拼合口呼，凡是普通话的 r 声母以及零声母的合口呼字都读作唇齿浊音 [v]。如西北地区的方言。

纠正上述 r 声母的发音时，必须要明确 r 的发音部位，强化卷舌的动作，反复加以练习。

5. 唇齿音 f 和舌根音 h

湘、赣、客家、粤等方言以及北方方言中的江淮方言、西南方言，存在着 f 和 h 混读的现象。闽方言中没有 f 声母。在学习时首先注意 f 和 h 的发音方法和发音部位，有针对性地进行练习。

 发音训练

1. 声母辨读发音练习

（1）对比练习

振作——zhèn zuò	扫射——sǎo shè	繁华——fán huá
沼泽——zhǎo zé	宿舍——sù shè	丰厚——fēng hòu
职责——zhí zé	缉私——jī sī	复合——fù hé
赈灾——zhèn zāi	集资——jí zī	混纺——hùn fǎng
杂志——zá zhì	求救——qiú jiù	后方——hòu fāng
早操——zǎo cāo	迁就——qiān jiù	化肥——huà féi
自残——zì cán	下策——xià cè	洪峰——hóng fēng
紫菜——zǐ cài	资金——zī jīn	花粉——huā fěn
自制——zì zhì	字迹——zì jì	脑力——nǎo lì
增色——zēng sè	刺激——cì jī	冷暖——lěng nuǎn
阻塞——zǔ sè	思绪——sī xù	留念——liú niàn
自重——zì zhòng	私交——sī jiāo	老练——lǎo liàn
操场——cāo chǎng	剪除——jiǎn chú	拉力——lā lì
成材——chéng cái	精致——jīng zhì	能耐——néng nài
差错——chā cuò	沉寂——chén jì	奶酪——nǎi lào
绳索——shéng suǒ	深浅——shēn qiǎn	纳凉——nà liáng
石笋——shí sǔn	审讯——shěn xùn	来年——lái nián
酸菜——suān cài	发话——fā huà	扭捏——niǔ nie
散失——sàn shī	反悔——fǎn huǐ	

（2）听辨练习

字纸——制止	木材——木柴	村庄——春装	幅度——弧度
阻力——主力	死记——史记	姿势——知识	护理——福利
资源——支援	推辞——推迟	自序——秩序	湖面——浮面
自学——治学	三角——山脚	智力——自立	工会——公费
栽花——摘花	搜集——收集	资源——支援	废话——会话
杂草——铡草	不曾——不成	大致——大字	开花——开发
早稻——找到	私人——诗人	祠堂——池塘	附注——互助
祖父——嘱咐	司机——失机	肃立——树立	防地——荒地
粗布——初步	造就——照旧	防空——航空	房后——皇后
六层——六成	杂记——札记	飞鱼——黑鱼	仿佛——恍惚

2. 绕口令练习

（1）爸爸搬白布，伯伯搬柏木，爸爸不搬柏木搬白布，伯伯不搬白布搬柏木。

（2）山上住着三老子，山下住着三小子，山当腰住着三哥三嫂子。山下三小子，找山当腰三哥三嫂子，借三斗三升酸枣子。山当腰三哥三嫂子，借给山下三小子三斗三升酸枣子。山下三小子，又找山上三老子，借三斗三升酸枣子，山上三老子，还没有三斗三升酸枣子，只好到山当腰找三哥三嫂子，给山下三小子借了三斗三升酸枣子。过年山下三小子打下酸枣子，还了山当腰三哥三嫂子，两个三斗三升酸枣子。

（3）牛牛要吃河边柳，妞妞赶牛牛不走，妞妞护柳牛扭头，牛牛扭头瞅妞妞，妞妞扭牛牛更拗，牛牛要顶小妞妞。妞妞捡起小石头，吓得牛牛扭头走。

（4）天上有个日头，地下有块石头，嘴里有个舌头，手上有五个手指头。不管是天上的热日头，地下的硬石头，嘴里的软舌头，手上的手指头，还是热日头，硬石头，软舌头，手指头，反正都是练舌头。

（5）树上结了四十四个涩柿子，树下蹲着四十四只石狮子，树下四十四只石狮子要吃树上四十四个涩柿子，树上四十四个涩柿子，涩死了树下四十四只石狮子。

（6）一班有个黄贺，二班有个王克，黄贺、王克二人搞创作，黄贺搞木刻，王克写诗歌。黄贺帮助王克写诗歌，王克帮助黄贺搞木刻。由于二人搞协作，黄贺完成了木刻，王克写好了诗歌。

（7）风吹灰飞，灰飞花上花堆灰，风吹花灰灰飞去，灰在风里飞又飞。

第二节　韵母发音

韵母是汉语音节中声母后面的部分，由元音或以元音为主要成分构成。普通话共有39个韵母。

一、韵母的种类

按照韵母的结构特点,可以把韵母分为三类,即单韵母、复韵母、鼻韵母。

(1)单韵母。由一个元音构成的韵母称为单韵母。普通话中有 10 个单韵母:a、o、e、ê、i、u、ü、-i(前)、-i(后)、er。

(2)复韵母。由两个或三个元音结合而成的韵母称为复韵母。普通话中 13 个复韵母:ai、ei、ao、ou、ia、ie、ua、uo、üe、iao、iou、uai、uei。

(3)鼻韵母。以鼻辅音 n 或 ng 作为韵尾的韵母叫鼻韵母。普通话中有 16 个鼻韵母 an、ian、uan、üan、en、in、uen、ün、ang、iang、uang、eng、ing、ueng、ong、iong。

按照开头元音发音的唇形特点,可以将韵母分为四类,即开口呼、齐齿呼、合口呼、撮口呼,简称"四呼"。

(1)开口呼韵母是指没有韵头,韵腹也不是 i、u、ü 的韵母。普通话中有 15 个开口呼韵母,即 a、o、e、ê、-i(前)、-i(后)、er、ai、ei、ao、ou、an、en、ang、eng。

(2)齐齿呼韵母是指韵头或韵腹是 i 的韵母。普通话中有 9 个齐齿呼韵母,即 i、ia、ie、iao、iou、ian、in、iang、ing。

(3)合口呼韵母是指韵头或韵腹是 u 的韵母。普通话中有 10 个合口呼韵母,即 u、ua、uo、uai、uei、uan、uen、uang、ueng、ong。

(4)撮口呼韵母是指韵头或韵腹是 ü 的韵母。普通话中有 5 个撮口呼韵母,即 ü、üe、üan、ün、iong。

注意:按实际发音,ong 中 o 的发[u],故归入合口呼;iong 中 io 发[y],故归入撮口呼。为了避免混淆,《汉语拼音方案》没有用 ung 表示 ong,也没有用 üng 表示 iong。

二、韵母的结构

根据内部结构,韵母可分为韵头、韵腹、韵尾三个部分。

(1)韵头又叫介音,是指介于辅音声母和韵腹即主要元音之间的音。韵头是复合韵母的发音起点,发音轻而短,普通话中的韵头有 3 个,即 i、u、ü,它们都是高元音。

(2)韵腹是韵母中口腔开合度最大的元音,也是音节中最响亮、最突出、听觉感觉最显著的部分。韵腹又称主要元音,是韵母的主干,一般由 a、o、e、ê 充当,i、u、ü、-i、er 也可以用作韵腹。如果音节中只有一个元音,这个元音就是韵腹。

(3)韵尾又称尾音,是韵母中韵腹后面的部分,主要表示复合韵母的归音方向。普通话中的复合韵母的韵尾一般由 i、u(o)、n、ng 元音和辅音充当。如韵母 iao,其中 i 叫作韵头,a 叫作韵腹,o 叫作韵尾。

汉语并非每一个音节中的韵母都有头、腹、尾三部分。有的音节没韵头,有的没韵尾。但是绝不能没有韵腹。韵腹是音节中的主干,是不可缺少的主要组成部分。普通话韵母总表如表 2-2 所示。

表 2-2　普通话韵母总表

按结构	按韵头			
	开口呼	齐口呼	合口呼	撮口呼
单韵母	èi	i	u	ü
	a	ia	ua	
	o		uo	
	e			
	ê	ie		üe
	er			
复韵母	ai		uai	
	ei		uei	
	ao	iao		
	ou	iou		
鼻韵母	an	ian	uan	üan
	en	in	uen	ün
	ang	iang	uang	
	eng	ing	ueng	
	ong	iong		

三、韵母的分类

（一）单韵母

由一个元音构成的韵母叫单韵母，又叫单元音韵母。单元音韵母发音的特点是自始至终口形不变，舌位不移动。普通话中单元音韵母共有 10 个 a、o、e、ê、i、u、ü、-i（前）、-i（后）、er。

韵母的分类

1. 对韵母的发音按结构分类

1）舌面元音

舌面元音主要是由舌面的位置控制口腔共鸣器形状而形成的元音。舌面元音的发音要把握两个要点：舌头的位置和口形。舌的位置的高低、前后，以及嘴唇的形状圆或扁都可以形成不同音色的元音。发音元音时，舌面隆起部分的所在位置叫"舌位"。舌位可抬高可降低，可前伸可后缩，嘴唇可扁可圆。我们可以依据这三方面对元音进行分析。

舌面单元音发音

（1）根据舌位的高低（开口度大小），元音可以分为高元音、半高元音、中元音、半低元音、低元音。

舌面抬高，和硬腭的距离达到最小时，发出的元音叫高元音。舌面降低，和硬腭的距离达到最大时，发出的元音叫低元音。由高元音到低元音的距离平均等分，舌位由上而下，发出的音依次为半高元音、央元音、半低元音。

（2）根据舌位的前后，元音可以分为前元音、后元音及央元音。

发元音时，舌头前伸，舌位在前，这时发出的元音叫前元音。普通话中有三个前元音，即ê、i、ü。发元音时舌头后缩，舌位在后，这时发出的元音叫后元音。普通话中有三个后元音，即o、e、u。发元音时，舌头不前不后，舌位居中，这时发出的元音叫央元音。普通话中有一个央元音，即a。

（3）根据唇形的圆展（圆唇不圆唇），元音可以分为圆唇元音和不圆唇元音。

嘴唇收圆，发出的元音叫圆唇元音；嘴唇展开，发出的元音叫不圆唇元音。普通话中圆唇元音有三个：o、u、ü；不圆唇元音有四个：a、e、ê、i。

依据上述三方面发音情况，可以把普通话涉及的舌面元音画出其"舌位唇形图"如图2-1所示。

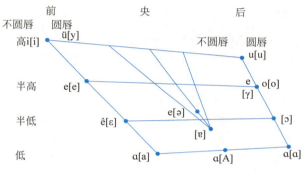

图2-1 舌位唇形图

图2-1中的横线表示舌位的高低，从上到下的横线依次为高元音、半高元音、半低元音、低元音线。在这些线上的元音依次为高元音、半高元音、半低元音、低元音。竖线表示舌位的前后。从左到右的竖线依次为前元音、央元音、后元音线。在这些线上的元音便分别为前元音、央元音、后元音。同一条竖线，竖线左侧的音为不圆唇元音，右侧的是圆唇元音。

一般的元音都可以从以上三个方面加以描述。例如：

（1）a[A] 舌面、央、低、不圆唇元音。

（2）o[o] 舌面、后、半高、圆唇元音。

（3）e[ɤ] 舌面、后、半高、不圆唇元音。

（4）ê[ɛ] 舌面、前、半低、不圆唇元音。

（5）i[i] 舌面、前、高、不圆唇元音。

（6）u[u] 舌面、后、高、圆唇元音。

（7）ü[y] 舌面、前、高、圆唇元音。

2）舌尖单韵母

舌尖单韵母是由舌尖元音构成的韵母。舌尖单元音韵母的发音也就是舌尖单元音的发音，舌尖元音与舌面元音相对，主要依靠舌尖用力。它的发音是由舌尖的前后、舌位的高低和唇形的圆展决定的。普通话中有两个舌尖元音：-i（前）、-i（后）。

-i[ɿ] 舌尖前、高、不圆唇元音。发音时，舌尖前伸，对着上齿背形成狭窄的通道，气流通过不发生摩擦，嘴唇向两边展开。用普通话念"私"并延长，字音后面的部分便是 -i（前）。这个韵母只跟 z、c、s 配合。如"资""此""思"的韵母。

-i[ʅ] 舌尖后、高、不圆唇元音。发音时，舌尖上翘，对着硬腭形成狭窄的通道，气流通过不发生摩摩，嘴角向两边展开。用普通话念"师"并延长，字音后面的部分便是 -i（后）。这个韵母只跟 zh、ch、sh、r 配合。如"知""吃""诗"的韵母。

3）卷舌单韵母

发舌面元音的同时舌尖卷起接近硬腭，就形成了卷舌元音。普通话中只有 1 个卷舌单韵母：er。er 发音时，口腔半开，开口度比 ê 略小，舌位居中，稍后缩，唇形不圆。在发 e 的同时，舌尖向硬腭轻轻卷起，不是先发 e，然后卷舌，而是发 e 的同时舌尖卷起。"er"中的 r 不代表音素，只是表示卷舌动作的符号。er 只能自成音节，不和任何声母相拼；另外，er 在儿化韵中也可使用。

2. 单韵母的发音规则

1）a[A] 舌面、央、低、不圆唇元音

发音时，口腔张开，舌头前伸，舌位低，舌面中央微微隆起，声带振动，软腭上升，关闭鼻腔通路。例如：

打靶 dǎ bǎ	沙发 shā fā	砝码 fǎ mǎ
发达 fā dá	拉萨 lā sà	搭拉 dā lā
马达 mǎ dá	打发 dǎ fā	耷拉 dā la
邋遢 lā ta	大拿 dà ná	爸爸 bà ba

2）o[o] 舌面、后、半高、圆唇元音

发音时，口腔半合，舌头后缩，舌位半高，舌面后部隆起，嘴唇拢圆，声带振动，软腭上升，关闭鼻腔通路。例如：

伯伯 bó bo	泼墨 pō mò	馍馍 mó mo
婆婆 pó po	脉脉 mò mò	勃勃 bó bó
薄膜 bó mó	饽饽 bō bo	佛教 fó jiào
磨破 mó pò	默默 mò mò	摩托 mó tuo

3）e[ɤ] 舌面、后、半高、不圆唇元音

发音时，双唇自然展开成扁形，舌身后缩，舌位半高，舌面后部隆起，声带振动，软腭上升，关闭鼻腔通路。例如：

隔阂 gé hé	折射 zhé shè	车辙 chē zhé
合格 hé gé	各个 gè gè	可乐 kě lè
客车 kè chē	特赦 tè shè	塞责 sè zé
特色 tè sè	色泽 sè zé	苛刻 kē kè

4）ê[ɛ] 舌面、前、半低、不圆唇元音

发音时，口腔半开，舌尖抵住下齿背，舌头前伸，舌位半低，舌面前部隆起，嘴角向两边自然展开，声带振动，软腭上升，关闭鼻腔通路。

5）i[i] 舌面、前、高、不圆唇元音

发音时，口腔微开，舌尖抵住下齿背，舌头前伸，舌面前部隆起接近硬腭，嘴角向两

边展开，呈扁平状，声带振动，软腭上升，关闭鼻腔通路。例如：

笔记 bǐ jì	激励 jī lì	比拟 bǐ nǐ
立体 lì tǐ	基地 jī dì	利弊 lì bì
屹立 yì lì	记忆 jì yì	启迪 qǐ dí
气体 qì tǐ	习题 xí tí	汽笛 qì dí

6) u[u] 舌面、后、高、圆唇元音

发音时，口腔微开，嘴唇拢圆，略向前突，舌头后缩，舌面后部隆起接近硬腭，声带振动，软腭上升，关闭鼻腔通路。例如：

补助 bǔ zhù	逐步 zhú bù	瀑布 pù bù
树木 shù mù	凸出 tū chū	入伍 rù wǔ
孤独 gū dú	读物 dú wù	负数 fù shù
夫妇 fū fù	辜负 gū fù	部署 bù shǔ

7) ü[y] 舌面、前、高、圆唇元音

发音时，口腔微开，嘴唇拢圆，略向前突，舌尖抵住下齿背，舌头前伸，舌面前部隆起接近硬腭，声带振动，软腭上升，关闭鼻腔通路。ü 发音情况和 i 基本相同，区别是 ü 嘴唇是圆的，i 嘴唇是扁的。例如：

区域 qū yù	须臾 xū yú	曲率 qǔ lǜ
女婿 nǚ xù	吕剧 lǚ jù	蓄须 xù xū
聚居 jù jū	序曲 xù qǔ	吁吁 xū xū
屈居 qū jū	徐徐 xú xú	

8) -i[ɿ] 舌尖、前、高、不圆唇元音

发音时，口腔微开，舌尖前伸，对着上齿背形成狭窄的通道，嘴唇向两边展开，声带振动，软腭上升，关闭鼻腔通路。例如：

此次 cǐ cì	赐死 cì sǐ	自此 zì cǐ
次子 cì zǐ	四次 sì cì	嘶嘶 sī sī
字词 zì cí	恣肆 zì sì	自此 zì cǐ
子嗣 zǐ sì	孜孜 zī zī	姊姊 zǐ zǐ

9) -i[ʅ] 舌尖、后、高、不圆唇元音

发音时，口腔微开，舌尖上翘，对着硬腭形成狭窄的通道，嘴角向两边展开，声带振动，软腭上升，关闭鼻腔通路。例如：

只是 zhǐ shì	指使 zhǐ shǐ	制止 zhì zhǐ
事实 shì shí	失事 shī shì	时势 shí shì
迟滞 chí zhì	实质 shí zhì	知识 zhī shi
直至 zhí zhì	志士 zhì shì	世事 shì shì

10) er[ɚ] 卷舌、央、中、不圆唇元音

发音时，口腔半开，开口度比 ê 略小，舌位处于最自然的状态，稍后缩，唇形不圆，声带振动，软腭上升，关闭鼻腔通路。例如：

而且 ér qiě	儿歌 ér gē	耳朵 ěr duo
二胡 èr hú	儿化 ér huà	

（二）复韵母

复韵母又称复元音韵母，是由两个或三个元音结合而成的韵母。复韵母的发音特点是：从一个元音的发音状态（舌位、口形）快速地向另一个元音的发音状态过渡，这是个渐变的过程（简称"动程"）。一个元音向另一个元音过渡是渐变的，而不是突变、跳动的，中间有一串过渡音；同时气流不能中断，之间没有明显的界线。复元音中的元音之间响度和清晰度并不相同，其中有的元音发音清晰响亮，是主要元音，称为韵腹；发音不够清晰响亮的，是次要元音，称为韵头、韵尾。

1. 复韵母的分类

普通话中有 13 个复韵母：ai、ei、ao、ou、ia、ie、ua、uo、üe、iao、iou、uai、uei。

（1）根据复韵母的结构情况，可以将其分为两类：二合复元音韵母和三合复元音韵母。由两个元音构成的叫二合复元音韵母。普通话中有九个二合复元音韵母：ai、ei、ao、ou、ia、ie、ua、uo、üe。由三个元音构成的叫三合复元音韵母。普通话中有四个三合复元音韵母：iao、iou、uai、uei。

（2）根据韵腹所处的位置，可以把复韵母分为前响复韵母、后响复韵母、中响复韵母三类。在二合复韵母中，响度大的元音在前的，叫作前响复韵母；响度大的元音在后的，叫作后响复韵母；三合复韵母一般是中间响两头弱，叫作中响复韵母。

① 前响复韵母。普通话的前响复韵母有四个：ai、ei、ao、ou。它们发音的共同特点是舌位由低向高滑动，开头的元音音素响亮清晰，收尾的元音音素轻短模糊，只表示舌位滑动的方向。

② 后响复韵母。普通话的后响复韵母有五个：ia、ie、ua、uo、üe。它们发音的共同点是舌位由高向低滑动，收尾的元音音素响亮清晰，而开头的元音处于韵母的韵头位置，发音不太响亮，比较短促。

③ 中响复韵母。普通话的中响复韵母有四个：iao、iou、uai、uei。它们发音的共同点是舌位由高向低滑动，再从低向高滑动。开头的元音音素不响亮，比较轻短，中间的元音音素响亮清晰，收尾的元音音素轻短模糊。

2. 复韵母的发音规则

1）ai[ai]

练习 - 复韵母

ai 是前元音的音素复合，动程较大。发音时，舌尖抵住下齿背，使舌面前部隆起与硬腭相对，从前 [a] 开始，舌位向 [i] 的方向滑动升高，在约接近前高元音的 [i] 的位置时停止发音。例如：

开采 kāi cǎi　　　采摘 cǎi zhāi　　　带来 dài lái
拆台 chāi tái　　　海带 hǎi dài　　　买卖 mǎi mài
彩带 cǎi dài　　　拍卖 pāi mài　　　掰开 bāi kāi
爱戴 ài dài　　　灾害 zāi hài　　　太白 tài bái

2）ei[ei]

ei 是前元音音素的组合，动程较短。发音时，尖抵住下齿背，使舌面前部（略后）隆起对着硬腭中部。舌位从 [e] 开始舌位升高，向 [i] 的方向往前高滑动，在约接近前高元音

的 [i] 的位置时停止发音。例如：

北非 běi fēi	非得 fēi děi	黑霉 hēi méi
肥美 féi měi	蓓蕾 bèi lěi	贝类 bèi lèi
配备 pèi bèi	霏霏 fēi fēi	狒狒 fèi fèi
累累 lěi lěi	飞贼 fēi zéi	妹妹 mèi mei

3）ao[ɑu]

ao 是后元音音素的复合。发音时，舌头后缩，使舌面后部隆起。先发 [ɑ]，接着向 [u] 的方向滑动。例如：

高潮 gāo cháo	操劳 cāo láo	号召 hào zhào
报道 bào dào	骚扰 sāo rǎo	高烧 gāo shāo
吵闹 chǎo nào	逃跑 táo pǎo	茅草 máo cǎo
懊恼 ào nǎo	早操 zǎo cāo	冒号 mào hào

4）ou[əʊ]

ou 从略带圆唇的央元音 [ə] 开始，舌位向 [ʊ] 的方向滑动。收尾 -u 音比单元音 [u] 的舌位略低，它是普通话复韵母中动程最短的复合元音。例如：

收购 shōu gòu	绸缪 chóu móu	走狗 zǒu gǒu
漏斗 lòu dǒu	抖擞 dǒu sǒu	露丑 lòu chǒu
丑陋 chǒu lòu	豆蔻 dòu kòu	售后 shòu hòu
兜售 dōu shòu	露头 lòu tóu	

5）ia[iA]

ia 的起点元音是前高元音 [i]，由它开始，舌位滑向央低元音 [A] 止。例如：

压价 yā jià	加价 jiā jià	家家 jiā jiā
假牙 jiǎ yá	加压 jiā yā	戛戛 jiá jiá
恰恰 qià qià	下嫁 xià jià	佳绩 jiā jì
洒家 sǎ jiā	下牙 xià yá	夹击 jiā jī

6）ie[iɛ]

ie 的起点元音也是前高元音 [i]，由它开始，舌位滑向前中元音 [ɛ] 止。例如：

结业 jié yè	趔趄 liè qie	爷爷 yé ye
贴切 tiē qiè	歇业 xiē yè	镊子 niè zi
铁屑 tiě xiè	铁鞋 tiě xié	结节 jié jié
节烈 jié liè	叶腋 yè yè	谢谢 xiè xie

7）ua[uA]

ua 的起点元音是后高圆唇元音 [u]，由它开始，舌位滑向央低元音 [A] 止，唇形由最圆逐步展开到不圆。例如：

画画 huà huà	呱呱 guā guā	画花 huà huā
挂花 guà huā	哗哗 huā huā	古画 gǔ huà
耍滑 shuǎ huá	剐破 guā pò	花袜 huā wà
花褂 huā guà	水洼 shuǐ wā	娃娃 wá wa

8）uo[uo]

uo 的起点元音也是后高圆唇元音 u，由它开始，舌位向下滑到后中元音 [o] 止。[u] 念得轻短，[o] 清晰响亮。例如：

错落 cuò luò	着落 zhuó luò	蹉跎 cuō tuó
硕果 shuò guǒ	陀螺 tuó luó	阔绰 kuò chuò
脱落 tuō luò	哆嗦 luō suo	懦弱 nuò ruò
做作 zuò zuò	火锅 huǒ guō	落座 luò zuò

9）üe[yɛ]

üe 的起点元音是前高圆唇元音 [y]，由它开始，舌位下滑到前中元音 [ɛ]，唇形由圆到不圆。例如：

大约 dà yuē	跃进 yuè jìn	略微 lüè wēi
雀跃 què yuè	确定 què dìng	越野 yuè yě
绝学 jué xué	紧缺 jǐn quē	缺血 quē xuè
鲜血 xiān xuè	参阅 cān yuè	小学 xiǎo xué

10）iao[iau]

iao 发音时，由前高元音 [i] 开始，舌位降至低元音 [a]，然后向后高圆唇元音 [u] 的方向滑升。发音过程中，舌位先降后升，由前到后，曲折幅度大。唇形从中间的元音 [a] 开始由不圆唇变为圆唇。例如：

渺小 miáo xiǎo	调料 tiáo liào	苗条 miáo tiáo
吊销 diào xiāo	娇小 jiāo xiǎo	疗效 liáo xiào
秒表 miǎo biǎo	叫嚣 jiào xiāo	逍遥 xiāo yáo
巧妙 qiǎo miào	小调 xiǎo diào	缥缈 piāo miǎo

11）iou[iəʊ]

iou 发音时，由前高元音 [i] 开始，舌位降至央元音 [ə]，然后向后高圆唇元音 u 的方向滑升，到后次低圆唇元音 [ʊ] 止。发音过程中，舌位先降后升，由前到后，曲折幅度较大。发元音 [ə] 时，逐渐圆唇。例如：

绣球 xiù qiú	旧友 jiù yǒu	幽灵 yōu líng
优秀 yōu xiù	留有 liú yǒu	妞妞 niū niu
悠久 yōu jiǔ	久留 jiǔ liú	纠纷 jiū fēn
牛油 niú yóu	求救 qiú jiù	牛柳 niú liǔ

12）uai[uai]

uai 发音时，由后高圆唇元音 [u] 开始，舌位向后滑降到后低不圆唇元音 [ɑ]，然后向前高不圆唇元音 [i] 的方向滑升。舌位动程先降后升，由后到前，曲折幅度大。唇形从最圆开始，逐渐减弱圆唇度，发前元音 [a] 以后渐变为不圆唇。例如：

乖乖 guāi guāi	拽开 zhuài kāi	诡怪 guǐ guài
外快 wài kài	摔坏 shuāi huài	外踝 wài huái
怀揣 huái chuāi	怀念 huái niàn	国槐 guó huái
海外 hǎi wài	对外 duì wài	拐卖 guǎi mài

13）uei[uei]

uei 发音时，由后高圆唇元音 u 开始，舌位向前向下滑到前半高不圆唇元音 [e] 偏后靠下的位置，然后再向前高不圆唇元音 [i] 的方向滑升。发音过程中，舌位先降后升，由后到前，曲折幅度大。唇形从最圆开始，随着舌位的前移圆唇度减弱，发 [e] 以后变为不圆唇。例如：

归队 guī duì	回归 huí guī	荟萃 huì cuì
悔罪 huǐ zuì	退回 tuì huí	推诿 tuī wěi
追回 zhuī huí	会徽 huì huī	垂危 chuí wēi
傀儡 kuǐ lěi	崔嵬 cuī wéi	颓废 tuí fèi

（三）鼻韵母

鼻韵母又称带鼻音韵母，鼻音尾韵母，是由元音和鼻辅音构成的韵母。鼻韵母发音时发音器官由元音的状态向鼻音的发音状态逐渐变动，鼻音成分逐渐增加，最后阻碍部分完全闭塞，气流从鼻腔流出，完全变为鼻音。

1. 鼻韵母的分类

根据鼻辅音韵尾的不同，鼻韵母分为前鼻音韵母和后鼻音韵母两类。

（1）前鼻音韵母是以 n 为韵尾的韵母。普通话中有八个：an、en、in、ian、uan、uen、ün、üan。

（2）以 ng 为韵尾的韵母叫后鼻音韵母。普通话中有八个：ang、eng、iang、ing、uang、ueng、ong、iong。

前、后鼻音韵母发音上的不同表现在以下三个方面。

（1）舌位不同。n 是舌尖中浊鼻音，发音时，舌尖顶住上齿龈，不要松动，不要后缩；ng 是舌根浊鼻音，发音时，舌头后部高高隆起，舌根尽力后缩，抵住软腭。

（2）口形不同。发 n 时上下门齿是相对的，口形较闭；发 ng 时，上下门齿离得远一点儿，口形较开。

（3）音色不同。前鼻音 n 较尖细清亮，后鼻音 ng 的声音则浑厚响亮。

2. 鼻韵母的发音规则

1）an[an]

an 的起点元音是后低不圆唇元音 [a]，舌尖接触下齿背，舌位降到最低，软腭上升，关闭鼻腔通路；然后舌面升高，舌面前部抵住硬腭前部，当两者将要接触时，软腭下降，打开鼻腔通路，紧接着舌面前部与硬腭前部闭合，使在口腔受到阻碍的气流从鼻腔里透出。例如：

坦然 tǎn rán	难堪 nán kān	懒汉 lǎn hàn
勘探 kān tàn	反感 fǎn gǎn	邯郸 hán dān
参战 cān zhàn	烂漫 làn màn	参赞 cān zàn
赞叹 zàn tàn	谈判 tán pàn	安然 ān rán

2）en[ən]

en 的起点元音是央元音 [ə]，舌位居中，发音时，从 [ə] 开始，舌面升高，舌面前部抵住硬腭前部，当两者将要接触时，软腭下降，打开鼻腔通路，紧接着舌面前部与硬腭前部闭合，使在口腔受到阻碍的气流从鼻腔里透出。例如：

人参 rén shēn	分神 fēn shén	振奋 zhèn fèn
深沉 shēn chén	愤恨 fèn hèn	粉尘 fěn chén
根本 gēn běn	沉闷 chén mèn	深圳 shēn zhèn
门诊 mén zhěn	认真 rèn zhēn	妊娠 rèn shēn

3）in[in]

in 的起点元音是前高不圆唇元音 [i]，舌尖抵住下齿背，软腭上升，关闭鼻腔通路。从舌位最高的前元音 [i] 开始，舌面升高，舌面前部抵住硬腭前部，当两者将要接触时，软腭下降，打开鼻腔通路，气流从鼻腔透出。例如：

亲近 qīn jìn	殷勤 yīn qín	濒临 bīn lín
民心 mín xīn	临近 lín jìn	音频 yīn pín
亲信 qīn xìn	拼音 pìn yīn	金银 jīn yín
信心 xìn xīn	引进 yǐn jìn	凛凛 lǐn lǐn

4）ian[iɛn]

ian 发音时，从前高圆唇元音 [i] 开始，舌位向前低元音 a 的方向滑降。舌位只降到次低前元音 [æ] 后就开始升高，接续鼻音 [n]。例如：

边沿 biān yán	偏见 piān jiàn	鲜艳 xiān yàn
电线 diàn xiàn	天边 tiān biān	联翩 lián piān
变迁 biàn qiān	前面 qián miàn	检点 jiǎn diǎn
脸面 liǎn miàn	前线 qián xiàn	田间 tián jiān

5）uan[uan]

uan 发音时，由圆唇的后高元音 [u] 开始，口形由合口变为开口，舌位迅速滑降到后低元音 [a]，然后舌位升高，直到舌尖抵到硬腭前部形成鼻音 [n]。例如：

传唤 chuán huàn	贯穿 guàn chuān	拳拳 quán quán
婉转 wǎn zhuǎn	专断 zhuān duàn	万贯 wàn guàn
宦官 huàn guān	软缎 ruǎn duàn	换算 huàn suàn
专款 zhuān kuǎn	转换 zhuǎn huàn	团员 tuán yuán

6）uen[uən]

uen 发音时，由圆唇的后高元音 [u] 开始，向央元音 [ə] 滑降，然后舌位升高，接续鼻音 [n]。唇形由圆唇在向中间折点元音的过程中渐变为展唇。例如：

伦敦 lún dūn	论文 lùn wén	遵循 zūn xún
昆仑 kūn lún	春困 chūn kùn	滚滚 gǔn gǔn
温顺 wēn shùn	温存 wēn cún	馄饨 hún tun
混沌 hùn dùn	春笋 chūn sǔn	困顿 kùn dùn

7）ün [yn]

ün 的起点元音是前高圆唇元音 [y]，从舌位最高的前元音 [y] 开始，舌面升高，舌面前部抵住硬腭前部，当两者将要接触时，软腭下降，打开鼻腔通路，气流从鼻腔透出。与 in[in] 的发音相似，只是唇形从圆形逐步展开。例如：

逡巡 qūn xún　　　　允许 yǔn xǔ　　　　细菌 xì jūn
军训 jūn xùn　　　　循序 xún xù　　　　身孕 shēn yùn
均匀 jūn yún　　　　群居 qún jū　　　　人群 rén qún
遗训 yí xùn　　　　　晕圈 yùn quān　　　神韵 shén yùn

8）üan[yæn]

üan 发音时，从前高圆唇元音 [y] 开始，向前低元音 a 的方向滑降。舌位只降到次低前元音 [æ] 后就开始升高，接续鼻音 [n]。例如：

源泉 yuán quán　　　推选 tuī xuǎn　　　捐款 juān kuǎn
轩辕 xuān yuán　　　全权 quán quán　　　渊源 yuān yuán
圆圈 yuán quān　　　宣传 xuān chuán　　悬挂 xuán guà
全员 quán yuán　　　方圆 fāng yuán　　　婵娟 chán juān

9）ang[aŋ]

ang 的起点元音是后低不圆唇元音 [a]，口大开，舌尖离开下齿背，舌头后缩。从 [a] 开始，舌面后部抬起，当贴近软腭时，软腭下降，打开鼻腔通路，紧接着舌根与软腭接触，封闭口腔通路，气流从鼻腔里透出。例如：

螳螂 táng láng　　　苍茫 cāng máng　　　上访 shàng fǎng
盲肠 máng cháng　　　沧桑 cāng sāng　　　商行 shāng háng
行当 háng dàng　　　烫伤 tàng shāng　　　放荡 fàng dàng
厂房 chǎng fáng　　　党章 dǎng zhāng　　　堂上 táng shàng

10）eng[əŋ]

eng 的起点元音是央元音 [ə]。从 [ə] 开始，舌面后部抬起，贴近软腭，软腭下降，打开鼻腔通路，紧接着舌根与软腭接触，封闭口腔通路，气流从鼻腔里透出。例如：

征程 zhēng chéng　　　风筝 fēng zheng　　　整风 zhěng fēng
升腾 shēng téng　　　更正 gēng zhèng　　　风声 fēng shēng
逞能 chěng néng　　　承蒙 chéng méng　　　生成 shēng chéng
萌生 méng shēng　　　省城 shěng chéng　　　丰盛 fēng shèng

11）iang[iaŋ]

iang 发音时，由前高元音 [i] 开始，舌位向后滑降到后低元音 [a]，然后舌位上升，接续鼻音 [ŋ]。例如：

亮相 liàng xiàng　　　响亮 xiǎng liàng　　　湘江 xiāng jiāng
想像 xiǎng xiàng　　　像样 xiàng yàng　　　相向 xiāng xiàng
两样 liǎng yàng　　　踉跄 liàng qiàng　　　奖项 jiǎng xiàng
洋相 yáng xiàng　　　洋姜 yáng jiāng　　　良将 liáng jiàng

12）ing[iŋ]

ing 的起点元音是前高不圆唇元音 [i]。舌尖抵住下齿背，舌面前部隆起，贴近软腭。当两者将要接触时，软腭下降，打开鼻腔通路，紧接着舌面后部抵住软腭，封闭口腔通路，气流从鼻腔里透出。例如：

定型 dìng xíng　　　明星 míng xīng　　　荧屏 yíng píng
精灵 jīng líng　　　清明 qīng míng　　　警铃 jǐng líng

语言表达与应用写作

叮咛 dīng níng　　　　　冰凌 bīng líng　　　　　行星 xíng xīng
惊醒 jīng xǐng　　　　　情景 qíng jǐng　　　　　姓名 xìng míng

13）uang[uaŋ]

uang 发音时，由后高圆唇元音 [u] 开始，舌位滑降至后低元音 [ɑ]，然后舌位升高，接续鼻音 [ŋ]。例如：

狂妄 kuáng wàng　　　　相望 xiāng wàng　　　　广场 guǎng chǎng
装潢 zhuāng huáng　　　向往 xiàng wǎng　　　　窗框 chuāng kuàng
状况 zhuàng kuàng　　　创伤 chuāng shāng　　　双簧 shuāng huáng
网状 wǎng zhuàng　　　 惶惶 huáng huáng　　　 闯荡 chuǎng dàng

14）ueng[uəŋ]

ueng 发音时，由后高圆唇元音 [u] 开始，舌位滑降至央元音 [ə] 的位置，然后舌位升高，接续鼻音 [ŋ]。例如：

水瓮 shuǐ wèng　　　　　渔翁 yú wēng　　　　　白头翁 bái tóu wēng
蕹菜 wèng cài　　　　　 老翁 lǎo wēng　　　　　主人翁 zhǔ rén wēng

15）ong[uŋ]

ong 的起点元音是后高圆唇元音 [u]。舌尖离开下齿背，舌头后缩，舌面后部隆起，软腭上升，关闭鼻腔通路。从后高圆唇元音 [u] 开始，舌面后部贴向软腭。当两者将要接触时，软腭下降，打开鼻腔通路紧接着舌面后部抵住软腭，封闭了口腔通路，气流从鼻腔里透出。例如：

轰动 hōng dòng　　　　　隆重 lóng zhòng　　　　公众 gōng zhòng
工种 gōng zhǒng　　　　 恐龙 kǒng lóng　　　　　龙钟 lóng zhōng
空洞 kōng dòng　　　　　通融 tōng róng　　　　　共同 gòng tóng
红铜 hóng tóng　　　　　 种种 zhǒng zhǒng　　　　浓重 nóng zhòng

16）iong[yŋ]

iong 的发音是在 ong 的前面加上一段由高元音 [i] 开始的发音动程。例如：

汹涌 xiōng yǒng　　　　　窘况 jiǒng kuàng　　　　茕茕孑立 qióng qióng jié lì
平庸 píng yōng　　　　　 汹汹 xiōng xiōng　　　　炯炯有神 jiǒng jiǒng yǒu shén

（四）韵母辨正

学习韵母时，要特别注意以下几个韵母的区别。

韵母发音与纠正

1. i 和 ü

闽方言、客家方言、西南有些方言及江淮有些方言有将 ü 都念成 i 的情况，学习的时候要注意分辨。i 和 ü 都是舌面前高元音，舌位完全相同不同的是：发 i 时，唇形不圆，而展平；ü 是圆唇元音。方言区的同学可以通过分辨词组，进行辨音练习。例如：

曲艺 qǔ yì　　　　　预计 yù jì　　　　　词语 cí yǔ　　　　　与其 yǔ qí
履历 lǚ lì　　　　　 距离 jù lí　　　　　谜语 mí yǔ　　　　　羽翼 yǔ yì
语气 yǔ qì　　　　　比喻 bǐ yù　　　　　体育 tǐ yù　　　　　抑郁 yì yù
继续 jì xù　　　　　纪律 jì lǜ　　　　　例句 lì jù　　　　　鲫鱼 jì yú
聚集 jù jí　　　　　急剧 jí jù　　　　　雨季 yǔ jì　　　　　一律 yī lǜ

2. e 和 o

北方的许多地区会把韵母 o 念成不圆唇的 e，沈阳方言中没有韵母 o。山东有些地区也会把 o 念成 e。如"佛、脖、摸"的韵母读成 e；西南有些方言会把韵母 e 念成 o，如"哥、和、颗"的韵母读成 o。

普通话中 e 是舌面前半高不圆唇元音，o 是舌面后半高圆唇元音。韵母 o 只跟 b、p、m、f 拼合，而韵母 e 却相反，不能和这四个声母拼合（"什么"的"么"字除外）。可以试着做下面的练习。

胳膊 bo	伯伯 bó bo	作者 zhě	恶魔 è mó
老婆 po	鸽子 gē	蝌蚪 kē	刻薄 kè bó
蘑菇 mó	白鹅 é	叵测 pǒ cè	河坡 hé pō
鸡窝 wō	和尚 hé	波折 bō zhé	

3. 韵母 ai 和 ei 发音辨正

在普通话中，这两个韵母分得很清楚，然而在有些方言中，存在 ai 和 ei 不分的现象，比如说把 báicài（白菜）读成 béicài。要避免这种情况，主要是注意 ai 和 ei 开始发音时开口度的大小。对比练习：

分配——分派　　耐心——内心　　卖力——魅力
百强——北墙　　白鸽——悲歌　　外部——胃部

4. 鼻韵尾 n 和 ng

普通话中的鼻韵母根据韵尾的不同分为前鼻音韵母和后鼻音韵母两类。有些方言中却分辨不出两者的区别。有的有 n 没有 ng，有的有 ng 没有 n。南京话中"天堂"音似"天坛"，"平房"音似"平凡"。在山东的许多地区。如济南、济宁、泰安、菏泽、聊城等地，还有把鼻韵母读成鼻化音的现象，即其元音发音时软腭同时下垂，气流同时从口腔和鼻腔里出来，口鼻腔一起共鸣，听上去带有鼻音色彩的元音韵母。练习时可把鼻辅音分成两段来发，每一段都发准了，再作为一个音来发；还可以把韵尾 n 发得清楚、拖长一点，以养成发 n 韵尾的习惯。

5. eng 和 ong、ing 和 iong

在山东的东潍方言区，如青岛、即墨、胶州、胶南（今属西海岸新区）、高密等地经常把 eng 和 ong、ing 和 iong 相混淆。要解决两组韵母的问题，首先是要掌握韵母的规范发音，再就是要记住用字的读音到底是什么。如"电灯"是"diàn dēng"不是"diàn dōng"；"英雄"是"yīng xióng"不是"yīng xíng"。

 发音训练

1. 鼻韵母对比发音练习

担当 dān dāng	反抗 fǎn kàng	当然 dāng rán
班长 bān zhǎng	擅长 shàn cháng	傍晚 bàng wǎn
繁忙 fán máng	商贩 shāng fàn	账单 zhàng dān

语言表达与应用写作

方案 fāng'àn	观望 guān wàng	灵敏 líng mǐn
演讲 yǎn jiǎng	万状 wàn zhuàng	清音 qīng yīn
现象 xiàn xiàng	端庄 duān zhuāng	平民 píng mín
坚强 jiān qiáng	光环 guāng huán	精心 jīng xīn
绵羊 mián yáng	狂欢 kuáng huān	定亲 dìng qīn
岩浆 yán jiāng	双关 shuāng guān	真诚 zhēn chéng
镶嵌 xiāng qiàn	王冠 wáng guān	本能 běn néng
香甜 xiāng tián	壮观 zhuàng guān	奔腾 bēn téng
想念 xiǎng niàn	心情 xīn qíng	神圣 shén shèng
两面 liǎng miàn	品行 pǐn xíng	人生 rén shēng
量变 liàng biàn	心灵 xīn líng	成本 chéng běn
观光 guān guāng	民兵 mín bīng	风尘 fēng chén
宽广 kuān guǎng	金星 jīn xīng	登门 dēng mén

2. 复韵母辨正练习

白费 bái fèi	逗号 dòu hào	月夜 yuè yè
败北 bài běi	漏勺 lòu sháo	确切 què qiē
败类 bài lèi	柔道 róu dào	学业 xué yè
海类 hǎi lèi	手套 shǒu tào	决裂 jué liè
悲哀 bēi'āi	家业 jiā yè	牛角 niú jiǎo
黑白 hēi bái	佳节 jiā jié	袖标 xiù biāo
擂台 lèi tái	假借 jiǎ jiè	油条 yóu tiáo
内海 nèi hǎi	嫁接 jià jiē	怪罪 huài zuì
内债 nèi zhài	接洽 jiē qià	快慰 kuài wèi
保守 bǎo shǒu	野鸭 yě yā	快嘴 kuài zuǐ
刀口 dāo kǒu	截下 jié xià	衰退 shuāi tuì
稿酬 gǎo chóu	跌价 diē jià	外汇 wài huì
毛豆 máo dòu	解决 jiě jué	对外 duì wài
矛头 máo tóu	谢绝 xiè jué	鬼怪 guǐ guài
酬劳 chóu láo	灭绝 miè jué	毁坏 huǐ huài

3. 绕口令练习

（1）郭伯伯，买火锅，带买墨水和馍馍，墨水馍馍装火锅，火锅磨得墨瓶破，伯伯回家交婆婆，婆婆掀锅拿馍馍，墨水馍馍满火锅，婆婆坐着默琢磨，莫非是摩登产品外国货。

（2）村里有个顾老五，穿上新裤去卖谷，卖了谷，买了布，外加一瓶老陈醋。肩背布，手提醋，老五急忙来赶路。走了一里路，看见一只兔，老五放下布和醋，糊里糊涂去追兔，挂破了裤，没追上兔，回来不见布和醋。

（3）我爱家乡山和水，山清水秀实在美，果树满山飘芳菲，池塘清清鱼儿肥，风送谷香沁心扉，丰收景象诱人醉，发自肺腑唱一曲，歌声绕着彩云飞。

（4）天上看，满天星。地下看，有个坑。坑里看，有盘冰。坑外长着一老松，松上落着一只鹰。松下坐着一老僧，僧前放着一部经，经前点着一盏灯，墙上钉着一根钉，钉上挂着一张弓。说刮风，就刮风，刮得男女老少难把眼睛睁。刮散了天上的星，刮平了地上的坑，刮化了地上的冰，刮倒了坑外的松，刮飞了松上的鹰，刮走了松下的僧，刮乱了松前的经，刮掉了墙上的钉，刮翻了钉上的弓。这是一个星散、坑平、冰化、松倒、鹰飞、僧走、经乱、灯灭、钉掉、弓翻的绕口令。

（5）化肥会挥发！黑化肥发灰，灰化肥发黑！黑化肥发灰会挥发；灰化肥挥发会发黑！黑化肥发灰挥发会花飞；灰化肥挥发发黑会飞花！

第三节　声调

声调是指音节中具有区别意义作用的音高变化。一般情况下，一个汉字就是一个音节，所以也称为"字调"。

声调是汉语音节中不可缺少的组成部分，具有区别意义的作用。同一个音节，声母、韵母相同，由于声调不同，表达的意义也就不同。例如："指导 zhǐ dǎo"与"知道 zhī dào"，"看书 kàn shū 与"砍树 kǎn shù"，"理解 lǐ jiě"与"历届 lì jiè"等，每一组的声母、韵母都一样，只是由于声调不一样，意思也就不一样。

一、调值和调类

汉语的声调可以从调值和调类两个方面来深度分析。

（一）调值

调值是声调的实际读法，即音节高低、升降、曲直、长短变化的具体形式。

调值主要由音高构成。声调的音高是指相对音高，不同于绝对音高发同。一声调，不同的人绝对音高不同，例如女性和小孩的绝对音高就高于成年男子，但这并没有区别意义的作用。所谓的相对音高，是指用比较的方法确定的同一基调的音高变化形式和幅度，即在个人有限的音域范围内做到音调高低升降的有序变化。例如"北京"一词，一个男性和女性同时读出，别人听起来仍是"北京"。这是因为它们在各自基调的基础上高低升降的变化幅度相同，相对音高没有差异。声调的升降变化是滑动的，不像从一个音阶到另一个音阶那样跳跃式地移动。

为把调值描写得具体、形象、易懂，现在一般采用赵元任发明的"五度标记法"来标记声调的调值。"五度标记法"就是用五度竖标来表示调值的相对音高的一种方法。它的制作原理是：画一条竖线，分成四格五个调域，自下而上用1、2、3、4、5代表低、半低、中、半高、高五度；在竖线的左侧，自左至右画一条线，把音高随时间而产生的变化描画出来。这条线的高低曲折反映的便是声调的高低变化，也就是声调的调值。

普通话有四种基本调型：高平、中升、降升、全降。高平调调值为55，中升调调值为

35，降升调调值为214，全降调调值为51。

在目前已知的各种语言里，平调的高低不同不超过五种，这证明，把调域分为五度是符合语言的客观实际的。

（二）调类

调类是声调的种类，就是把调值相同的字归纳在一起所形成的类。一种方言中有多少种基本调值，就可以归纳成多少种调类。汉藏系语言中调类最多的可达十五个，最少的仅有两个。

普通话有四种基本调值，因而有四个调类；传统的汉语音韵学把这四种调类称为阴平、阳平、上声、去声，教学上也称为第一声、第二声、第三声、第四声。

《汉语拼音方案》规定这四种声调符号为：－（阴平）、ˊ（阳平）、ˇ（上声）、ˋ（去声），这些调号在形状基本上是五度标记法的缩影。由于声调属于整个音节，声调的高低、变化主要集中体现在韵腹即主要元音上，所以调号一般标在主要元音上。

（1）阴平调（一平，高平）：发音时，声音高而平，中间没有明显的升降变化，声带始终均衡紧张，调值由5度到5度。标记法为"－"。如钢 gāng、风 fēng。

（2）阳平调（二升，中升）：发音时，声音上扬，由中音升到高音，声带由较紧迅速过渡到很紧，调值为35。标记法为"ˊ"。如白 bái、节 jié。

（3）上声调（三曲，降升）：发音时，声音由半低音2度降到低音1度，再循序升到半高音4度；声带由半松状态松下去，接着慢慢紧起来，调值为214。标记为"ˇ"。如品 pǐn、海 hǎi。

（4）去声调（四降、全降）：发音时，声音由最高降到最低，声带由最紧张状态迅速过渡到最松弛状态，调值为51。标记为"ˋ"。如对外 duì wài。

需要注意的是，普通话中除了阴平、阳平、上声、去声四个调类外，还有一种轻声，如：桌子、椅子里的"子"，舌头、木头里的"头"，发音都轻而短，其调值不同于上述四声的任何一个。需要分清的是，轻声不是一个独立的调类，而是一种音变现象。对轻声问题，我们后面部分会有专章讲解。

二、调值与调类的关系

在一个方言里，调值决定调类，有几种调值的基本变化形式，就有几个调类。各方言区的调类数量不尽相同，最少的方言区只有三个，如河北滦县（今滦州市）话、山东烟台话；最多的有十个调类，如广西玉林话。多数方言的调类为四到六个，如沈阳话、兰州话、成都话有四个调类，上海话有五类，客家话有六类，厦门话有七类，广州话有九个调类等。

汉语各方言的声调，都有各自不同调值，但调类名称是一样的。这样两种方言调值相同的字，不一定同属相同的调类；而调类相同的字，其调值也不一定相同。比如"光"，在普通话、济南话、浙江绍兴话中都属阴平类，但在普通话中其调值是55，济南话中的调值是213，浙江绍兴话的调值则是41。再如天津话"张"和广州话的"张"，调类与普通话一样是阴平调，但调值不同。天津话里的"张"是低平调，广州话的是高降调。还有一种情况，调值相同的字，可能分属不同的调类，如调值同是 35，在普通话属阳平调，在武汉话里却是去声；而调值同是 55，在普通话中是阴平，在济南话中是上声。

下面就"中华伟大"这四个字，在有代表性的方言中的调值做一比较。

	中	华	伟	大
北京	55	35	214	51
武汉	55	313	42	35
沈阳	44	35	213	53
天津	11	45	24	42
济南	213	42	55	31
开封	24	52	55	313

以上各地方言中，调类一般没有多大出入，只是调值差别很大。调值上相差一点，读音就不一样。

三、声调辨正

要学好普通话的声调，首先要明确方言和普通话声调的对应关系，根据调类和调值的关系，有的放矢地加以纠正。汉语方言声调对照表如表 2-3 所示，普通话与山东各地区声调调值比较如表 2-4 所示。

声调的发音与纠正

表 2-3　汉语方言声调对照表

方言区	古调类	平 声		上 声		去 声			入 声				声调数
	例字	天	平	古	老	近	放	大	急	各	六	杂	
	地名	调 值 和 调											
	普通话	阴平 55	阳平 35	上声 214		去声 51			入声分别归阴、阳、上、去				4
	沈阳	阴平 44	阳平 35	上声 213		去声 41			入声分别归阴、阳、去				4
	济南	阴平 213	阳平 42	上声 55		去声 31			入声分别归阴、阳、去				4
北方方言区	滦县	平声 11		上声 213		去声 55			入声分别归平、上、去				3
	烟台	平声 31		上声 214		去声 44			入声分别归平、上、去				3
	徐州	阴平 313	阳平 55	上声 35		去声 51			入声分别归阴、阳				4
	南京	阴平 31	阳平 13	上声 22		去声 44			入声 5				4
	成都	阴平 44	阳平 41	上声 52		去声 13			入声分别归平				4

续表

方言区	古调类 例字 地名	平声 天	平声 平	上声 古	上声 老	去声 近	去声 放	去声 大	入声 急	入声 各	入声 六	入声 杂	声调数
		\multicolumn{11}{c	}{调值和调}	
吴方言区	苏州	阴平 44	阳平 13	上声 52	归阳去	阴去 412	阳去 31		24 阴入 5	阳入 2			7
吴方言区	无锡	阴平 55	阳平 14	阴上 324	阳上 33	阳去 35	阳去 213		阴入 5	阳入 2			8
吴方言区	上海	阴平 54	阳平 24	上声 33		归上声	归阳平		阴入 5	阳入 2			5
湘方言区	长沙	阴平 33	阳平 13	上声 41		阴去 55	阳去 11		入声 24				6
赣方言区	南昌	阴平 43	阳平 24	上声 213		阳去 55	阴去 31		入声 5				6
客家方言区	梅县	阴平 44	阳平 11	上声 31		去声 42			阴入 21	阳入 4			6
闽方言区	福州	阴平 44	阳平 52	上声 31		阳去 242	阴去 213	阳去 242	阴入 23	阳入 4			7
闽方言区	厦门	阴平 55	阳平 24	上声 51		阳去 33	阴去 11	阳去 33	阴入 32	阳入 5			7
粤方言区	广州	阴平 55 阴平 53	阳平 21 阳平 11	阴上 35		阳上 13	阴去 33	阳去 22	上阴入 55	上阴入 33	阳入 22		9
粤方言区	玉林	阴平 54	阳平 32	阴上 33	阴上 23	阴去 52	阳去 21		上阴入 55	上阴入 33	上阳入 12	下阳入 11	10

表2-4 普通话与山东各地区声调调值比较表

地市	调值				
	阴平 中	阳平 华	上声 伟	去声 大	入声 百
普通话	55	35	214	51	
济南	213	42	55	31	
青岛	213	42	55	31	
德州	213	42	55	21	

续表

地市	调值					
	阴平	阳平	上声	去声	入声
	中	华	伟	大	百
滨州	213	53	44	31	
东营	213	53	44	31	
日照	213	43	55	21	
潍坊	213	42	44	21	
枣庄	213	55	24	42	
泰安	213	42	55	31	
临沂	324	53	55	312	
济宁	213	42	55	312	
菏泽	113	42	55	312	
聊城	13	42	55	412	
淄博	213		44	21	33
烟台	31		214	44	
威海	42		312	44	

需要注意的是，为了古今语音比较、方言语音比较的方便，调类名称还是沿用古代的说法。

古代汉语也有四个声调，但是和今天普通话的声调种类不完全一样。古代的四声如下。

（1）平声：这个声调到后代分化为阴平和阳平。

（2）上声：这个声调到后代有一部分变为去声。

（3）去声：这个声调到后代仍是去声。

（4）入声：古代汉语的一种声调，属仄声，指一个音节以破音［p］、［t］、［k］作结，发出短而急促的子音。入声已经在现代标准汉语（即普通话）不复存在。在汉语的一些其他方言以及汉藏语系的一些其他语言则仍能找到入声的踪迹。现代江苏、浙江、福建、广东、广西、江西等处都还保存着入声。北方也有不少地方（如山西、内蒙古）保存着入声。湖南的入声不是短促的了，但也保存着入声这一个调类。北方的大部分和西南的大部分的口语里，入声已经消失了。北方的入声字，有的变为阴平，有的变为阳平，有的变为上声，有的变为去声。就普通话来说，入声字变为去声的最多。其次是阳平；变为上声的最少。西南方言（从湖北到云南）的入声字一律变成了阳平。

古代的四声高低升降的形状是怎样的，现在不能详细知道了。依照传统的说法，平声应该是一个中平调，上声应该是一个升调，去声应该是一个降调，入声应该是一个短调。《康熙字典》中载有一首歌诀，名为《分四声法》："平声平道莫低昂，上声高呼猛烈强，去声分明哀远道，入声短促急收藏。"这种叙述是不够科学的，但是它也这我们知道了古代四声的大概。

语言表达与应用写作

发音训练

1. 单音节四声训练

一 姨 乙 艺　yī　yí　yǐ　yì
辉 回 毁 惠　huī　huí　huǐ　huì
风 冯 讽 奉　fēng　féng　fěng　fèng
飞 肥 匪 费　fēi　féi　fěi　fèi
通 同 桶 痛　tōng　tóng　tǒng　tòng
迂 于 雨 遇　yū　yú　yǔ　yù

2. 双音节连调训练

阴—阴：乒乓 pīng pāng　　　　分封 fēn fēng
　　　　观光 guān guāng　　　缫丝 sāo sī
阴—阳：冰雹 bīng báo　　　　批评 pī píng
　　　　天堂 tiān táng　　　　辉煌 huī huáng
阴—上：钢轨 gāng guǐ　　　　慷慨 kāng kǎi
　　　　出产 chū chǎn　　　　杀手 shā shǒu
阴—去：猜测 cāi cè　　　　　绅士 shēn shì
　　　　相信 xiāng xìn　　　　发话 fā huà
阳—阴：瓢泼 piáo pō　　　　　荷花 hé huā
　　　　焦急 jiāo jí　　　　　坚决 jiān jué
阳—阳：全球 quán qiú　　　　学习 xué xí
　　　　踌躇 chóu chú　　　　长城 cháng ché
阳—上：驰骋 chí chěng　　　　荣辱 róng rǔ
　　　　容忍 róng rěn　　　　从此 cóng cǐ
阳—去：额外 é wài　　　　　　柔韧 róu rèn
　　　　详细 xiáng xì　　　　茁壮 zhuó zhuàng

3. 读四字音节

破釜沉舟 pò fǔ chén zhōu　　　光明磊落 guāng míng lěi luò
中华伟大 zhōng huá wěi dà　　　中华有志 zhōng huá yǒu zhì
调虎离山 diào hǔ lí shān　　　 妙手回春 miào shǒu huí chūn
弄巧成拙 nòng qiǎo chéng zhuō　异口同声 yì kǒu tóng shēng
坚持改进 jiān chí gǎi jìn　　　千锤百炼 qiān chuí bǎi liàn
信以为真 xìn yǐ wéi zhēn　　　 花红柳绿 huā hóng liǔ lǜ

4. 声调对比练习

欺 qī 人——旗 qí 人　　　　　抹 mā 布——麻 má 布
呼 hū 喊——胡 hú 喊　　　　　猎枪 qiāng——列强 qiáng

知 zhī 道——直 zhí 觉　　好麻 má——好马 mǎ
瓣 bāi 开——白 bái 开　　土肥 féi——土匪 fěi
包 bāo 子——雹 báo 子　　战国 guó——战果 guǒ
大锅 guō——大国 guó　　小乔 qiáo——小巧 qiǎo
拍 pāi 球——排 pái 球　　返回 huí——反悔 huǐ
窗 chuāng 帘——床 chuáng 单　　老胡 hú——老虎 hǔ
大哥 gē——格 gé 式　　牧童 tóng——木桶 tǒng
抽 chōu 丝——愁 chóu 思　　大学 xué——大雪 xuě
青蛙 wā——女娃 wá　　菊 jú 花——举 jǔ 花
大川 chuān——大船 chuán　　直 zhí 绳——纸 zhǐ 绳
青 qīng 色——放晴 qíng　　白 bái 色——百 bǎi 色
开初 chū——开除 chú

5. 声调朗读练习

四 声 歌

学好声韵辨四声，阴阳上去要分明。部位方法要找准，开齐合撮属口形。
双唇班报必百波，舌面积结教坚精。翘舌主争真知道，平舌资则早在增。
擦音发翻飞分复，送气查柴产彻称。合口呼午枯胡古，开口呼坡歌安康。
撮口虚学寻徐剧，齐齿衣优摇业英。前鼻恩因烟弯稳，后鼻昂迎中拥生。
咬紧字头归字尾，阴阳上去记变声。循序渐进坚持练，不难达到纯和清。

国学导读

大道之行也，天下为公。选贤与能，讲信修睦，故人不独亲其亲，不独子其子，使老有所终，壮有所用，幼有所长，矜、寡、孤、独、废疾者皆有所养。男有分，女有归。货恶其弃于地也，不必藏于己；力恶其不出于身也，不必为己。是故谋闭而不兴，盗窃乱贼而不作，故外户而不闭，是谓大同。

译文

在大道施行的时候，天下是人们所共有的。把品德高尚的人、能干的人选拔出来，讲求诚信，培养和睦（气氛），所以人们不单奉养自己的父母，不单抚育自己的子女，要使老年人能终其天年，中年人能为社会效力，幼童能顺利地成长，使老而无妻的人、老而无夫的人、幼年丧父的孩子、老而无子的人、残疾人都能得到供养。男子有职务，女子有归宿。对于财货，人们憎恨把它扔在地上的行为，却不一定要自己私藏；人们都愿意为公众之事竭尽全力，而不一定为自己谋私利。因此奸邪之谋不会发生，盗窃、造反和害人的事情不发生。所以大门都不用关上了，这叫作理想社会。

语言表达与应用写作

经典介绍

《礼记》是中国古代一部重要的典章制度书籍，是战国至秦汉时期儒家学者解释说明经书《仪礼》的文章选集，是一部儒家思想的资料汇编。《礼记》的作者不止一人，写作时间也有先有后，其中多数篇章可能是孔子的七十二弟子及其学生们的作品，还兼收先秦的其他典籍。

《礼记》的内容主要是记载和论述先秦的礼制、礼仪，解释仪礼，记录孔子和弟子等的问答，记述修身做人的准则。实际上，这部九万字左右的著作内容广博，门类杂多，涉及政治、法律、道德、哲学、历史、祭祀、文艺、日常生活、历法、地理等诸多方面，几乎包罗万象，集中体现了先秦儒家的政治、哲学和伦理思想，是研究先秦社会的重要资料。

《礼记》全书用散文写成，一些篇章具有相当的文学价值。有的用短小的生动故事阐明某一道理，有的气势磅礴、结构谨严，有的言简意赅、意味隽永，有的擅长心理描写和刻画，书中还收有大量富有哲理的格言、警句，精辟而深刻。

据传，《礼记》一书的编定是西汉礼学家戴德和他的侄子戴圣。戴德选编的八十五篇本叫《大戴礼记》，在后来的流传过程中若断若续，到唐代只剩下三十九篇。戴圣选编的四十九篇本叫《小戴礼记》，即我们今天见到的《礼记》。这两种书各有侧重和取舍，各有特色。东汉末年，著名学者郑玄为《小戴礼记》作了出色的注解，后来这个本子便盛行不衰，并由解说经文的著作逐渐成为经典，到唐代被列为"九经"之一，到宋代被列入"十三经"之中，成为士人必读之书。

《礼运》是《礼记》中的一篇，大约是战国末年或秦汉之际儒家学者托名孔子答问的著作。根据郑玄的话，认为"名《礼运》者，以其记五帝、三王相变易，阴阳转旋之道"。《礼运》实际上则反映了儒家的政治思想和历史观点，尤其是书中的"大同"思想，对历代政治家，改革家都有深刻的影响。

吟诵欣赏

樛　木

诗经·周南

南有樛木，葛藟累之。
乐只君子，福履绥之。
南有樛木，葛藟荒之。
乐只君子，福履将之。
南有樛木，葛藟萦之。
乐只君子，福履成之。

课后实践

实践项目：我和我的家乡

组建团队
自由组建团队。

组内介绍
家乡风貌　家乡风俗　家乡风景　家乡印象

班级展示
文化传承　社会融入　社区共建　旅游推广

实践要求

家乡介绍的具体内容如下。
（1）地理位置和特点。
（2）历史和文化。
（3）名胜古迹和旅游景点。
（4）地方特色和美食。
（5）社会经济和发展。
（6）文化名人和艺术成就。
（7）社区和社会活动。

项目三
表情达意

第一节　朗诵

朗诵就是把文字作品转化为有声语言的再创作活动。这种再创作，不是脱离朗诵的材料另行一套，也不是照字读音的简单活动，而是要求朗诵者通过原作的字句，用有声语言传达出原作的主要精神和艺术美感，不仅要让听众领会朗诵的内容，而且要使其在感情上受到感染。为了达到这个目的，朗诵者在朗诵前就必须做好一系列的准备工作。

以梦为马

一、选择朗诵材料

朗诵是一种传情的艺术。朗诵者要很好地传情，以引起听众共鸣，首先要注意材料的选择。选择材料时，首先，要注意选择那些语言具有形象性而且适于上口的文章，因为形象感受是朗诵中一个很重要的环节；枯燥的书面语言对于具有很强感受能力的朗诵者也构不成丰富的形象感受。其次，要根据朗诵的场合和听众的需要，以及朗诵者自己的爱好和实际水平，在众多作品中，选出合适的作品。

二、把握作品的内容

准确地把握作品内容，透彻地理解其内在含义，是作品朗诵重要的前提和基础。固然,朗诵中各种艺术手段的运用十分重要,但离开了准确透彻地把握内容这个前提,那艺术技巧则成了无源之水、无本之木,成了一种纯粹的形式主义,也就无法做到传情,无法让听众动情了。要准确透彻地把握作品内容,应注意以下几点。

1. 正确、深入的理解

朗诵者要把作品的思想感情准确地表现出来,需要透过字里行间,理解作品的内在含义。纪弦先生是我国台湾诗坛的三位元老之一,在我国台湾诗坛享有极高的声誉。他的诗风明快,极有韵味,是我国台湾诗坛的一面旗帜,被誉为"诗坛上的常青树"。《一片槐树叶》写于1954年,当时诗人已经离开故乡6年了,思乡之情与日俱增。一次翻检旧书时,看到了书中夹着的一片槐树叶,睹物伤情,诗人的感情战栗了,于是通过一片叶子,抒写了自己重回故园的期盼,表达了诗人的深深的思乡之情。这部作品的基调应是对故园无限的思念之情。

📖 案例1

一片槐树叶

纪弦

这是全世界最美的一片,
最珍奇,最可宝贵的一片,
而又是最使人伤心,最使人流泪的一片,
薄薄的,干的,浅灰黄色的槐树叶。
忘了是在江南,江北,
是在哪一个城市,
哪一个园子里捡来的了,
被夹在一册古老的诗集里,
多年来,竟没有些微的损坏。
蝉翼般轻轻滑落的槐树叶,
细看时,还沾着些故国的泥土啊。
故园哟,要等到何年何月何日
才能让我回到你的怀抱里
去享受一个世界上最愉快的
飘着淡淡的槐花香的季节?……

📝 案例解析

本诗以"一片槐树叶"为意象,寄托了诗人思乡盼归的情感,开头以槐树叶起情,结尾以期盼重回槐花飘香的季节收尾,首尾呼应,一气呵成。诗歌使用了咏物抒怀的艺术手法,让我们深刻地体会到老人家发自心底的对家乡的思念。纪弦先生离开祖国大陆后,跟所有从

语言表达与应用写作

祖国大陆到我国台湾的现代作家、诗人一样,整整三十年被那弯浅浅的海峡隔断,孤绝天外一般。直到 20 世纪 80 年代初期,才又重新回归——当然,回来的并不是人,乃是他的诗。

2. 深刻,细致的感受

听众是敏锐的,他们不会被虚情所动,朗诵者要唤起听众的感情,使听众与自己同喜同悲同呼吸,必须仔细体味作品,进入角色,进入情境。它包括眼、耳、鼻、舌、身方面的感觉和时间、空间、运动方面的知觉。如李清照的《声声慢》:"寻寻觅觅,冷冷清清,凄凄惨惨戚戚。"起首三句委婉细致地表达了作者在遭受深创剧痛后的愁苦之情。七组十四个叠字,无一愁字,却写得字字含愁,声声是愁,造成了一种如泣如诉的音韵效果,如徐虹亭语:"真是大珠小珠落玉盘也。""寻寻觅觅"是作者的动作行为,作者在经受了国破家亡、夫丧、金石丢失等一连串的打击后,内心极为哀愁,再加上一人孤处,更是百无聊赖,空虚郁闷,为了排解这一哀愁,作者开始了漫无目的地寻觅。寻啊觅啊,想寻些什么呢?不太清楚,一切都是那么茫然,或许她是想找回一些温馨的回忆来慰藉自己,但茫然的作者只感到四周"冷冷清清"。这是作者的心境使然,常言说"人悲物亦悲",在一个悲伤凄凉人的眼中,所有的事物都是黯淡无光的。正所谓"感时花溅泪,恨别鸟惊心"。这寻觅的结果给作者最深的感受是"凄凄惨惨戚戚",它不但没有减轻内心的伤痛,反而使其由这清冷之景更生一种凄凉、惨淡和悲戚之情。这就为全词定下了一个感情基调,使全词笼罩在一种凄惨愁苦的氛围中。只有细致地体会李清照的感受,才能将这首词吟诵到好处。

案例2

红岩(节选)

一阵狂风卷过,寒气阵阵袭来,矗立在签子门边的余新江浑身发冷,禁不住颤抖了一下,屋瓦上响起了"哗哗哗"的声音,击打在人的心上。"是暴雨?"这声音比暴雨更响,更加嘈杂,更加猛烈。"冰雹!"余新江听见有人悄声喊着,他也侧耳听那屋瓦上的响声。在沉静的寒气里,在劈打屋顶的冰雹急响中,忽然听出一种隆隆的轰鸣。这声音夹杂在冰雹之中,时大时小。余新江渐渐想起,刚才在冰雹之前的狂风呼啸中,似乎也曾听到这种响声,只是不如现在这样清晰,这样接近;因为他专注地观察敌人,所以未曾引起注意。这隆隆的轰鸣,是风雪中的雷声么?余新江暗自猜想着:在这隆冬季节,不该出现雷鸣啊!难道是敌人爆破工厂,毁灭山城么?忽然,余新江冰冷的脸上,露出狂喜,他的手里激动得冒出了汗水。他忽然一转身,面对着全室的人,眼里不可抑制地涌出滚烫的泪水。

"听!炮声,解放军的炮声!"

案例解析

《红岩》创作前后历经约十年,从最初报告文学体《圣洁的血花》到回忆录《在烈火中永生》再到初稿《禁锢的世界》最后到小说《红岩》,作品经过了反复修改。小说《红岩》的问世，堪称是一部切合时宜、能够给我们以精神振奋力量的共产党人的正气歌。典型情节、场面的描写，让人百读不厌。本节为了塑造好革命者的形象，本节运用了心理描写、语言描写、动作描写、细节描写，形象地刻画了革命者在恶劣环境中坚忍不拔的意志。朗读者必须认真体会作品，理解特定情境下"袭来""颤抖""悄声喊着""侧耳""暗自猜想"等词语在句子中传递的意义与情感。文字是平面的，情感表达是立体的。经典作品带给读者的是网络速成小说永远无法超越的立体美。

3. 丰富、逼真的想象

在理解感受作品的同时，往往伴随着丰富的想象，这样才能使作品的内容在自己的心中、眼前活动起来，就好像亲眼看到、亲身经历一样。以陈然《我的自白书》为例，在对作品进行综合分析的同时，可以设想自己就是陈然（重庆《挺进报》的特支书记），当时正处在这样的情境中：我被国民党逮捕，在狱中饱受折磨，但信仰毫不动摇，最后，敌人把一张白纸放在我面前，让我写"自白书"，我满怀对敌人的愤恨和藐视，满怀革命必胜的坚定信念，自豪地写下了"怒斥敌酋"式的《我的自白书》。这样通过深入的理解、真挚的感受和丰富的想象，使己动情，从而也使别人动情。

案例3

我的自白书

陈然

任脚下响着沉重的铁镣，
任你把皮鞭举得高高，
我不需要什么自白，
哪怕胸口对着带血的刺刀！

人，不能低下高贵的头，
只有怕死鬼才乞求"自由"；
毒刑拷打算得了什么？

死亡也无法叫我开口！
对着死亡我放声大笑，
魔鬼的宫殿在笑声中动摇；
这就是我——一个共产党员的自白，
高歌埋葬蒋家王朝。

案例解析

本诗是陈然同志被捕以后在特务们逼迫他写自白书时写的。这首诗既是一个共产党员崇高内心世界的真实写照，又是对反动派必然灭亡的庄严宣判。全诗感情真挚，充满了激情，充分表现了先烈坚定的革命信念和大义凛然的革命气节。我们在朗诵这首诗的时候，要表现出作者视死如归的英雄气概和对敌人极端蔑视的口气，语调要高昂有力。

第一节，两个"任"字表现了革命先烈不怕敌人毒刑拷打的坚强意志，要读得重些："不需要"三个字的语气是坚定的。"哪怕胸口对着带血的刺刀！"这个反问句，表示强调肯定的语气。"血"字的尾音要稍微拖长，并且往下降，表现出对敌人残酷屠杀的轻蔑。

第二节，"人"和"怕死鬼"形成对比，要读得稍重。"自白"的尾音要拖长，表示出是所谓的自白的意思。"毒刑拷打算得了什么！"一句要读出反问的语气。

第三节，是全诗的高潮。朗诵时要感情奔放，语调昂扬，要表现出共产党人誓与敌人斗争到底的英雄气概和坚信革命必胜的乐观主义精神。

如果我们能领会诗的意境，就能深刻感受作者坚贞不屈的英雄气概，激起我们与诗的内容相应的感情，再恰当地掌握重音和停顿，朗诵时就会感情充沛，节奏鲜明，使听众受到强烈的感染。

三、用普通话语音朗诵

要使自己的朗诵优美动听，必须使用标准的普通话进行朗诵，因为朗诵作品一般都是运用现代汉民族共同语（即普通话）写成的，所以，只有用普通话语音朗诵，才能更好地更准确地表达作品的思想内容；同时，普通话是汉民族共同语，用普通话朗诵，便于不同方言区的人理解、接受。因而，在朗诵之前，首先要咬准字音，掌握语流音变等普通话知识。

第二节　经典诵读

近年来，随着"国学热"的持续升温，整个社会对传统文化的学习兴趣日增，对经典作品的关注度也越来越高，诵读经典，蔚然成风。中华民族的文化自觉时代正在悄然来临！所谓文化自觉，是指认识并继承民族文化的精髓，在新的时代加以发扬光大，在此基础上与其他文化展开平等对话，取长补短，和谐共处。文化自觉带来的将是文化的复兴、民族的复兴，将是和谐社会、和谐世界。五千年的文明，给我们留下了巨大的精神宝藏。其中最具代表性的就是琳琅满目、众美毕呈的经典。经典是对崇高道德的体认，对完美人格的追求，对人生价值的探究，对真、善、美的渴望……"富润屋，德润身"（《礼记·大学》），经典的嘉言，是滋润我们心灵的甘泉，它像春雨一样，浸润我们的人生，使我们的人生更充实、更丰富、更完美。

经典是神圣的，面对经典我们不能不产生敬畏和感恩之心。继承和发扬光大是我们义不容辞的责任。经典是雅言记录的，用雅言诵读经典，在诵读中亲近经典，在亲近中热爱中华文化，在热爱中弘扬中华文明，在弘扬中感悟传承，励志养德。雅言传承文明，经典沁润人生，用雅言（普通话）诵读经典就是要让这两方面的财富互为平台、互相生发、相得益彰。

一、智仁勇

智仁勇古人称为"三达德",是中华传统道德的核心内容。这里选录了孔子、孟子、荀子三位儒学大家的相关论述,从中我们可以看到中华传统美德的集中体现,从中我们可以得到许多有益的启示。

(一)《论语》四则

1. 士不可以不弘毅

【原文】曾子曰:"士不可以不弘毅,任重而道远。仁以为己任,不亦重乎?死而后已,不亦远乎?"

——《论语·泰伯》

【译文】曾子说:"士不可以不(心胸)宽广、刚强而有毅力,因为他责任重大,路途遥远。把实现仁作为自己的责任,难道还不重大吗?奋斗终生,死而后已,难道路程还不遥远吗?"

【赏读】君子应该以弘扬仁德作为一生的奋斗目标,具有远大的抱负、坚强的意志,为实现仁德而奋斗,也赞扬了这种为了实行仁德而奋斗终身的精神。

2. 诗、礼、乐

【原文】子曰:"兴于诗,立于礼,成于乐。"

——《论语·泰伯》

【译文】孔子说:"(人的修养)开始于学《诗》,自立于学礼,完成于学乐。"

【赏读】孔子提出了他从事教育的三方面内容:诗、礼、乐,而且指出了这三者的不同作用。它要求学生不仅要讲个人的修养,而且要有全面、广泛的知识和技能。

3. 杀身成仁

【原文】子曰:"志士仁人,无求生以害仁,有杀身以成仁。"

——《论语·卫灵公》

【译文】孔子说:"志士仁人,没有贪生怕死而损害仁的,只有牺牲自己的性命来成就高尚的品德。

【赏读】"杀身成仁"被近现代以来某些人加以解释和利用后,似乎已经成了贬义词。其实,我们认真、深入地去理解孔子所说的这段话,主要谈了他的生死观是以"仁"为最高原则的。生命对每个人来讲都是十分宝贵的,但还有比生命更可宝贵的,那就是"仁"。"杀身成仁",就是要人们在生死关头宁可舍弃自己的生命也要保全"仁"。自古以来,它激励着多少仁人志士为国家和民族的生死存亡而抛头颅洒热血,谱写了一首首可歌可泣的壮丽诗篇。

4. 子绝四

【原文】子绝四:毋意,毋必,毋固,毋我。

——《论语·子罕》

【译文】孔子杜绝了四种弊病:没有主观猜疑,没有定要实现的期望,没有固执己见

之举，没有自私之心。

【赏读】"绝四"是孔子的一大特点，这涉及人的道德观念和价值观念。人只有首先做到这几点才可以完善道德，修养高尚的人格。

（二）《孟子》《庄子》三则

1. 善、信、美、大、圣、神

【原文】浩生不害问曰："乐正子何人也？"

孟子曰："善人也，信人也。"

"何谓善？何谓信？"

曰："可欲之谓善，有诸己之谓信，充实之谓美，充实而有光辉之谓大，大而化之之谓圣，圣而不可知之之谓神。乐正子，二之中、四之下也。"

——《孟子·尽心下》

【译文】浩生不害问道："乐正子是怎样一个人？"孟子说："是个善人、信人。"浩生不害问："什么叫'善'？什么叫'信'？"孟子说："值得喜爱的叫'善'，自己确实具有'善'就叫'信'，'善'充实在身上就叫'美'，既充实又有光辉就叫'大'，既'大'又能感化万物就叫'圣'，'圣'到妙不可知就叫'神'。乐正子是在'善'和'信'二者之中，'美''大''圣''神'四者之下的人。"

【赏读】本篇通过孟子和浩生不害的对话，解释了"善""信""美""大""圣""神"的含义。孟子认为，"可欲之谓善"，即某种品质或行为值得被喜爱，这就被称为"善"。而"有诸己之谓信"，意味着一个人确实拥有某种品质或能够做到某事，这就被称为"信"。孟子进一步阐述，"充实之谓美"，即当这种品质或能力充满个人之中，就达到了"美"的境界。如果这种充实不仅存在于个人，还能影响到周围，使之充满光辉，那么这种状态就被称为"大"。当这种影响能够广泛地改变或影响万物，达到一种圣洁的状态，且这种圣洁达到了不可思议的程度，那么这种状态就被称为"神"。孟子通过这一解释，描绘了一个人从"善"到"信"，再到"美""大""圣""神"的逐步提升过程，展示了道德和精神的升华路径。在这个过程中，乐正子被认为是在"善"和"信"的阶段，但尚未达到更高的境界。

2. 明白于天地之德者

【原文】夫明白于天地之德者，此之谓大本大宗，与天和者也；所以均调天下，与人和者也。与人和者，谓之人乐；与天和者，谓之天乐。

——《庄子·天道》

【译文】明白天地以无为为本的规律，这就把握了根本和宗原，而成为跟自然谐和的人；用此来均平万物、顺应民情，便是跟众人谐和的人。跟人谐和的，称作人乐；跟自然谐和的，就称作天乐。

【赏读】本篇蕴含着深邃的思想和宏大的境界。开篇就提出了能够明白天地之德的人，是抓住了根本和源头，达到了与天和谐的境界。接下来强调了对天地之德的领悟是一种极高的智慧和修养，并区分了与人和谐所带来的快乐和与天和谐所带来的快乐。将"和"的概念细化为不同的层次和境界，丰富了其内涵。通篇以简洁而有力的语言，阐述了天地之德、和谐以及快乐的关系，展现了一种高远而宏大的哲学视野，给人以深刻的启示和思考。引导人们追求与天地、与人的和谐共处，以达到更高层次的快乐和满足。

3. 君子之志于道也

【原文】孟子曰："孔子登东山而小鲁，登泰山而小天下。故观于海者难为水，游于圣人之门者难为言。观水有术，必观其澜。日月有明，容光必照焉。流水之为物也，不盈科不行；君子之志于道也，不成章不达。"

——《孟子·尽心上》

【译文】孟子说："孔子登上东山，就觉得鲁国变小了；登上泰山，就觉得整个天下都变小了。所以，观看过大海的人，便难以被其他的水所吸引；在圣人门下学习过的人，便难以被其他言论所吸引。观看水有一定的方法，一定要观看它壮阔的波澜。太阳和月亮有光辉，不放过每一条小缝隙；流水这个东西（事物），不把坑坑洼洼填满不向前流；君子立志于道，不到一定的程度不能通达。"

【赏读】在不同的阶段，能够看到的境界是不一样的。曾经沧海难为水，除却巫山不是云。太阳和月亮，能够照遍每一个角落，君子志于道，不修成大道，就不算达到目标。

（三）《荀子》二则

1. 士、君子、圣人

【原文】法而行，士也；笃志而体，君子也；齐明而不竭，圣人也。人无法，则伥伥然；有法而无志其义，则渠渠然；依乎法而又深其类，然后温温然。

——《荀子·修身》

【译文】爱好礼法而尽力遵行的，是学士；意志坚定而身体力行的，是君子；无所不明而其思虑又永不枯竭的，是圣人。人没有礼法，就会迷惘而无所适从；有了礼法而不知道它的旨意，就会手忙脚乱；遵循礼法而又能精深地把握它的具体准则，然后才能不慌不忙而泰然自若。

【赏读】本篇通过对不同层次的人的描述，阐述了法、志、义以及对法的深入理解和践行在个人修养和成长中的重要性，层次清晰，富有哲理。

2. 养心莫善于诚

【原文】君子养心莫善于诚，致诚，则无它事矣，唯仁之为守，唯义之为行。诚心守仁则形，形则神，神则能化矣；诚心行义则理，理则明，明则能变矣。变化代兴，谓之天德。天不言而人推高焉，地不言而人推厚焉，四时不言而百姓期焉。夫此有常，以至其诚者也。君子至德，嘿然而喻，未施而亲，不怒而威。夫此顺命，以慎其独者也。

——《荀子·不苟》

【译文】君子保养身心没有比真诚更好的了，做到了真诚，那就没有其他的事了，只要守住仁德，只要奉行道义就行了。真心实意地坚持仁德，仁德就会在行为上表现出来，仁德在行为上表现出来，就显得神明，显得神明，就能感化别人了；真心实意地奉行道义，就会变得理智，理智了，就能明察事理，明察事理，就能改造别人了。改造感化轮流起作用，这叫作天德。上天不说话而人们都推崇它高远，大地不说话而人们都推崇它深厚，四季不说话而百姓都知道春、夏、秋、冬变换的时期。这些都是有了常规，因而达到真诚的。君子有了极高的德行，虽沉默不言，人们也都明白；没有施舍，人们却亲近他；不用发怒，就很威严。这是顺从了天道，因而能在独自一人时也谨慎不苟的人。

【赏读】本篇文字层次分明，逻辑严密，深刻地论述了"诚"对于君子修养品德、影响他人以及达到崇高境界的重要意义。开篇即点明诚对于君子养心的关键作用，将诚置于至高地位，强调以仁守心、以义践行的重要性。并以天地四时的无言却能被人尊崇和期待为例，说明真诚具有无言而动人的力量，能够自然而然地赢得尊重和信任，深入阐述了诚心守仁行义所带来的一系列积极影响。

二、诚信

诚信对一个人来说，其重要性不言而喻。诚信有内外两重含义，对内体现为自身的道德自觉性，即不欺本心；对外则是人际交往的最基本的规范，言而无信的人在社会上是无法立足的。我们要建设和谐社会，诚信建设是必不可少的一环。

（一）君子之言，信而有征

【原文】君子之言，信而有征，故怨远于其身。小人之言，僭而无征，故怨咎及之。

——《左传·昭公八年》

【译文】君子之言，诚信确凿而有证据，因此怨恨不满都会远离他的身边。小人之言，僭越而无证据，因此怨恨和责备会降临到他们身上。

【赏读】君子说话，不但真实，而且有征验可以证明，所以不会碰到怨恨。小人说话，常常信口开河，说话不真实，也就不会有征验，容易招来怨恨罪过。

（二）何以处伪

【原文】或曰："何以处伪？"曰："有人则作，无人则辍之谓伪。观人者，审其作辍而已矣。"不为名之名，其至矣乎！

——《法言·孝至》

【译文】有人看到的时候就做事，没有人就不干了，这就叫作虚伪。这样的人做事情，就是做给别人看的，不是真的在做事。观察一个人的品格，只要审查他什么时候做事，什么时候停止，就可以知道个大概了。

【赏读】本篇通过问答的形式，对"伪"的定义进行了清晰的阐述。指出"伪"就是在有人的时候表现出某种行为，无人时就停止这种行为，强调了判断一个人是否虚伪，关键在于观察其行为是否具有连贯性和一致性。这种对"伪"的定义简洁明了，切中要害。"不为名之名，其至矣乎！"则提出了一种极高的境界，即不为追求名声而获得的名声，才是真正的至高境界。反映了一种超越功利、追求本真的价值观念，表达了对纯粹和真实的推崇。

三、谦抑

谦抑即谦虚礼让，是中华民族的传统美德。古人非常推崇谦抑的美德，认为这是"天道"（自然规律）。就像空的器皿才能盛物一样，人谦虚才能博采众长，取长补短，完善自身。"持满之道，抑而损之"，要保持自身的完美，就要待人以宽，责己以严，这样才能赢得别人的尊重，才能成就"天不言而人推高焉，地不言而人推厚焉"的完美人格。

（一）满招损，谦受益

【原文】惟德动天，无远弗届。满招损，谦受益，时乃天道。

——《尚书·大禹谟》

【译文】施德可以感动上天，远人没有不来的。盈满招损，谦虚受益，这是自然规律。

【赏读】骄傲自满之人会遭受损失，谦虚谨慎之人会受益，这就是天道的规律，本篇启示人们应该保持谦虚谨慎、戒骄戒躁的态度，不骄不躁，虚怀若谷，人生之旅才能受益无穷。整段文字言简意赅，富有哲理，以有力的语言阐述了德行的力量和谦逊的价值，给人以深刻的启示和警示。

（二）治国齐家修身平天下

【原文】古之欲明明德于天下者，先治其国；欲治其国者，先齐其家；欲齐其家者，先修其身；欲修其身者，先正其心；欲正其心者，先诚其意；欲诚其意者，先致其知；致知在格物。

物格而后知至，知至而后意诚；意诚而后心正，心正而后身修；身修而后家齐，家齐而后国治；国治而后天下平。

——《礼记·大学》

【译文】古代那些要想在天下弘扬光明正大品德的人，先要治理好自己的国家；要想治理好自己的国家，先要管理好自己的家庭和家族；要想管理好自己的家庭和家族，先要修养自身的品性；要想修养自身的品性，先要端正自己的心思；要想端正自己的心思，先要使自己的意念真诚；要想使自己的意念真诚，先要使自己获得知识；获得知识的途径在于认识、研究万事万物。

通过对万事万物的认识、研究后才能获得知识；获得知识后意念才能真诚；意念真诚后心思才能端正；心思端正后才能修养品性；品性修养后才能管理好家庭和家族；管理好家庭和家族后才能治理好国家；治理好国家后天下才能太平。

【赏读】格物、致知、诚意、正心、修身、齐家、治国、平天下是《大学》中的"八目"，这是《大学》的核心思想。本篇在阐释"平天下在治其国"的主题下说明了个人的修养如何，关系到整个社会精神文明的提高与否。

（三）心小志大者，圣贤之伦也

【原文】心小志大者，圣贤之伦也；心大志大者，豪杰之隽也；心大志小者，傲荡之类也；心小志小者，拘懦之人也。众人之察，或陋其心小，或壮其志大，是误于小大者也。

——《人物志·七缪》

【译文】小心谨慎而志向远大的，是圣人之类；胆大心粗而志向远大的，是英雄豪杰之辈；胆大心粗而志向狭小的，是傲慢放荡之类；小心谨慎而志向狭小的，是拘泥怯懦之流。

【赏读】 本篇以心之大小和志之大小为标准，对人的类型进行了精妙的划分。作者指出众人在观察判断时，有的会因为某人的心量小而轻视，有的会因某人志向大而夸赞，这都是对心量和志向大小的判断有误。强调了要全面、准确地看待心与志的关系，不能片面地评价。整段文字条理清晰，逻辑严密，对人的分类和评价独到而深刻，具有很强的洞察力和哲理性。

四、治学

治学讲究态度、方法。古人在这方面积累了丰富的经验。古人重视学习，认为学习不仅仅是求取知识的过程，更是完善自身的过程，在掌握知识的过程中实现自身人格的完善。孔子的"六言六蔽"指出仁、知、信、直、勇、刚等美德的形成离不开学习，这是我们应加以重视的。"古之学者为己，今之学者为人"揭示了学习的目的，学习不是为了给别人看，更不是求取功名利禄的手段，这是值得我们深思的。"学如不及，犹恐失之"，指出学习应只争朝夕，绝不能懈怠。"轮扁斫轮"则生动地揭示了学问玄妙的境界，开示了治学的门径，颇具启发性。

（一）六言六蔽

【原文】 子曰："由也，女闻六言六蔽矣乎？"对曰："未也。"

"居！吾语女。好仁不好学，其蔽也愚。好知不好学，其蔽也荡。好信不好学，其蔽也贼。好直不好学，其蔽也绞。好勇不好学，其蔽也乱。好刚不好学，其蔽也狂。"

——《论语·阳货篇》

【译文】 孔子说："仲由，你听说过有六种品德行会有六种弊病吗？"（子路起身）回答："没有。"（孔子说：）"坐下！我告诉你。爱好仁德却不好学习，其弊病是愚蠢；爱好智慧却不好学习，其弊病是放荡；爱好诚实却不好学习，其弊病是伤害自己和亲人；爱好直率却不好学习，其弊病是说话尖刻刺人；爱好勇敢却不好学习，其弊病是容易闹乱闯祸；爱好刚强却不好学习，其弊病是狂妄。"

【赏读】 本章虽然讲的是六言六蔽，但实际上是在强调"学"的重要作用。所学的内容就是仁、义、礼、乐。孔子认为，一个人不管有多么高尚的品质，都离不开学习。不学习，本来是很好的品质，也会变成蒙蔽自己的缺点。优点和缺点就是这么相互转化的。

（二）轮扁斫轮

【原文】 桓公读书于堂上，轮扁斫轮于堂下，释椎凿而上，问桓公曰："敢问：公之所读者，何言邪？"公曰："圣人之言也。"曰："圣人在乎？"公曰："已死矣。"曰："然则君之所读者，古人之糟魄已夫！"桓公曰："寡人读书，轮人安得议乎！有说则可，无说则死。"轮扁曰："臣也以臣之事观之。斫轮，徐则甘而不固，疾则苦而不入。不徐不疾，得之于手而应于心，口不能言，有数存焉于其间。臣不能以喻臣之子，臣之子亦不能受之于臣，是以行年七十而老斫轮。古之人与其不可传也死矣，然则君之所读者，古人之糟魄已夫！"

——《庄子·天道》

【译文】齐桓公在堂上读书,轮扁在堂下砍削车轮,他放下锤子和凿子走上朝堂,问齐桓公说:"冒昧地请问,您所读的书说的是些什么呢?"齐桓公说:"是圣人的话语。"轮扁说:"圣人还在世吗?"齐桓公说:"已经死了。"轮扁说:"这样,那么国君所读的书,全是古人的糟粕啊!"齐桓公说:"寡人读书,制作车轮的人怎么敢妄加评议呢!有什么道理说出来那还可以原谅,没有道理可说那就得处死。"轮扁说:"我用我所从事的工作观察到这个道理。砍削车轮,动作慢了松缓而不坚固,动作快了涩滞而不入木。不慢不快,手上顺利而且应合于心,口里虽然不能言说,却有技巧存在其间。我不能用来使我的儿子明白其中的奥妙,我的儿子也不能从我这儿接受这一奥妙的技巧,所以我活了七十岁如今老了还在砍削车轮。古时候的人跟他们不可言传的道理一块儿死亡了,那么国君所读的书,正是古人的糟粕啊!"

【赏读】庄子的想法常常与众不同,但是又很深刻。可以传授的,往往是一些技术层面的东西,如何把技术运用得恰到好处,确实需要自己去练习的。很多事物的精髓也是可意会而不可言传,所以"古之人与其不可传也死矣",这话是有道理的。不过,我们也不能忽略古人传下来的这些"糟粕",因为这些至少是那些"不可传"的遗迹,是我们追寻那些不可传的部分的唯一途径,所以还是很宝贵的。如果这些也失传了,那么,那些不可传的东西也就真的死了。

(三)问之要

【原文】问之要,欲近知而远见,以一度万也。

——《鹖冠子·度万》

【译文】询问的关键,是要从最近的知识出发,窥见最高远的奥秘;是要从最少的知识出发,推度无穷的知识。

【赏读】本篇认为提问或探索问题的关键在于不仅要了解近在咫尺的事物,还要有远见,能够洞察深远的问题,通过一个基本的原则或观点理解和解决所有的问题。这体现了中国古代哲学中对于知识和智慧的追求,强调通过深入浅出的方式,用简单的原理去理解复杂的世间万物。这种思想强调了知识的普遍性和深度,即通过深入浅出的方式,用简单的原理去理解和解决所有的问题。

五、孝亲

"孝"是中华民族的传统美德。"夫孝,天之精也,地之义也。"古人认为"孝"是发自人的本性的、天经地义的行为。值得我们注意的是古人提出的"敬"的概念,"今之孝者,是谓能养。至于犬马,皆能有养;不敬,何以别乎?"也就是说"孝"的核心是"敬",是发自内心的尊敬和敬爱。

(一)子欲养乎亲不待

【原文】树欲静乎风不定,子欲养乎亲不待。

——《说苑·敬慎》

【译文】当树木想要静止不动时,风却不停地吹动它的枝叶;当子女想要赡养父母时,父母却已经不在了。

【赏读】这是丘吾子说给孔子的话,旨在宣扬儒家的孝道。此话是从反面来告诫孝子们,说明行孝道要及时,要趁着父母健在的时候,而不要等到父母去世的那一天。后来用"树欲静而风不止"比喻不以人的主观愿望为转移的客观规律。也有用来比喻一方想停止做某事,而另一方却不让其停止,这里所指的做某事,一般指的是不正义的事。

(二)世俗所谓不孝者五

【原文】孟子曰:"世俗所谓不孝者五:惰其四支,不顾父母之养,一不孝也;博弈好饮酒,不顾父母之养,二不孝也;好货财,私妻子,不顾父母之养,三不孝也;从耳目之欲,以为父母戮,四不孝也;好勇斗很,以危父母,五不孝也。"

——《孟子·离娄下》

【译文】孟子说:"通常认为不孝的情况有五种:四肢懒惰,不赡养父母,这是第一种不孝;酗酒聚赌,不赡养父母,这是第二种不孝;贪恋钱财,只顾老婆孩子,不赡养父母,这是第三种不孝;放纵声色享乐,使父母感到羞辱,这是第四种不孝;好勇好斗,连累父母,这是第五种不孝。

【赏读】儒家《孝经》曰:"身体发肤,受之父母,不敢毁伤,孝之始也;立身行道,扬名于后世,以显父母,孝之终也。夫孝,始于事亲,中于事君,终于立身。"可见,中华孝文化观念,是从孝顺父母开始的。百善孝为先。儿女的孝意孝行,是一种稳定的伦常关系。本篇孟子所言五种不孝的表现,在今天并不过时,具有现实意义。孝,德之始也;悌,德之序也;信,德之厚也;忠,德之正也。千万经典,孝义为先。

六、改过

改过是进步的必然要求。"人非圣贤,孰能无过?"既然错误不可避免,故改过是顺理成章的事。但是人是复杂的,"小人之过也必文",不敢承认错误,甚至文过饰非,掩盖自己的过失。这是人性的弱点,古来如此。古人是怎么克服这些弱点的呢?"检身若不及",发现错误,就应立即改正,毫不犹豫。因为"君子之过也,如日月之食焉:过也,人皆见之;更也,人皆仰之。"改过不是耻辱,是光明磊落的行为。"过而不改",一错再错,才会招来真正的耻辱。

(一)古之君子,过则改之

【原文】且古之君子,过则改之;今之君子,过则顺之。古之君子,其过也如日月之食,民皆见之;及其更也,民皆仰之。今之君子,岂徒顺之,又从为之辞。

——《孟子·公孙丑下》

【译文】何况古代的君子,有了过错就改正;现在的君子,有了过错就将错就错。古代的君子,他的过错就像日食月食,民众都看到了;等他改正了,民众仍然敬仰他。现在的君子,岂止是将错就错,还为之编造一大堆借口来掩饰。

【赏读】本篇通过鲜明的对比,深刻地揭示了"古今君子"对待过错的不同态度。开篇简洁有力地指出"古代君子"面对过错时能够积极改正,体现了他们的自省和勇气。而"现今的君子"面对过错却选择顺从,凸显了其对待错误的消极态度。接着以形象生动的比喻,将"古之君子"的过错比作日月之食,表明他们的过错百姓都能看见,但他们改正过错后,百姓都敬仰他们。这既强调了"古之君子"对待过错的坦诚,也突出了他们改过自新后所赢得的民众的尊重和信任。全篇对比强烈,语言犀利,深刻地反映了作者对君子品德修养的思考和对社会现实的批判,具有很强的警示意义。

(二)今以为学者之有过而非学者

【原文】今以为学者之有过而非学者,则是以一饱之故,绝谷不食,以一蹶之难,辍足不行,惑也。

——《淮南子·修务》

【译文】如果因为求学的人有过错就非难学习,就好像因为一次吃多了的缘故,就不再吃饭了;因为一次摔跤的麻烦,就停下脚步不走路了,这是糊涂。

【赏读】本篇运用生动形象的比喻,阐述了一个深刻的道理。以"一饱之故,绝谷不食"和"一蹶之难,辍足不行"为喻,极具画面感,让人能够直观地感受到这种做法的荒谬和不合理。这种比喻手法增强了论述的说服力,让人更容易理解和接受其观点。同时,也反映出作者对于片面、极端地看待问题的批判,强调了要以客观、全面、理性的态度去对待学者的过错,不能因噎废食,因小失大。

(三)与人不求备,检身若不及

【原文】与人不求备,检身若不及。

——《尚书·伊训》

【译文】对别人要宽容,对自己要严厉。所谓"检身",当然也包括对自己错误的改正。

【赏读】本篇阐述了宽以律人、严于律己的道理。对待他人,不应过于苛求,要看到别人的长处,而对待自己要严格;要经常认识自己的不足,才能保持谦虚、谨慎。

七、含英咀华 体悟真善美

(一)古典诗词

蒹 葭

诗经·秦风

蒹葭苍苍,白露为霜。所谓伊人,在水一方。
溯洄从之,道阻且长。溯游从之,宛在水中央。
蒹葭凄凄,白露未晞。所谓伊人,在水之湄。

溯洄从之，道阻且跻。溯游从之，宛在水中坻。
蒹葭采采，白露未已。所谓伊人，在水之涘。
溯洄从之，道阻且右。溯游从之，宛在水中沚。

短 歌 行

曹 操

对酒当歌，人生几何？譬如朝露，去日苦多。
慨当以慷，忧思难忘。何以解忧？唯有杜康。
青青子衿，悠悠我心。但为君故，沉吟至今。
呦呦鹿鸣，食野之苹。我有嘉宾，鼓瑟吹笙。
明明如月，何时可掇？忧从中来，不可断绝。
越陌度阡，枉用相存。契阔谈䜩，心念旧恩。
月明星稀，乌鹊南飞。绕树三匝，何枝可依？
山不厌高，海不厌深。周公吐哺，天下归心。

将 进 酒

李 白

君不见黄河之水天上来，奔流到海不复回。
君不见高堂明镜悲白发，朝如青丝暮成雪。
人生得意须尽欢，莫使金樽空对月。
天生我材必有用，千金散尽还复来。
烹羊宰牛且为乐，会须一饮三百杯。
岑夫子，丹丘生，将进酒，杯莫停。
与君歌一曲，请君为我倾耳听。
钟鼓馔玉不足贵，但愿长醉不愿醒。
古来圣贤皆寂寞，唯有饮者留其名。
陈王昔时宴平乐，斗酒十千恣欢谑。
主人何为言少钱，径须沽取对君酌。
五花马，千金裘，呼儿将出换美酒，与尔同销万古愁。

满 江 红

岳 飞

怒发冲冠，凭阑处、潇潇雨歇。抬望眼，仰天长啸，壮怀激烈。三十功名尘与土，八千里路云和月。莫等闲、白了少年头，空悲切。

靖康耻，犹未雪；臣子恨，何时灭？驾长车、踏破贺兰山缺。壮志饥餐胡虏肉，笑谈渴饮匈奴血。待从头、收拾旧山河，朝天阙。

念奴娇·昆仑

毛泽东

横空出世，莽昆仑，阅尽人间春色。
飞起玉龙三百万，搅得周天寒彻。
夏日消溶，江河横溢，人或为鱼鳖。
千秋功罪，谁人曾与评说？
而今我谓昆仑：不要这高，不要这多雪。
安得倚天抽宝剑，把汝裁为三截？
一截遗欧，一截赠美，一截还东国。
太平世界，环球同此凉热。

1935年10月

有的人
——纪念鲁迅有感

臧克家

有的人活着，他已经死了；
有的人死了，他还活着。
有的人，
骑在人民头上："啊，我多伟大！"
有的人，
俯下身子给人民当牛马。
有的人，
把名字刻入石头，想"不朽"；
有的人，
情愿做野草，等着地下的火烧。

有的人，
他活着别人就不能活；
有的人，
他活着为了多数人更好地活。
骑在人民头上的
人民把他摔垮；
给人民作牛马的
人民永远记住他！

把名字刻入石头的

名字比尸首烂得更早；
只要春风吹到的地方
到处是青青的野草。

他活着别人就不能活的人，他的下场可以看到；
他活着为了多数人更好地活的人，
群众把他抬举得很高，很高。

相信未来

食 指

当蜘蛛网无情地查封了我的炉台，
当灰烬的余烟叹息着贫困的悲哀，
我依然固执地铺平失望的灰烬，
用美丽的雪花写下：相信未来。

当我的紫葡萄化为深秋的露水，
当我的鲜花依偎在别人的情怀，
我依然固执地用凝露的枯藤，
在凄凉的大地上写下：相信未来。

我要用手指那涌向天边的排浪，
我要用手掌那托住太阳的大海，
摇曳着曙光那枝温暖漂亮的笔杆，
用孩子的笔体写下：相信未来。

我之所以坚定地相信未来，
是我相信未来人们的眼睛——
她有拨开历史风尘的睫毛，
她有看透岁月篇章的瞳孔。

不管人们对于我们腐烂的皮肉，
那些迷途的惆怅，失败的苦痛，
是寄予感动的热泪，深切的同情，
还是给以轻蔑的微笑，辛辣的嘲讽。

我坚信人们对于我们的脊骨，
那无数次的探索、迷途、失败和成功，
一定会给予热情、客观、公正的评定。

是的，我焦急地等待着他们的评定。

朋友，坚定地相信未来吧，
相信不屈不挠的努力，
相信战胜死亡的年轻，
相信未来、热爱生命。

（二）古典文赋

读书三到
朱熹

凡读书，需要读得字字响亮，不可误一字，不可少一字，不可多一字，不可倒一字，不可牵强暗记，只是要多诵遍数，自然上口，久远不忘。古人云，"书读千遍，其义自见"。谓读得熟，则不待解说，自晓其义也。余常谓，读书有三到，谓心到，眼到，口到。心不在此，则眼不看仔细，心眼既不专一，却只漫浪诵读，决不能记，记亦不能久也。三到之中，心到最急。心既到矣，眼口岂不到乎？

正气歌
文天祥

天地有正气，杂然赋流形。下则为河岳，上则为日星。於人曰浩然，沛乎塞苍冥。皇路当清夷，含和吐明庭。时穷节乃见，一一垂丹青。在齐太史简，在晋董狐笔。在秦张良椎，在汉苏武节。为严将军头，为嵇侍中血。为张睢阳齿，为颜常山舌。或为辽东帽，清操厉冰雪。或为出师表，鬼神泣壮烈。或为渡江楫，慷慨吞胡羯。或为击贼笏，逆竖头破裂。是气所磅礴，凛烈万古存。当其贯日月，生死安足论。

地维赖以立，天柱赖以尊。三纲实系命，道义为之根。嗟予遘阳九，隶也实不力。楚囚缨其冠，传车送穷北。鼎镬甘如饴，求之不可得。阴房阗鬼火，春院閟天黑。牛骥同一皂，鸡栖凤凰食。一朝蒙雾露，分作沟中瘠。如此再寒暑，百沴自辟易。嗟哉沮洳场，为我安乐国。岂有他缪巧，阴阳不能贼。顾此耿耿在，仰视浮云白。悠悠我心悲，苍天曷有极。哲人日已远，典刑在夙昔。风檐展书读，古道照颜色。

三境界说
王国维

古今之成大事业、大学问者，必经过三种之境界："昨夜西风凋碧树。独上高楼，望尽天涯路。"此第一境也。"衣带渐宽终不悔，为伊消得人憔悴。"此第二境也。"众里寻他千百度，蓦然回首，那人却在，灯火阑珊处。"此第三境也。此等语皆非大词人不能道。然遽以此意解释诸词，恐为晏欧诸公所不许。

八、节日诗词

（一）春节

元 日

王安石

爆竹声中一岁除，春风送暖入屠苏。
千门万户曈曈日，总把新桃换旧符。

（二）元宵节

青玉案·元夕

辛弃疾

东风夜放花千树，更吹落，星如雨。
宝马雕车香满路，凤箫声动，玉壶光转，一夜鱼龙舞。
蛾儿雪柳黄金缕，笑语盈盈暗香去。
众里寻他千百度，蓦然回首，那人却在，灯火阑珊处。

（三）端午节

屈 原 塔

苏 轼

楚人悲屈原，千载意未歇。
精魂飘何在，父老空哽咽。
至今仓江上，投饭救饥渴。
遗风成竞渡，哀叫楚山裂。

（四）七夕节

鹊 桥 仙

秦 观

纤云弄巧，飞星传恨，银汉迢迢暗度。
金风玉露一相逢，便胜却人间无数。
柔情似水，佳期如梦，忍顾鹊桥归路！
两情若是长久时，又岂在朝朝暮暮。

（五）中秋节

水 调 歌 头

苏东坡

明月几时有？把酒问青天。

不知天上宫阙，今夕是何年？
我欲乘风归去，又恐琼楼玉宇，
高处不胜寒！起舞弄清影，何似在人间？
转朱阁，低绮户，照无眠。
不应有恨，何事长向别时圆？
人有悲欢离合，月有阴晴圆缺，此事古难全。
但愿人长久，千里共婵娟。

（六）重阳节

采桑子·重阳

毛泽东

人生易老天难老，岁岁重阳。
今又重阳，战地黄花分外香。
一年一度秋风劲，不似春光。
胜似春光，寥廓江天万里霜。

1929 年 10 月

诵读训练

囚　歌

叶　挺

为人进出的门紧锁着,(→平调)(冷眼相看)
为狗爬出的洞敞开着（→平调）
一个声音高叫着:（曲调）(嘲讽)
——爬出来吧，给你自由！（曲调）(诱惑)
我渴望自由,(→平调)(庄严)
但我深深地知道——（→平调）
人的身躯怎能从狗洞子里爬出！（↑升调）(蔑视、愤慨、反击)
我希望有一天（→平调）地下的烈火,(稍向上扬)(语意未完)
将我连这活棺材一齐烧掉（↓降调）(毫不犹豫)
我应该在烈火与热血中得到永生！（↓降调）(沉着、坚毅、充满自信)

永远的蝴蝶

陈启佑

那时候刚好下着雨，柏油路面湿冷冷的，还闪烁着青、黄、红颜色的灯光，我们就在骑楼下躲雨，看绿色的邮筒孤独地站在街的对面，我白色风衣的大口袋里有一封要寄给在南部的母亲的信。

语言表达与应用写作

樱子说她可以撑伞过去帮我寄信。我默默地点头，把信交给她。

"谁叫我们只带来一把小伞哪。"她微笑着说，一面撑伞，准备过马路去帮我寄信。从她伞骨渗下来的小雨点溅在我眼镜玻璃上。

随着一阵尖利的刹车声，樱子的一生轻轻地飞了起来，缓缓地，飘落在湿冷的街面，好像一只夜晚的蝴蝶。

虽然是春天，好像已是深秋了。

她只是过马路帮我寄信，这样简单的动作却要叫我终生难忘了。我缓缓睁开眼，茫然站在骑楼下，眼里裹着滚烫的泪水，世上所有的车子都停了下来，人潮涌向马路中央。没有人知道那躺在街面的，就是我的蝴蝶。这时她只离我五公尺，竟是那么遥远。更大的雨点溅在我的眼镜上，溅到我的生命里。

为什么呢？只带一把雨伞？

然而，我又看到樱子穿着白净的风衣，撑着伞，静静地过马路了。她是要帮我寄信的，那，那是一封写给在南部的母亲的信，我茫然站在骑楼下，我又看到永远的樱子走到街心。其实，雨下得并不大，却是一生一世中最大的一场雨。而那封信是这样写的，年轻的樱子知不知道呢？

妈：我打算在下个月和樱子结婚。

国学导读

仲尼居，曾子侍。子曰："先王有至德要道，以顺天下，民用和睦，上下无怨，女知之乎？"

曾子避席曰："参不敏，何足以知之。"

子曰："夫孝，德之本也，教之所由生也。复坐，吾语女。身体发肤，受之父母，不敢毁伤，孝之始也；立身行道，扬名于后世以显父母，孝之终也。夫孝，始于事亲，中于事君，终于立身。《大雅》云：'无念尔祖，聿修厥德。'"

——《孝经·开宗明义章》

译文

孔子坐着，曾子陪伴着他。孔子说："古代圣王有一种最高的德行最重要的道理，用来顺服天下，老百姓因此和睦，君臣上下没有怨恨。你知道这种道德吗？"

曾子离开座位恭敬地回答："曾参不聪明，怎么能够知道呢？"

孔子说："孝道便是道德的根本，教化由此而产生。返回到座位上去吧，我告诉你。人的躯干四肢毛发反肤，都是从父母那里来的，不敢使它们受到诽谤和损伤，这是实行孝道的开始。修养自身，推行道义，扬名到后世，使父母受到尊贵，这是实行孝道的归宿。孝道，从侍奉父母开始，以服侍君主作为继续，成就自己忠孝两全才是孝道的最终归宿。《诗经·大雅·文王》说：'怎能不念你祖先，努力学习修其德。'"

项目三 | 表情达意

📝 经典介绍

《孝经》中国古代儒家的伦理学著作。传说是孔子自作，但南宋时已有人怀疑是出于后人附会。清代纪昀在《四库全书总目》中指出，该书是孔子"七十子之徒之遗言"，成书于秦汉之际。自西汉至魏晋南北朝，注解者及百家。现在流行的版本是唐玄宗李隆基注，宋代邢昺疏。全书共分18章。《孝经》以孝为中心，比较集中地阐述了儒家的伦理思想。它肯定"孝"是上天所定的规范，"夫孝，天之经也，地之义也，人之行也"。它指出孝是诸德之本，认为"人之行，莫大于孝"，国君可以用孝治理国家，臣民能够用孝立身理家。《孝经》首次将孝与忠联系起来，认为"忠"是"孝"的发展和扩大，并把"孝"的社会作用推而广之，认为"孝悌之至"就能够"通于神明，光于四海，无所不通"。

🧍 吟诵欣赏

橘 颂

屈 原

后皇嘉树，橘徕服兮。受命不迁，生南国兮。
深固难徙，更壹志兮。绿叶素荣，纷其可喜兮。
曾枝剡棘，圆果抟兮。青黄杂糅，文章烂兮。
精色内白，类可任兮。纷缊宜修，姱而不丑兮。
嗟尔幼志，有以异兮。独立不迁，岂不可喜兮？
深固难徙，廓其无求兮。苏世独立，横而不流兮。
闭心自慎，不终失过兮。秉德无私，参天地兮。
愿岁并谢，与长友兮。淑离不淫，梗其有理兮。
年岁虽少，可师长兮。行比伯夷，置以为像兮。

🧍 课后实践

📋 实践项目：我和我的祖国

组建团队
自由组建团队。
朗诵准备
口齿训练　朗诵技巧　文本解读　组内展示
朗诵目标
提高语言表达能力　培养文学鉴赏能力　坚定文化自信　厚植爱国主义情怀

语言表达与应用写作

实践要求

（1）发音正确，吐字清晰；提高声音质感，掌握朗诵节奏。
（2）解读文本，把握文本情感，投射个人体悟。
（3）提高艺术表现力，用恰当的表情和姿态精准阐释作品。
（4）组内朗诵展示，并互评，反复练习，提高朗诵水平。

项目四 百家争鸣

演讲是一种表明演讲者看法或态度的语言交流活动。作为一种语言交流活动,它与一个人的语言组织能力、表达能力、逻辑能力等各种能力紧密相关。大学生对演讲并不陌生,这是校园文化生活中语言能力展现的形式之一,也是校园文体活动的重要表现形式,如学生会竞选、校园名家讲坛、人文讲座、演讲比赛等。作为工具性和人文性相统一的课程,引导学生拥有好的演讲能力,对提升学生职业核心素养和可持续发展有重要的推动作用。

演讲的基础知识

第一节 演讲技巧

一、演讲的定义

演讲又称演说,是一门综合性的艺术,也是语言的一种高级表现形式。演讲通过艺术的手段表达出语言的基本意思,是一种有计划、有目的、有主题、有系统的视听信息的传播。它可以使与你见解一致的听众更坚定其原有的信念,同时,又可以使持有不同见解的听众动摇、放弃、改变其原有的思想观点,心悦诚服地接受你的观点。

二、演讲的特点

1. 综合性

演讲虽然只是发生在特定时间、特定空间的社会性活动，但为这一活动，演讲者要有各方面的准备，还需要大量的组织工作与之配合。"讲"要讲明道理，阐述对某一问题的看法。"演"要借助声音、表情、动作来加强演讲的生动性。所以演讲以"讲"为主，以"演"为辅，运用有声语言，加上无声的动作、体态、表情，两者相辅相成，巧妙结合，融为一体。要"讲"得好，必须有逻辑、修辞、音韵、朗读等方面的知识和修养，再加上一些特定的演讲还要考虑演讲现场的场景设计、演讲舞台的布置等。所以演讲是综合性很强的一种社会活动。

2. 现实性

现实性是指符合客观事物的现实情况的性质。演讲是通过演讲者对社会现实的判断和评价，并在公共场合向听众公开阐述自己主张和看法的现实活动，这是演讲行为的现实性。从演讲的内容来看，演讲主题涉及的多是现实生活中的话题、问题，无论是政治、经济、学术、科技、世态、民情等，都具有强烈的现实性。

3. 艺术性

演讲虽然是现实的社会性活动，但它的表达又是优于一切现实的口语表现形式。它要求演讲者去除一般讲话中的杂乱、松散、平板的因素，以一种集中、凝练、富有创造色彩的面貌出现，同时，演讲现场的各种因素（语言、声音、形象、表演、肢体动作等）相互依存、相互协调，呈现出现场的艺术美感，这就是演讲的艺术性。

4. 宣传鼓动性

演讲的宣传鼓动性在于演讲者要有鲜明的观点、独到的见解和看法以及深刻的思想等，要以自己的真心呼唤听众的心声，以自己的感情的火花点燃听众的感情烈火，同时要善于用流畅生动、深刻风趣的语言和恰当的修辞打动听众，激发起听众对某些现象的注意和思考，引起听众的共鸣，达到感染和影响甚至征服听众的目的。这就是演讲的宣传鼓动性，也是演讲成功与否的一个标志。

三、演讲的分类

1. 按演讲内容大致分

（1）政治演讲：其内容涉及政论国事的演讲，包括竞选演讲、就职演讲、外交演讲等。如1939年5月4日，毛泽东在延安青年群众举行的五四运动二十周年纪念会上的演讲《青年运动的方向》等。

（2）事迹演讲：以先进人物的先进事迹为主要内容的演讲。事迹本身必须是体现理想的社会精神生活的美的事物，具有典型性，演讲者要对所演讲的事迹要有切身的感受和深刻的理解并有自己的体会。

（3）宗教演讲：宗教神职人员在教堂宣传宗教教义或进行其他宗教活动时作的讲演。

（4）经济演讲：包括商业广告演讲、投标介绍演讲等。

（5）教育演讲：演讲者向听众传授文化科学知识的演讲，如知识讲座、学术报告等。

2. 按演讲的功能分

（1）传授性演讲：又称学术演讲，即"能使人有所知"的演讲。这是一种以传达信息、阐明事理为主要功能的演讲。它的目的在于使人知道、明白。如美学家朱光潜的演讲《谈作文》，讲了作文前的准备、文章体裁、构思、选材等，使听众明白了作文的基本知识。它的特点是知识性强、语言准确。

（2）说服性演讲：即"能使人有所信"的演讲。这种演讲的主要目的是使人信赖、相信。它从"使人知"演讲发展而来。如恽代英的演讲《怎样才是好人》，不仅告知人们哪些人不是好人，也提出了三条衡量好人的标准。通过一系列的道理论述，改变了人们的旧观念。它的特点是观点独到、正确，论据翔实、确凿，论证合理、严密。

（3）鼓动性演讲：即"能使人有所激"的演讲。这种演讲意在使听众激动起来，在思想感情上与你产生共鸣，从而欢呼、雀跃。如美国黑人运动领袖马丁·路德·金在林肯纪念堂前的演讲，用他的几个"梦想"激发广大的黑人听众的自尊感、自强感，激励他们为"生而平等"而奋斗。

（4）行动性演讲：即"能使人有所动"的演讲。这比"使人激"演讲进了一步，它可使听众产生一种欲与演讲者一起行动的想法。如法国前总统戴高乐在第二次世界大战期间的英国伦敦做的演讲《告法国人民书》，号召法国人民行动起来，投身反法西斯的行列。它的特点是鼓动性强，多以号召、呼吁式的语言结尾。

（5）娱乐性演讲：即"能使人有所乐"的演讲。这是一种以活跃气氛、调节情绪，使人快乐为主要功能的演讲，多以幽默、笑话或调侃为材料，一般常出现在喜庆的场合。

（6）凭吊性演讲：即称葬礼性演讲，是在葬礼上或者在纪念某人逝世周年的大会上所做的演讲，也叫葬礼演说。这种演讲形成于古希腊。据《伯罗奔尼撒战争史》记载，雅典人很早就有了在举行葬礼时发表演说的习俗，主要用于凭吊在战争中阵亡的将士。每年举行一次，现存最早最著名的古希腊凭吊演说是伯里克利（约公元前495—前429）在伯罗奔尼撒战争第一年后公葬阵亡将士的演说。这种演说后来传到古罗马，再由古罗马传遍欧洲及全世界，其使用范围也逐渐扩大。

3. 按照演讲方式分

（1）读稿式演讲：演讲者事先准备好稿子，然后在大会上逐字逐句地向听众念一遍。

（2）背诵式演讲：又称脱稿演讲。要求演讲者事先写好稿子，并且反复练习，背熟后脱稿向听众演讲。

（3）提纲式演讲：它不要求演讲者一字一句写成完整的演讲稿，只要把演讲的层次结构按提纲形式写下来，然后就借助提纲进行演讲。

（4）即兴式演讲：演讲前没有充分准备而临时组织语言的演讲，有主动和被动两种。所谓主动，是指没有外力的推动和督促而发表的，演讲者一般是会议的主持人。如主持讲演会，要介绍会议内容、宗旨、介绍演讲者；如主持欢迎会、欢送会、茶话会、喜庆宴等，要做开场白和一些即兴讲话。所谓被动，是指演讲者本未打算演讲，但在外力（如主持人的敦请）推动下，不得已临时发表演讲。

（5）辩论式演讲：就某个问题或某种情况进行论辩、比较，以断定其是非曲直的演讲。它常用于政治界、学术界、外交界和一些演讲比赛。如1986年"全国十城市青少年演讲邀请赛"上，除命题演讲和即兴演讲外，还设了辩论演讲。

演讲还可以按演讲场所分为：巡回演讲、街头演讲、宫廷演讲、法庭演讲（或称司法演讲）、课堂演讲、教堂演讲、大会演讲、宴会演讲、广播演讲和电视演讲等。

四、演讲的技巧

从实际操作层面我们可以把演讲分为演讲准备技巧、演讲现场技巧和演讲的影响技巧三个方面。

（一）演讲准备技巧

1. 演讲主题的准备

一般来说，一篇演讲只有一个主题，必须围绕这个主题展开，阐述主题要求鲜明、正确、新颖、深刻。选择演讲主题的基本原则是：体现时代精神，历史潮流；适合听众要求，内容有的放矢；凸显个人色彩，兼具个人风格。

演讲手段与技巧

2. 演讲材料的准备

演讲者可以从以下三个方面来准备和收集材料。

首先，从现实生活中得到直接材料。这是演讲者在生活、工作、劳动、学习及其他社会活动中所见所闻、所思所感的材料。社会实践是我们获取直接材料的源泉。《中国精神》这篇演讲，就是演讲者在生活中的个人经历，以及在事件经历中的强烈体验。讲出后自然生动感人。

其次，从书本或各种媒体中获得间接材料。这是演讲者从报刊、书籍、文献、广播电视上得到的材料，可称为第二手材料。间接材料的收集也是占有材料的重要手段之一。鲁迅的演讲《魏晋风度及文章与药及酒之关系》，就是靠大量的古代历史、政治、军事理论、医学等多方面的间接材料表现主题的。

最后，分析研究获取创建材料。这是演讲者在获得大量直接材料和间接材料的基础上，经过归纳、分析、研究所得出的新材料，是一个演讲者智慧的结晶。这常常和直接材料、间接材料一起综合运用于演讲之中。

3. 个人形象的准备

在演讲中，听众对演讲的印象一般基于三个要素分别是语言的、声音的、视觉的。

首先，语言的准备。语言表达方式要明确、通俗，尽量口语化，朗朗上口，又声声入耳，不冗长、不复杂、不拖沓。语言风格，说话方式也是人各不同的。作为演讲者应该尝试熟悉各种表达风格，并从中找到与演讲者个人的气质、风度甚至性格，当然也要考虑演讲内容高度契合的演讲方式。比如同样作为有政治诉求的演讲,同样有号召力、威信力,马丁·路德·金以激情见长,而丘吉尔的演讲简短、有力的同时又幽默风趣。同样是人生励志演讲,尼克·胡哲在身体受限与思想极其深邃间形成巨大冲击令人动容;而受大学生欢迎的俞敏洪、任正非等成功人士的励志与之相比却更加家常、平和和容易亲近。所以每一位演讲者要从演讲语言入手,找到适合自己的演讲风格,才能在演讲现场收放自如,游刃有余。

其次,是声音形象。激情的声音容易鼓舞人心;坚定的声音更让人信赖;动听如泉水的声音仿佛魔笛的乐符沁入我们的内心……演讲者对于声音的掌控当然有先天的成分,但后天的训练却也是至关重要的。大量的练习、科学训练定会对演讲者的声音形象起到良好美化、提升的作用。同时声音形象还包括纠正方言,让语音、语调更自然、和谐、美妙。

最后,演讲者涉及视觉上的仪容、仪表的形象。我们常讲不可以貌取人,但不可否认的是在现实生活中,人与人的第一印象往往从"貌"开始。我们都有过这种体验:衣着整洁、彬彬有礼、大方得体的人往往更容易赢得信赖;而一个衣冠不整、邋遢不堪、形容猥琐的人则令人初见之下生出抵触的情绪。孙中山先生也曾指出"身登演说台,其所见风度、姿态应该是衣着整洁、举止大方,而最忌轻佻作态"。演讲者平时应对自己的仪容、仪表、仪态、风度、气质有所重视。做一些基本的、形体的、微笑的训练,不说总是光彩照人,也要做到自然、协调、大方、得体。

4. 预演

没有几个人出口即能成章,也没有谁每次演讲都以鲜花和掌声作为永远的陪伴。无论初涉演讲舞台的新手,还是久经历练的大家,每位成功的演讲者必会在事先做大量有关演讲的练习、训练,才能保证他的演讲能够一击即中,感人至深,发人深省。曾任微软全球副总裁的李开复先生曾说,他刚开始演讲的时候,每个月必做两次演讲练习,并请朋友旁听。他曾承诺,不事先排练三次,决不上台演讲。

(二)演讲现场技巧

现如今,很多的朋友都会因为各种原因而进行演讲,可能是小到学生入学、公司入职,还是一些比赛、方案的发布等。而演讲有的时候可以说是个人才华的一种展示,优秀的人更是能得到他人的肯定,重要性可想而知。在自己的演讲的时候如果出现了混乱的场面,不由得会让真正关注你的人不满,更代表着大多数人的否定,没有良好的现场控制能力,即便你的观点是正确的,也不会被别人所接受。

1. 克服演讲中的紧张,稳定自己的情绪

因为演讲现场大多有很多人,更有可能绝大部分演讲者并不认识,这就给很多的演讲者造成"认生"的情绪。人越多带给自己的压力越大,担心如果演讲不会就会被人嘲笑,尤其是前面的演讲者讲得好或者不好都会给你很大的压力。如果演讲者这个时候情绪很不稳定,那就发泄出来,跟身边的人交流一下该怎么演讲,得到更多人的肯定和鼓励会是很大的帮助。一个简单的深呼吸,调整好自己的情绪,再开始演讲。尤其在初次演讲时,紧

张是不可避免的。要克服这种演讲恐惧，一是勤加练习，增强自信；二要不断自我暗示：准备已经很充分了，今天的演讲正是听众们想听到的，肯定能做得很好；三是在演讲现场保持自信的姿态：挺拔的身姿、坚定的步态，沉稳、镇定的眼神，舞台上的仪态、风度瞬间赢得听众的好感。演讲者甚至还没有开口就已经从听众的眼神里看到赞赏了。所以在演讲现场，姿态行动要沉稳有力；有目光的交流，最好在演讲开始后，找到前排的、积极响应的、表情生动的观众，与之进行不间断的眼神的交流。这样的演讲才会有响应、有活力、有碰撞，才有可能超常发挥，精彩无限。

2. 内容娴熟，掌控全场

演讲要求内容丰富、生动、全面、准确，在表达过程中要波澜起伏，跌宕有致，抑扬顿挫，不断调动现场气氛，逐渐在全场形成热烈的场面，使听众全神贯注，心驰神往。这种境界，显然不是照本宣科式地念演讲稿所能达到的。照稿念，演讲者往往顾此失彼。顾了讲稿，顾不了听众，更谈不上用丰富的表情和形象的动作与演讲内容协调配合，演讲当然无法生动形象。这样，听众会无形中降低对演讲者的信任感，降低对演讲的注意力和重视度，造成冷场，甚至骚动、喝倒彩。演讲者要熟悉讲稿，而又不拘泥于讲稿，真正"入戏"。要能在演讲中自然地调动听众的情绪，组织几次演讲高潮，像磁石般地牢牢地吸引住听众。

演讲者充满激情时，是演讲现场的气氛最活跃的时刻，也是演讲者与听众感情交流最融洽的时刻，是演讲的高潮所在。如果演讲中能做到高潮迭起，演讲者便自然控制了整个现场的气氛。著名演讲家李燕杰在《演讲美学》中写道："一次演讲怎样达到高潮，这需要演讲者在感情上一步一步地抓住听众，使听众的内心激情逐渐地燃烧起来，演讲将自然地被推向高潮。"也就是以情激情，以心换心。具体而言，就是要适当地预设或埋伏一连串能够触发听众的想象、情感、意志、经验等的兴奋点，以便张弛有度、擒纵自如地驾驭现场，调控听众，更好地进行现场交流。深邃的思想能发人深省，激起听众的积极响应；风趣幽默的语言，能提高听众的兴趣和热情；生动感人的奇闻轶事，可以醒目提神，活跃气氛；新颖广博的知识信息，可以使人耳目一新，精神振奋；精辟的论证，能以其逻辑的严密征服听众；设置悬念与适当提问，则能引起听众的积极思考和兴趣；而真挚热烈的激情迸发，亲切自然的动作，尤能扣人心弦，感人至深。

3. 细心观察；及时互动

不仅眼神、表情可以互动交流，为了使演讲产生好的效果，演讲者可以调整语音、语调、语速、节奏等。例如，演讲者声音突然提高一个八度，很可能会让开小差的、打瞌睡的人突然惊醒，然后认真听讲；或者突然降低音量，现场会慢慢安静下来，交头接耳的人也会停止讲话。也可以在现场适当加入1~2个小问题，开场时，当发现有听众走神时，当有意外情况出现时，随时用互动小问题来吸引观众的注意力，引导听众参与到演讲当中来。互动更好地拉近了演讲者和听众的距离，也让正要游离的注意力迅速回归、聚拢，是演讲现场极好的沟通方式。

4. 演讲现场态势语言，肢体动作"度"的把握

毋庸置疑，恰当、得体的态势、动作、表情对于演讲本身是一种呼应、互补，能够

更好地传递演讲的内容和信息，但是这里有个"度"的问题。所谓"过犹不及"，过度的表现，过于夸张的动作、表情，会有损演讲本身的诚意和态度。"大道至拙，天道忌巧。"现场演讲者与听众的沟通交流方式而言，得体的仪态风度，取得听众的好感后，诚恳、真挚的态度，沉稳、自信的眼神，得体有度的肢体语言比任何虚浮夸张的技巧都有效。

5. 应对突发性状况的能力

演讲现场、场地和演讲主体、受众等各种演讲要素错综复杂，极有可能在演讲时发生各种突发性状况。这就要求演讲者要有应对诸般状况的能力，有良好的心理素质，有智慧和经验来解决突发状况。可以说演讲者临场的沉静、机智，不仅可以巧妙"救场"，更可以激活现场的思想和情绪，活跃演讲现场的气氛。形成演讲者与现场听众的互动和交流，从而深化听众对演讲者的认识。

1）借"景"发挥，因势利导

一些宏大主题的演讲，因其立意高，内容很容易空泛，本来就很难吸引听众，更难得听众的认同。这时演讲者如能将眼前意外发生之"景"与演讲巧妙结合，既可以把听众的注意力吸引过来，又使演讲别具情趣。

2）意外卡壳，巧妙过渡

演讲过程突然忘词，现场就会极为尴尬，为防止这种情况出现，演讲者可以事先列个提纲，以提示卡或提示板的形式放在合适的位置以随时备用。也可以围绕主题抛出一两个互动话题，在听众踊跃回答时，迅速回想起自己的演讲脉络，不动声色地救场成功，还可以组织一段合情入理的结束语巧妙过渡到演讲结尾。实在记不起来的时候不妨简单开让几个玩笑，哪怕是自己演讲得并不是很好，进行一个自嘲，也不会有人去责怪你，他们往往看到的你这个人身上幽默的亮点，演讲更加的生动。相信你也知道一个死板的演讲别人即便认可，也不会得到太多的人赞赏。

3）随机应变，化"不利"为"有利"

演讲现场各种突发性状况层出不穷，防不胜防，不光是忘词，漏词或错词，尤其是很明显的让听众听出来的错误该如何补救呢？

弹唱家马如飞一次演讲时，将"将丫鬟移步出了房"唱成了"丫鬟移步出了窗"，听众一听如此巧妙报以热烈的掌声。谁知一打岔，他又把"大扇长窗开回扇"唱成了"大扇长窗开八扇"，观众都惊呆了，也不笑场就等着看他如何救场，马如飞依然不慌不忙，继续补漏道"还有两扇未曾装"。有现场临危不乱，幽默机智的台风需要平时丰富的积累和现场高强的心理素质。当不利状况频出时，从容面对，巧妙将"插曲"变成"乐章"，不仅为自己救场解围，更会给听众留下良好印象。

演讲的技巧不仅在演讲的准备、现场的应变上，更在于做一个善于总结、归纳的演讲者。在演讲结束后，及时从演讲中汲取经验教训，不断改进，从而让自己的演讲水平不断提高。

第二节　演讲稿

一、演讲稿的含义

演讲稿也叫演讲词，是在集会或会议上发表的演讲文稿。演讲稿是演讲的基础，它帮助演讲者梳理演讲的思路，提示演讲的内容，引导听众更好地理解和接受演讲的内容。

演讲稿的基础知识

二、演讲稿的特点

（1）针对性。演讲是一种社会活动，是用于公众场合的宣传形式。它为了以思想、感情、事例和理论来晓喻听众，打动听众，"征服"听众，必须要有现实的针对性。

（2）可讲性。演讲稿写完后，其目的就是要讲给别人听，演讲稿的语言，一定要通俗易懂，有可讲性。演讲的本质在于"讲"，而不在于"演"。它以"讲"为主、以"演"为辅。由于演讲要诉诸口头，写作演讲稿时必须以易说能讲为前提。如果说，有些文章和作品主要通过阅读欣赏，领略其中意义和情味，那么，演讲稿的要求则是"上口入耳"。

（3）临场性。演讲稿一般是事先准备好的，但它不是一成不变的。演讲者在特定的情境下，面对层次不同、情感情绪各异的听众，还有各种复杂的现场不确定性，演讲者在演讲时不可能以不变应万变，只按自己既定的模式照本宣科，他必然要根据现场的演讲效果做出适当的调整。因此写作演讲稿时，要充分考虑它的临场性，在保持内容完整的前提下，注意内容的伸缩性。

（4）鼓动性。演讲既是一种社会性行为，具有强烈的宣传、鼓动性，又是一门艺术。好的演讲自有一种激发听众情绪、赢得好感的鼓动性。做到这一点，需要依靠演讲稿思想内容。思想内容丰富、深刻，见解精辟，有独到之处，发人深思，语言表达要形象、生动，富有感染力。如果演讲稿写得平淡无味，毫无新意，即使在现场"演"得再卖力，效果也不会好，甚至相反。

三、演讲稿的结构

从结构上讲，演讲稿分为开头、主体和结尾三部分。

（一）演讲稿的开头

演讲稿的开头又叫"开场白"，一个好的开场白，能够抓住听众的注意力，为整场演讲的成功打下基础。正所谓，好的开端是成功的一半。这里为大家介

演讲稿的写作

绍几种开头方式。

（1）开门见山式。直截了当地揭示演讲主题，这种开头干净利落，突出中心。例如，闻一多先生著名的《最后一次演讲》："这几天，大家晓得，昆明出现了历史上最卑劣最无耻的事情！李先生究竟犯了什么错，竟遭如此毒手？"开门就将演讲主题揭露无遗，听众强烈的愤怒之情将演讲气氛直接推向顶端。

（2）设问祈使、制造悬念。演讲的开头也可以制造一些小悬念，以提问式、比较式、选择式等来达到吸引听众的目的。这样可以吸引注意力，并能引导听众积极地思考问题，参与到演讲的议题中去，而不是消极被动地听演讲。共同的参与使得演讲不是演讲者一个人的独角戏，而是所有听众与之共同完成的充满创造力的新鲜文本。这种开头引发了听众的期待，调动了听众的好奇心，激发起听众的兴趣，是较被普遍应用的开场方式。

（3）故事经历式的开头。爱听故事是人的天性。故事式、经历式的演讲从稿子本身来说，更形象、生动、有趣味。尤其是演讲者亲身经历过的故事更因其真挚动人而受听众欢迎。他们把思想、价值观、人生体验放在故事中，一千个读者就有一千个哈姆雷特，一千个听众，就有一千种品味解读故事的方法。这种开头最容易引发听众丰富的联想，调动听众的情绪。例如，在超级演说家的舞台上，曹青菀《中国精神》的演讲稿在分享个人的经历体验时，每一个听众都会不约而同从记忆深处回想起自己参加集体活动的情境，很容易唤起情感的共鸣而使整场演讲激荡着演讲者、听众共同的神圣感、自豪感，中国精神的内核呼之欲出。这种演讲既有强大的震撼力，又形象生动格外感人。

（4）名言警句式，借题发挥。如《生命之树常青》伟大的诗人歌德曾有这样一句话："生命之树常青"。是的，生命是阳光带来的，应该像阳光一样，不要浪费它，让它也去照耀人间。这种明旨式的开头，语言准确凝练，不转弯抹角，不做过多渲染铺垫，往往在比较庄重严肃的演讲中使用。

（5）即景生情式，话题导入。倘若没有做足够的情境铺垫，一上台就名言警句，开口就诗情万丈，多少会有一种突兀感，而想更自然一些，不妨以眼前的人、事、景，最近的新闻事件等话题入手，大家更容易接受。《开讲啦》现场，邓亚萍就从一个见仁见智的话题开始，成功者曾经的奖牌、奖杯、奖状是放在荣誉完时刻激励自己还是应该收起来以代表过去今天还要从零开始呢？这样的演讲水到渠成，浑然天成。

（6）幽默风趣开场。例如，美国黑人领袖约翰·罗克在面对白人听众关于解放黑人奴隶的演说时说："女士们，先生们！我来这里，与其说是发表讲话，还不如说是给这一场合增添了一点'颜色'。"这是一个自嘲式的开场白，引起听众哄堂大笑。笑声冲淡了由种族差异而造成的心理隔阂，使沉重的话题变得轻松。

（二）演讲稿的主体部分

主体内容是演讲稿的重点。它既要紧承开场白，又要内容充实，主旨鲜明，逻辑逐层展开，还要推动演讲高潮的到来，与听众形成情感、思想的强烈共鸣。

为使演讲稿主题鲜明突出，演讲稿应主旨明确、集中。分散的论点和被动的（即无分析的，不能发展论点的）例子，无异于催眠曲。著名文学评论家孙绍振在《关于演讲稿的写作》中就强调"在演讲比赛中，尤其要求集中论点，因为时间的限制更大"。

演讲稿的内容应该充实丰满而且有说服力。演讲者要在演讲中引导听众接受观点，却无法强迫、命令听众。如果说名人、明星演讲可以借助其威望、人格魅力等稿子之外的因素来影响听众，那么普通人的演讲一定是靠演讲内容的丰富、材料的典型和内在逻辑的缜密来打动、说服和引导听众的。尤其是一些宏大主题的演讲，如果只是下结论，动情绪，迫不及待地揭示感受，可能只会是自我感动却无法感染听众，更不用说影响和引导听众了。

层次清晰，即演讲稿层次的安排要注意通篇格局，既有整体感，又主次分明、详略得当，给人匀称，明朗感。演讲中要把握演讲的层次、结构的节奏和衔接。

层次是演讲稿思想内容的表现次序，它体现着演讲者思路展开的步骤，也反映了演讲者对客观事物的认识过程。演讲稿结构的层次是根据演讲的时空特点对演讲材料加以选取和组合而形成的。所以在演讲中要树立明显的有声语言标志，以此适时诉诸听众的听觉，从而获得层次清晰的效果。

演讲稿结构的节奏主要是通过演讲内容的变换来实现的。演讲内容的变换，是在一个主题思想所统领的内容中，适当地插入幽默、诗文、逸事等内容，使演讲稿的节奏既鲜明，又适度。

所谓衔接，是指把演讲中的各个内容层次联结起来，使之具有浑然一体的整体感。它是对结构松紧、疏密的一种弥补，使各个内容层次的变换更为巧妙和自然，使演讲稿富于整体感，有助于演讲主题的深入人心。演讲稿结构衔接的方法主要是运用过渡段或过渡句。

（三）演讲稿的结尾

演讲稿的结尾是演讲的"收口"。美国作家约翰·沃尔夫说："演讲最好在听众兴趣到高潮时果断收束，未尽时戛然而止。"一个好的结尾，可以锦上添花，也可能索然无味。结尾要简洁有力，余音绕梁。言简意赅、余音绕梁的结尾能够使听众精神振奋，并促使听众不断地思考和回味。演讲稿的结尾没有固定的格式，它或对演讲全文要点进行简明扼要的小结，或以号召性、鼓动性的话收束，或以诗文名言以及幽默俏皮的话结尾。但一般原则是要给听众留下深刻的印象，下面为大家介绍几种常见的结尾方式。

（1）总结全篇，强化主旨。以精练的语言，对演讲内容和思想观点做一个高度概括的归纳总结，以起到画龙点睛和强化主题的作用。

（2）幽默风趣，发人深思。幽默风趣的结尾不仅会为结尾增添欢声笑语，使演讲增添趣味性，并令听众留下愉快的印象。

（3）哲理名言，深入主题。这样的结尾可以使演讲有感染力。比如刘媛媛《寒门贵子》，"这个故事关于有志者事竟成，破釜沉舟，百二秦关终属楚；这个故事是苦心人天不负，卧薪尝胆，三千越甲可吞吴"。演讲结尾激情澎湃，掌声经久不息。

第三节　演讲训练

演讲作为一种社会实践活动，有着不可替代的作用和价值。通过演讲，听众可以得到精神上的启迪、知识上的丰富、思想上的教育和情感上的愉悦。同时，演讲者也可以充分表达自己的思想，提高自己。但是演讲家都不是天生的，

演讲训练

而是后天实践造就的,是经过艰苦的多方面的努力才成功的。演讲家必须具备站在时代前沿的精深的思想、渊博的学识和丰富的阅历,还需要具备敏锐的观察力、准确的判断力、迅速的应变力和较强的记忆力,这都需要刻苦的磨炼和大量的练习。作为新时代的大学生,也能通过演讲训练,感知表达的力量。大学生演讲训练可以从以下几个方面入手。

一、心理素质的提升训练

良好的口才需要良好的心理素质。很多时候,我们自己一个人准备时,感觉能讲得挺好,为什么一站在公众前,就讲得那么不尽如人意?这是我们的心理素质还不够强,所以会紧张,讲不好。练公众讲话的心理素质,需要到公众面前去训练。平时训练时,可以到人多的地方,比如教室、广场等,在人流中把自己事先准备好的讲话内容大声讲出来,可以是一个小故事,也可以是自己的一段经历,从而来训练自己在公众前说话的心理素质。面对人来人往,一双双陌生的眼睛会用各样的眼光看你,第一次可能根本讲不下去,但慢慢地次数多了,最后能很流利、很有感情地讲完了。再回到公众场合,你会发现,自己连在大街上都能讲好,这个舞台算什么,你的心态会比以前从容很多。当然,只要不是恐惧,适度的紧张可以使演讲者更加积极、主动面对难题,演讲中亦是如此。适度的紧张甚至会在现场各种综合因素的刺激下令演讲者发挥出令人惊讶的潜力,从而超常发挥,作出高水平的演讲。所以紧张感在演讲中并不可怕,可以通过一些有效的方式来缓解或激发它。如把注意力从自身的不足转移开而学会更多关注你已做得更好的方面,多看让你更加自信的事实,这些都让你更加自信从容地开讲。积极的心理暗示训练可以有效提高演讲者的心理素质。

日常可以做一些提升自信的语言练习,不断进行正面的心理暗示,从而让演讲者减轻在演讲现场的紧张度。

二、记忆演讲稿训练

充分的准备会给我们带来信心,所以我们会在开讲前搜集大量资料,并写作演讲稿。但不要逐字去背诵记忆演讲稿;不要挖空心思去细想死记每个词,每句话怎么说;不要过于较真,过于死板地纠结于原文,而应该像河水一样如空气一般,让语言从心里从口里自然流淌出来。日常生活中应该进行一些词汇的语言表达技巧的训练。首先保证自己有丰富的词汇量,所谓"巧妇难为无米之炊",词汇的缺乏自然就使得演讲内容枯燥乏味,甚至词不达意。而大量词汇的掌握,可以令你的演讲在文字方面丰富多彩,在思想观点的主观上游刃有余。

日常多做一些记忆性的练习,提高记忆力的同时也提高了自信。

三、朗诵训练

演讲中语音的抑扬顿挫,轻重缓急对演讲效果起到不容忽视的促进作用。平时做一些

语言表达与应用写作

语言的朗诵训练可以帮助我们掌握语言，语调的技巧，从而演讲时能更生动、准确传情达意。也可以跟着新闻联播或者一些配音软件练习，这种效果最为显著，通过模仿成形的作品的语音语调、发音等，每天坚持一个小时，坚持一个月，就会有很明显的提升。

四、说话训练

日常多做一些命题或围绕话题说话的练习，说得多了，表达能力必然会提高，演讲水平也会水涨船高。同时日常说话、交谈时有意识地明确交谈的目的、主题等，并尝试去引导对方，在交谈的过程中学着一步一步地引导，让对方跟着你的思路去走，这种生活中一点一滴积累的说话能力对演讲水平的提高也是很明显的。

五、学识训练

胸无点墨是不可能拥有好口才的，最多只能算耍嘴皮子。给人一杯水，自己得有一桶水。平时应该多积累知识，这是一个厚积薄发的过程，需要沉淀。应该从哪几个方面去积累知识呢？第一，专业知识。你所在行业的专业知识是让别人愿意听你讲话的内容，你知道别人不知道，这就是你存在的价值。第二，社会人文知识。不时聊天讲话总不能只讲你的专业知识，还得讲讲大家都知道的事，一起表达下各自的看法，这就需要社会人文知识。这个包罗万象，在生活中看到的、听到的，多记一点在心里，这样聊起这些话题时不至于一无所知。第三，社会科学知识。掌握基本的社会科学理论才能在演讲中不犯低级错误。

六、思维训练

语言其实是一个人内心思想的反映。一个人有一个良好的口才，是需要敏锐的思维来辅助的。从心理学原理看，思维与语言是紧密联系的，语言所达的是思维活动的结果，如果思维不敏捷、不清晰、不严密，语言的表达也就不可能流畅清楚。日常生活中训练思维方法有脑筋急转弯、思维训练题、棋类活动等。

七、速读训练

速读法对于练演讲口才是很有帮助的。很多时候我们在公众前一说话时就会有疙瘩，想一下子把话说出来，结果磕磕绊绊地说不出来或说不好，其实这是我们口齿还不够伶俐，解决这个问题最好的办法就是练速度。一开始时不要追求速度有多快，先读准读好，再读快。

八、小型演讲和辩论训练

演讲和辩论都是通过语言，让对方接受你的观点，并相信你的观点是正确的，这是语言表达的最高境界。这个世界上有两件最困难的事，一件就是把自己脑袋中的想法放进另一个脑袋，还有一件事是把别人口袋中的钱放进自己的口袋。一个是说服，另一个是销售。日常有意识地练习演讲和辩论是提升我们演讲能力的一种方式。

当然，好的演讲也需要注意个人形象的提升。一个举止大方，衣着得体的演讲者肯定完胜眼神鬼祟、形象邋遢的演讲者。平时就注意个人形象，管理好自己的行为举止、仪态风度，在演讲时才能给人信赖之感。

案例1

各位评委，朋友们：

今日，陪我一起到这里参加比赛的是我的母亲，本来，坐在她身边的应该有我的父亲。可就在几天前他去执行任务，就再也没有回来。父亲走了！我把这篇演讲献给我的父亲和那些为共和国而倒下的军人！

在我给父亲清理遗物的时候，我找到了一把尘封已久的战刀。就是这把锈迹斑斑的战刀，却记录了三代中国军人的情怀。

记得小时候，总爱听爷爷讲过去的事情，年迈的爷爷总是抚摸着这把从日寇手中夺过的战刀，追忆那一个又一个悄然倒下的战友。站着是座山，倒下还是那道梁。硝烟弥漫的战场永远回荡着一个悲壮的声音："宁为战死鬼，不做亡国奴。"他们用血肉向世界正告，中国人民不可欺，不可辱。

父亲接过爷爷手中的战刀，是在炮声隆隆的老山前线。那年我还不满5岁，只记得整个家属大院一片死寂，只有我们几个顽童还唱着童年的歌谣；只记得几乎每天都有一辆吉普车进来，然后就是那种撕裂空气的哭喊，于是，我们知道某某某的父亲光荣了。殷红殷红的鲜血浸透南疆的沃土，不灭的英灵长眠在千里的边防。生为祖国而生，死为人民而死。父辈们用血肉向世界正告：中国神圣的领土不可侵犯。

就是怀着对英雄的崇拜和对橄榄绿的神往，我从父亲手中接过战刀，走进军校的大门。当往昔的长发飘逸变成今日的刀枪林立；当轻歌曼舞醉明月的都市喧嚣变成瀚海阑干百丈冰的戍边生活；当那个梦中造就英雄的造化世界变成脱皮掉肉的默默无闻，我在问自己：放弃名牌大学的挥斥方遒，选择直线加方块的枯燥军营值得吗？当1998年3月我得到一位老学长不幸因公殉职的噩耗，更引起我深深地思考。学长志愿来到海拔5000多米的空喀拉哨所，晶莹美丽的冰雪世界，却是那么残酷无情，那里被称作鸟飞不过的生命禁区，那里的含氧量不到内地的一半，走一步相当于内地头顶20公斤的重物行动。哨所面对洁白的冰川却只能到山下10多公里的小河背水，学长就在下山背水的途中献出了年仅23岁的生命。亲爱的朋友们，你可曾知道在空喀拉哨所，像我的学长那样，因为去小河背水长眠在雪山之上的中国军人就有27名。如果不选择从军，他们也可以成为勤劳致富的开拓者；他们也可以成为商海搏击的弄潮儿；他们也可以在花前月下享受生活的芬芳。可是，他们就因为一桶水悄然无声地离开人世，难道他们的价值就是一桶水吗？我问自己，也问父亲，父亲给我讲起红旗拉甫5042前哨的一件往事：哨所指导员的妻子叫崔艳，她先后三上红旗拉甫，都因为大雪封山，只能用电话听一听熟悉而陌生的声音。当她带着两岁的女儿阳阳算好时间第四次来到边防时，这年提前到来的大雪封住了通往哨所的唯一小路，当崔艳遗憾又不能见到丈夫的时候，两岁的阳阳因感冒引发高原肺水肿，永远留在了雪山之上。当凄厉的咒骂声在雪山回荡，当山上的指导员痛苦地厮打自己：阳阳，爸爸对不起你啊！为什么？为什么死的不是我！阳阳，你还没来得及叫一声爸爸呀！连长命令：全连鸣枪升旗，为阳阳送行！当崔艳看到雪山之上高高飘扬起庄严的五星红旗，她什么也没说，悄悄离开了红旗拉甫。在那一刻她深深懂得了什么是军人的情怀！特别能吃苦，特别能忍耐，特别能战斗，特别能奉献，是军人的情怀！献了青春献终生，献了终生献子孙，是军人的情怀！亏了我一个，幸福十亿人是军人的情怀！你选择了军营，你就别无选择，因为你肩负的不是个人的荣辱毁誉，生死存亡；不是一家一户的幸福美满，合家欢乐；你肩负着的是一个泱泱民族生息繁衍的家园！

从那一天起，我发誓要做一名好兵，要到祖国最需要的地方去，因为我懂得了战刀传到我手中的真正意义。当我在抗洪大堤水米未进堵决口，战洪魔的时候；当我在大理苍山日夜奋战灭大火，保家园的时候；当我在滇池湖畔清淤障，迎世博的时候，我心中感到无比的自豪与骄傲，因为人民对我们说：关键时刻我们需要人民解放军！岁月磨砺了我守卫的坚毅，江河清洗了我奉献的思想。我牢牢记住妈妈告诉我的：中国要有山的脊梁，江的气魄，海的胸怀！我牢牢记住老师告诉我的：一个兴盛民族背后必定屹立着一支强大的军队！我牢牢记住，父辈将战刀传给我，也把用鲜血和青春捍卫共和国每一寸热土的使命传给了我。我发誓，紧握战刀，不辱使命；捍卫祖国，矢志不渝！

演讲实例
分析1

📖 案例2

交通安全——人们心中的路标

朋友们：

　　大家好！

　　交通安全与人们的生活息息相关，交通安全是人们生命的保护神。在这里，我不想再去列举那些触目惊心的统计数字，只想给大家讲述一个真实的故事。

　　36岁的传播学院教授房国义，博士学位，多次受到中国科学院表彰，是物理学界不可多得的科学家。2005年5月12日，天下着小雨，讲了一天课的房教授叫了一辆出租车行驶在回家的路上。一路上，房教授眼前浮现了他主持的科研项目，这项课题上马后，会填补物理学界的一项空白。一想到这个项目已近尾声，房教授的脸上荡起了笑容。

　　大众出租汽车公司孔速停，为了生计，已经开了六年的出租车。今天是女儿孔欣六岁的生日。由于刚才多拉了一趟，他想把时间赶回来，不由得加大了油门。

　　当行至文庙街金城饭店门口时，孔师傅隐约看到不远处有一辆轿车驶来，20米，

10米，5米……近了，更近了，快刹车，快刹车，紧接着是刺耳的刹车声、玻璃的破碎声、车的撞击声、人们的惨叫声和雨声混在一起。此时，坐在车前排的房教授就这样倒在血泊中。司机孔师傅沾满鲜血的双手还紧紧攥着他那心爱的方向盘，身旁送给女儿的礼物早已被鲜血染得殷红……

当房教授的母亲看到了血肉模糊的儿子，撕心裂肺地喊着："儿呀，你不该就这么走呀！"房教授的导师，年迈的陈教授流着热泪，悲痛地说："国义呀，国家培养你这个人才不易呀，现在你终于学成了，可以报效国家了，你却这么匆匆地走了。留给我们的是未完成的科研项目，国家需要你，学院需要你，你的学生们更需要你呀！"

当人们把那个沾满鲜血的布娃娃送到孔欣面前时，刚满6岁的小孔欣使劲儿地摇着妈妈的胳膊："妈妈，我不要礼物，我只要爸爸活着，我只要爸爸活着！"

死者的亲人们流着一样的辛酸泪，承受着一样的悲痛。

也许你要问："是谁上演了这场悲剧，仅仅是司机的麻痹大意吗？"不，在我们的生活中，这样的事例比比皆是。

公路上超车、抢车的车辆有之；超速驾车、疲劳驾驶的司机有之；打扮入时弯腰钻防护栏杆的女士有之；只顾玩耍无视车辆存在的小朋友有之；边开车边接通手机电话的洒脱者更是大有人在；被人们誉为"安全岛"的斑马线，在有些人眼里只不过是几条普通的白线，这一切表明了人们的交通安全意识是多么的淡薄！但是，请您不要忘记，危险就发生在您不经意的一刹那间。

我们不会忘记2003年8月22日，哈尔滨市南直小学教师吴讯，在送孩子上学的途中被一辆大货车碾于车轮下的惨景：9岁的儿子眼睁睁看着妈妈暴死在车轮下，一次又一次地哭着、喊着："妈妈，妈妈，妈妈呀！"

嘶哑的哭声撕扯着每一个人的心，儿子眼前又闪现了一路上妈妈叮嘱她好好学习，将来为社会做贡献的话语，儿子还满脸幸福地为妈妈唱他刚刚学会的歌《世上只有妈妈好》。

转瞬之间，一分钟，也许只有一秒钟，喜剧已悄悄结束，悲剧正在上演。儿子不顾一切地扑倒在妈妈的身上，哭喊着："妈妈，妈妈呀，您不是说要亲自送我上中学、上大学，要亲眼看着我戴上博士帽吗？您还说要送我去国外留学。妈妈，您为什么不说话？难道这一切您都忘了吗？不，我知道您没有忘，出门时您还说，您的学生是您放飞的希望，我是您永远的太阳，您的太阳在呼唤您，您为什么不说话？"

人们不禁要问：这悲剧的根源在哪里呢？究其原因，在于人们交通安全意识的淡薄。

司机朋友们，您前进的车轮拉近了我们与"四化"的距离，您手中的方向盘握住的是信息时代的脉搏。在我们向"四化"进军的征途上，您功不可没。然而，请您切记：切莫酿成沉痛的悲剧，切莫流淌殷红的血迹，快把"安全"两个醒目的大字，写满车轮驶过的大地。小道坎坷，您别畏惧；大路平坦，您别大意。永把安全两个醒目的大字，铭刻在掌握方向盘的心底。

朋友们，让我们为此而共同努力，争做交通安全的宣传员，让我们每一个人都提高交通安全意识，把交通安全法规送到千千万万行人的心坎里！

语言表达与应用写作

国学导读

（一）

子曰："恭而无礼则劳，慎而无礼则葸，勇而无礼则乱，直而无礼则绞。"

——《论语·泰伯篇》

译文

孔子说："只是恭敬而不以礼来指导，就会徒劳无功；只是谨慎而不以礼来指导，就会畏缩拘谨；只是勇猛而不以礼来指导，就会说话尖刻。"

（二）

子曰："学而时习之，不亦说乎？有朋自远方来，不亦乐乎？人不知而不愠，不亦君子乎？"

有子曰："其为人也孝悌，而好犯上者，鲜矣；不好犯上，而好作乱者，未之有也。君子务本，本立而道生。孝悌也者，其为仁之本与！"

子曰："巧言令色，鲜矣仁。"

曾子曰："吾日三省乎吾身：为人谋而不忠乎？与朋友交而不信乎？传不习乎？"

子曰："弟子入则孝，出则悌，谨而信，泛爱众而亲仁。行有余力，则以学文。"

子曰："君子不重则不威，学则不固。主忠信。无友不如己者，过，则勿惮改。"

子曰："君子食无求饱，居无求安，敏于事而慎于言，就有道而正焉，可谓好学也已。"

子贡曰："贫而无谄，富而无骄。何如？"子曰："可也。未若贫而乐，富而好礼者也。"

子贡曰："诗云：'如切如磋，如琢如磨。'其斯之谓与？"子曰："赐也，始可与言《诗》已矣。告诸往而知来者。"

子曰："不患人之不己知，患不知人也。"

——《论语·学而篇》

译文

孔子说："学了又时常温习和练习，不是很愉快吗？有志同道合的人从远方来，不是很令人高兴的吗？人家不了解我，我也不怨恨、恼怒，不也是一个有德的君子吗？"

有子说："孝顺父母，顺从兄长，而喜好触犯上层统治者，这样的人是很少见的。不喜好触犯上层统治者，而喜好造反的人是没有的。君子专心致力于根本的事务，根本建立了，治国做人的原则也就有了。孝顺父母、顺从兄长，这就是仁的根本啊！"

孔子说："花言巧语，装出和颜悦色的样子，这种人的仁心就很少了。"

曾子说："我每天多次反省自己，为别人办事是不是尽心竭力了呢？同朋友交往是不是做到诚实可信了呢？老师传授给我的学业是不是复习了呢？"

孔子说："弟子们在父母跟前，就孝顺父母；出门在外，要顺从师长，言行要谨慎，要诚实可信，寡言少语，要广泛地去爱众人，亲近那些有仁德的人。这样躬行实践之后，还有余力的话，就再去学习文献知识。"

孔子说："君子，不庄重就没有威严；学习可以使人不闭塞；要以忠信为主，不要同与自己不同道的人交朋友；有了过错，就不要怕改正。"

孔子说："君子，饮食不求饱足，居住不要求舒适，对工作勤劳敏捷，说话却小心谨慎，到有道的人那里去匡正自己，这样可以说是好学了。"

子贡说："贫穷而能不谄媚，富有而能不骄傲自大，怎么样？"孔子说："这也算可以了。但是还不如虽贫穷却乐于道，虽富裕而又好礼之人。"子贡说："《诗》上说，'要像对待骨、角、象牙、玉石一样，切磋它，琢磨它'，就是讲的这个意思吧？"孔子说："赐呀，你能从我已经讲过的话中领会到我还没有说到的意思，举一反三，我可以同你谈论《诗》了。"

孔子说："不怕别人不了解自己，只怕自己不了解别人。"

经典介绍

《论语》是儒家的经典著作之一，由孔子的弟子及其再传弟子编撰而成。它以语录体和对话文体为主，记录了孔子及其弟子言行，集中体现了孔子的政治主张、伦理思想、道德观念及教育原则等。与《大学》《中庸》《孟子》《诗经》《尚书》《礼记》《易经》《春秋》并称"四书五经"。通行本《论语》共二十篇，11705个汉字。"论语"这一书名是当日的编纂者给它命名的，意义是语言的论纂。北宋政治家赵普曾有："半部《论语》治天下"之说，从一个侧面反映出此书在中国古代社会所发挥的作用与影响之大。

吟诵欣赏

江　南

汉乐府

江南可采莲，莲叶何田田。
鱼戏莲叶间，鱼戏莲叶东。
鱼戏莲叶西，鱼戏莲叶南，鱼戏莲叶北。

课后实践

实践项目：我和我的青春

组建团队
自由组建团队。
演讲准备
确定主题　筛选素材　演讲技巧　组内展示
演讲目标
提升思维能力　提升创造力　提升领导力　提升表达能力

语言表达与应用写作

实践要求

（1）观点明确。
（2）材料典型，有共情点。
（3）逻辑清晰，表达有层次。
（4）组内演讲展示，并互评，反复练习，提高演讲水平。

项目五 舌战群儒

辩论，语出《史记·平津侯主父列传》，意为见解不同的人彼此阐述理由，辩驳争论。辩论旨在培养人的思维能力。它不仅是人类思维、语言表达和认知能力的体现，更是一种重要的社交技能。作为新时代大学生，不断提高自己的辩论能力，可以更好地与他人交流、表达自己的观点，同时也可以在学校、职场中取得更大的成功。

第一节　辩论

辩论是指人们针对某一具体的话题，以公开对立的立场对对方的观点进行驳斥和否定，同时确立和强化本方观点的一种语言交流形式。

一、辩论的原则

要提高辩论水平，必须遵循以下原则。

（一）辩论须防有"论"无"辩"

首先，要辨清辩论双方是否确有冲突的焦点，以及焦点在何处，要选择一个最正确的观察角度。

其次，辩论按其结局分为两种：交锋辩论（思想有交锋）和无交锋辩论（思想无交锋）。交锋辩论生活中是常见的，属"真理愈辩愈明"，趋向于"是非"明确的结局。较难分清的是"无交锋"辩论，它们同样在生活中大量存在，但结果常以"辩不出个所以然"而"不了了之"。例如，中国人是丑陋的还是俊美的？柏杨先生的观点是"丑陋的"，而另一些人却认为是"俊美的"，结果这场辩论表现为：柏杨先生用强光照亮了中华民族"坏"的心理习俗，期望尽快剔除；反驳者用强光照亮了中华民族"好"的品德特性，期盼发扬光大。双方看似是同一命题，其实是两个分命题，它们各自按照"批判缺点"和"褒扬优点"两条平行线前行了。因此，在投身于辩论之前，先对辩题及双方观点作一番分析，判定该辩论究竟属于交锋辩论还是无交锋辩论，有助于避免辩论者卷入辩争，并使自己在辩论中发挥出更高水平。

（二）辩论须遵守道德原则

辩论的最基本的道德原则是摆事实、讲道理。任何歪曲事实、无理蛮缠，直至恶言相向，进行人身攻击，侮辱对方人格的言行都是不道德的。辩论是真理与谬误的交锋，智慧和愚昧的较量，先进同落后的对峙。辩论的目的就是坚持真理，反对谬误；弘扬智慧，启迪愚昧；歌颂先进，鞭挞落后。因此，只有遵守"摆事实、讲道理"的基本道德原则，才能达到辩论的目的。

（三）辩论必须符合审美要求

（1）语言美。辩论就是舌战。因此，犀利的语言是辩论语言美的标志。犀利的语言才具有攻击力，唇枪舌剑是辩论语言的最好注解。

（2）形象美。形象美即美好的公众形象，儒雅的风度和高贵的气质，具体表现为：语言表述，音色亮丽，节奏明快；庄谐适当，攻守有度；得理饶人，不骄不躁；失势不馁，屡败屡战。

二、辩论的类型

按辩论在社会实践中的不同应用，可分为政治辩论、学术辩论、法庭辩论、论文答辩、谈判、辩论赛、日常辩论等。

（一）日常辩论

日常辩论是即兴辩论。日常辩论的论题随意性很大，有的有意义，有的无意义。有意义的能澄清是非、交流思想、解决问题；无意义的则浪费时间精力，处理不好会演变成争执，导致矛盾。因此，在日常辩论中把握好分寸是相当重要的。

（二）辩论赛

辩论赛是一种具有竞技性质和表演性质的辩论活动，由专人负责组织，有规则、有评委、有观众、设置奖项，并且设计专供比赛使用的辩题。辩论赛由来已久，并广受欢迎。

三、辩论的作用

有句名言说得好:"一人之辩重于九鼎之宝;三寸之舌强于百万之师。"辩论具有交流思想,传播新知,追求真理,澄清是非,关注社会,弘扬正义以及激发生动活泼的社会气氛,实现自我教育,增长才干,健康成长,培养人才,发现人才,推广人才,推广普通话,张扬语言艺术魅力等多方面的社会作用。

四、辩论的技巧

(一)避实就虚

辩论时,有时需要单刀直入,有时又要巧于迂回,避实就虚,避开对方所期待的进攻路线和目标,从看似无关的话题入手,使其打消戒备心理,再引入原先准备提出的问题。例如:

降清的明朝叛臣洪承畴,曾在南京审问抗击清军的夏完淳,企图诱使夏完淳归降。

洪承畴向夏完淳允诺:"你小小年纪误受叛徒蒙骗,只要归顺大清,我保你前程无量!"

夏完淳对洪承畴的降清致使大明迅速灭亡恨之入骨,有意要讥讽他一番,便假装不认得洪承畴,故意高声回答说:"你才是个叛徒!我是大明忠臣,怎说我反叛?我常听人说起我大明朝'忠臣'洪承畴先生在关外与敌人血战而亡,名传天下。我虽年幼,说到杀身报国,还不甘心落在他的后面呢!"

洪承畴瞠目结舌,手足无措,督府幕僚们以为他真不认识洪承畴,赶忙悄声告诉夏完淳:"上座正是洪大人。"

哪知夏完淳听后故意勃然大怒:"胡说,洪大人早已为国捐躯,天下谁人不知?当时天子亲自哭祭他,满朝群臣无不痛哭流涕。不要欺我年幼无知,上座这个无耻的叛徒是什么东西!竟敢冒名来玷污洪大人的在天之灵!"

夏完淳指着洪承畴骂了个痛快淋漓,使得高高在上的"总督大人"——洪承畴羞愧难当而又无话可说。

(二)以柔克刚

以柔克刚就像中国功夫中的太极一样,可以"四两拨千斤",看似温柔缠绵,实则绵里藏针,能给对手致命一击。例如:

据说,有一位商人见到诗人海涅(海涅是犹太人),对他说:"我最近去了塔希提岛,你知道在岛上最能引起我注意的是什么?"

海涅说:"你说吧,是什么?"

商人说:"那个岛上呀,既没有犹太人,也没有驴子!"

海涅笑着答道:"这个好办,我们俩一块去,就可以弥补这个缺陷!"

(三)小中见大

所谓"小中见大",是说辩论者要善于从高层次上,以其敏感性和洞幽烛微的观察力,从要说的事理中，选取最典型、最有代表性、最能反映事物本质的那一点，触类旁通，引申扩张，上升到理论的高度，使其小而实、短而精、细而宏、博而深，令人回味无穷，收到小中见大的论辩效果。

论辩中运用"小中见大"要注意选准突破口。从军事的角度来看，"突破口"是集中兵力于敌人最要害、最敏感而又是最易于击破的一点。论辩上的"突破口"也具有类似的属性。它应是关联着全局、最容易着力突破的"一点"，也是最敏感、最准确，牵一发而动"全身"的"一点"。例如：

在一场辩题为"对外开放方是否带来了走私贩私"的辩论赛中，一方坚定地认为："走私贩私，是对外开放带来的必然结果！"

另一方对此进行了严厉批驳："如果你的说法能够成立的话，那么我的感冒就是开了窗的缘故。那么为什么开了窗之后，有些人感冒，更多人却身体健康地领略着大好春光呢？这答案只能从自身去找了。同样，改革开放了，其目的就是在于利用当前国际上的有利条件，借西方发达国家的财力、物力之水灌溉我国现代化之花。我们一是主权在我，二是开放有度。问题是国内有些不坚定分子，看见金灿灿的洋钱洋货眼花缭乱，犹如蝇之趋腥，营营追逐，这又能怪谁呢？……"

这就是利用"小中见大"，抓住了感冒和开窗这一小事，阐发了走私与对外开放的关系，颇具说服力。

（四）以虚掩实

我们讲的辩论技巧"以虚掩实"，就是指辩论中的以心掩物、以神掩形、以抽象掩具体、以略述掩详述等，使语言含蕴更加丰富、更加深刻，更加有力也更加有效。例如：

唐德宗时，刘玄佐屡建战功成为汴州节度使。玄佐性情豪爽，轻财厚赏，士卒乐为所用。就在他镇守汴州时，有人向他进谗言，说将军翟行恭如何如何。玄佐一听就火了，立即把翟行恭拿下，要杀他。这时，谋士郑涉闻讯，马上要求见刘玄佐。郑涉这个人善于用开玩笑的形式隐藏要说明的问题和事理。他见刘玄左后就说："听说翟行恭已依法受刑，请将他的尸首让我看看，行吗？"

刘玄左听了非常奇怪，就问郑涉是他的什么人，为什么要看尸首。郑涉回答说："过去，我曾听人家说，冤死的人面容异常。可是我从来也没有看过，所以想借来看看。"

刘玄佐这才醒悟过来，命人把将军翟行恭放了。

一桩冤案，就在郑涉的一席玩笑话中解决了。以"看其尸首"之虚，掩"为其申冤"之实。

（五）引"蛇"出"洞"

在辩论中，辩手总是不自觉地保持一种戒备状态，只有麻痹对方，松懈其意志，放松其警惕，引"蛇"出"洞"，然后"出其不意，攻其不备"。当"蛇"出洞后，我们就可以手到擒来了。例如：

鬼谷子教庞涓和孙膑兵法的时候，一天，他坐在山洞里，问两位弟子道："你们谁有本事让我走出洞外？"庞涓抢先一步，连哄带吓，甚至扬言要放火烧洞，但不管庞涓怎么施法，鬼谷子就是不出来。这时孙膑走上前，承认自己愚笨，说自己无论如何也是无法将老师请出洞外，不过，他接着说："如果老师在洞外，我倒有办法让老师走进洞来。"鬼谷子当然不信，起身就朝洞外走去，哪知他的脚刚一踏出洞外，孙膑便拍掌叫道："老师，我这不是把您请出洞外了吗？"

（六）请君入"瓮"

在辩论中，请君入瓮特指诱使对方辩手自掘陷阱、自投罗网。对方中计后，常常有苦难言，无力回天。例如：

来俊臣遵武则天之命去惩办酷吏周兴，便请周兴喝酒，假意向他请教审讯办法。周兴不知是计，醉醺醺地说："这有何难，只要把犯人装进瓮里，放在炭火上一烧，便什么都招供了。"来俊臣依计烧好炭火，放上一口大瓮，然后脸色一变，厉声说："周兴，请你老兄入瓮吧！"

（七）环环相扣

组队辩论，要做到多路进攻、环环相扣，队员之间配合默契，也就是思想高度集中，不仅要能够发现和抓住对方的有关全局的重大疏漏之处，而且要对本队同伴的一些带有暗示性的回答或反问能够立刻领悟，连续跟上，以便集中全力突破对方的防线。

（八）诡辩

诡辩是一种以非为是，以是为非，是非无度的辩术。然而，在辩论过程中，为了摆脱困境，避免难堪，同样不失为巧辩的一种，用得巧妙，还能生出奇趣。

课堂表演实训

自选题目，组织一场辩论赛。辩论程序参考如下。
第一阶段——陈词。
正方一辩：3分钟。
反方一辩：3分钟。
正方二辩：3分钟。
反方二辩：3分钟。
正方三辩：3分钟。
反方三辩：3分钟。
第二阶段——自由辩论。
双方交替发言，每队各有4分钟时间。
第三阶段——总结陈词。
反方四辩：4分钟。
正方四辩：4分钟。
第四阶段——教师讲评。

第二节　应聘答辩

学生求职过程中，面试中的应聘答辩是重要一环。由多人组成的面试组同时与一个应聘者对话，提出的往往是出自不同角度，不同性质的问题。其目的是获得有关该应聘者全面，真实的情况。

一、应聘答辩的原则

应聘答辩必须遵循一定的原则，只有遵循一定的原则，才有可能保证答辩沿着正确的方向进行，从而保证答辩的成功。应聘答辩必须遵循如下原则。

（一）紧扣试题（问题）原则

答辩必须根据试题的要求答辩，需要怎么回答，就怎么回答，不能答非所问，也不能随意扩大或缩小试题和问题的内容或范围。

（二）实事求是原则

所谓实事求是，是指老老实实地回答问题，一就是一，二就是二，既不缩小，也不夸大，更不能说假话。只有这样，才能显示答辩者诚实的品格。

（三）旗帜鲜明原则

在应聘答辩中，答辩者必须旗帜鲜明地回答问题，不能模棱两可，含糊其词。

（四）简明扼要原则

答辩在时间上有严格的规定性，在内容上有严格的限定性。根据答辩的这些特点，答辩一定要简洁。

（五）文明礼貌原则

应聘单位一般对应聘者都要求有较高的思想、文化素质，因而在答辩中就要充分地显示这种素质。应聘者在答辩中要充分尊重评委和听众。答辩的语言要谦和。

（六）审时度势原则

做任何事情，都要既坚持原则，又头脑灵活，审时度势，答辩更是如此。高超的答辩，不仅是应聘者灵感的迸发和知识的展示，也是机智的活灵活现。

二、掌握面试提问类型

一般来说，面试官的提问类型可分为以下七类。

（一）直接式问题

直接式问题通常最容易回答，诸如"你是哪年出生的？""你是哪所学校毕业的？"等。回答这类问题最为关键的是要简洁明了，不可拖泥带水，也不必再加什么说明。例如第一个问题，你只要直接回答"我是××××年出生的"即可；而对于第二个问题，则可以回答"我是××学校毕业的"。至于专业等问题不必迫不及待地和盘托出。

（二）选择式问题

选择式问题通常由考试官设定一两个标准答案，由求职者自行做出选择，如"你是从事冷冲模设计还是注塑模设计的"或"你是不是××专业毕业的"，等等。对于这一类型的问题，只要根据实际情况作出选择即可。如第一个问题只要选择其中一项即可，不过最好能用"我是做冷冲模设计的"这样比较完整的句子，而少用"冷冲模设计"这样的省略句，以免让考官感觉求职者有点不耐烦；第二个问题只要回答"是"或"不是"便可解决。

（三）自由式问题

自由式问题没有标准答案，也没有固定模式，是自由发挥的机会，诸如"你的兴趣爱好是什么""为什么会想到当导游"之类的问题。在回答这类问题时，可以充分表达自己的想法，言简意赅、切中要害，不可漫无边际、随心所欲地"开无轨电车"，扯到哪儿算哪儿。也不能左思右想、吞吞吐吐，给人留下反应不够敏捷、思维不够活跃的印象。

（四）因果式问题

因果式问题的关键是前一个问题的回答将引出后一个问题的结论，例如"你认为你最大的优点是什么"和"你认为你的这些优点是否符合我们现在的这个职位"等。如果第一个问题回答不当将使第二个问题的回答陷入困境，因此切不可随心所欲，张嘴就说，而应理智考虑后再作答。

（五）测试式问题

测试式问题是面试官假设的一个情形，测试求职者的反应能力，如"如果你所在的一个部门要提拔一个人担任经理，你和你的同事都想当，你会采取什么行动"等。从这类问题中，面试官可以测试出求职者的个性、人生哲学、为人处世的态度等。

如果你的言谈中含有诋毁别人的成分，那么你不但不能充分展示出自己的长处，还可能被淘汰出局，这正是此问题的难度所在。尤其值得注意的是，请不要接受面试官要你突出自己、显得自己高人一等的要求。

（六）挑战式问题

有时面试官会提出一些带有挑战性的问题，希望求职者陈述理由并加以反驳，目的在于考察求职者的逻辑思维能力。如"你今年不到30岁，我们认为你担任这个职务太年轻了，你怎么看？"无论面试官提出什么样的要求，一定要心平气和，言之有据并加以反驳或申诉个人理由，自始至终都要礼貌回答，切不可认为面试官提问不当，"冒犯"了自己而大动肝火。

（七）诱导式问题

对于诱导式问题，特别要谨慎，它们往往是主考官有意进一步了解求职者而设定的

"圈套"。例如,"听说你对楼盘销售业务很精通,不妨谈些你的看法吧?"这类问题的特点是一开始便把求职者界定在一个特定的背景下,然后希望其谈出真实想法。对于这样的问题,求职者在回答时应当小心,即便你真的对楼盘销售很精通,也千万不能自以为是,否则你将面临难度更大的问题。所以,最好的办法是给自己留下一点回旋余地,你可以说:"谈不上精通,只是略知一二,我们可以共同探讨一下……"

三、应聘答辩的语言艺术

(一)把握问答的分寸

在应聘面试时,如果你说得太少,招聘者就不能对你有充分的了解,也就减少了任用你的可能;如果你说得太多,你又犯了一个忌讳:你告诉招聘者的某些东西反而会导致他拒绝接受你。

比如,有一位教师参加国家机关工作人员招聘考试,该教师坐在主考人员面前。主考人翻阅着他的登记表,对他说:"我详细地看了你的资料,真不错,经济、法律、管理都很精通,会两门外语。业余时间拿到这些证书是很不容易的,年轻有为啊!你能不能谈谈在这方面的体会?"不料,该教师说:"可以。我这个人从小就爱看书,人家说我脑袋灵,可要说全部靠业余时间学也不可能,为了学习,跟校长弄了几次不愉快。老实说,我早想离开学校那穷地方……"主考人听了这番话,若有所思。结果,这位教师没被聘用。从中使我们悟出这样一个道理:应聘时,问答的分寸要把握好,一切言辞均要向有利于自己的方向回答,在职场,不能说原单位的不好,这样招聘方会认为你为人不好或素质不高。因此应聘时要树立"应聘岗位"意识、"成功求职"意识。

(二)巧妙应答

当受聘者被问到自己的某些特殊经历时,不应闪烁其词,而应该做肯定的答复,但不妨组织巧妙并用合乎情理的语言来回答。例如,问:"为什么你的学分那么低?"可以这样如实回答:"在校学习的关键时期,我的家庭经济陷入拮据,我的父母无力支付我的全额学习费用,但我又不愿放弃学业,便将全部业余时间都用在打工上了。现在我已经走过了那段艰难的岁月,它却留给我不断进取的信心,打工也使我的交际能力和专业能力有所提高。"诚恳而机智的回答,化解了招聘方的疑虑,也会对你产生好感:他独立,有工作经验。而"绝对挑战"栏目有一期招聘大区经理,招聘方问:"你的简历上有三年的空闲没有填,这三年你在做什么?"应聘者面带难色,支支吾吾,最后尴尬道:"我在上学。"如这样回答:"为了更好地充实自我,更好地发展,我忍痛放弃了当时做得很好的工作,上了三年学。"岂不是更好?免去了招聘方的疑惑而又向求职成功的方向转化。

四、应聘答辩十四忌

一忌过于自信,目中无人;二忌疏忽大意,丢三落四;三忌轻重不分,虚实莫辨;四忌彷徨犹豫,心中无数;五忌言简意浅,贻误战机;六忌纠缠不清,短兵相接;七忌执迷不悟,愈陷愈深;八忌负隅反抗,顽固到底;九忌惊慌失措,语无伦次;十忌多言失语,授人以柄；十一忌自投罗网，自找麻烦；十二忌沉默不语，呆若木鸡；十三忌信以为真，本本主义；十四忌偏听偏信，一叶障目。

国学导读

老子（节选）

道可道，非常道；名可名，非常名。无名，天地之始；有名，万物之母。故常无欲，以观其妙；常有欲，以观其徼。此两者，同出而异名，同谓之玄，玄之又玄，众妙之门。

天下皆知美之为美，斯恶已；皆知善之为善，斯不善已。有无相生，难易相成，长短相形，高下相倾，音声相和，前后相随。恒也。是以圣人处无为之事，行不言之教，万物作焉而不辞，生而不有，为而不恃，功成而不居。夫唯弗居，是以不去。

译文

"道"如果可以用言语来表述，那它就是常"道"；"名"如果可以用文辞去命名，那它就是常"名"。"无"可以用来表述天地混沌未开之际的状况；而"有"，则是宇宙万物产生之本原的命名。因此，要常从"无"中去观察领悟"道"的奥妙；要常从"有"中去观察体会"道"的端倪。无与有这两者，来源相同而名称相异，都可以称为玄妙、深远。它不是一般的玄妙、深奥，而是玄妙又玄妙、深远又深远，是宇宙天地万物之奥妙的总门。

天下人都知道美之所以为美，那是由于有丑陋的存在。都知道善之所以为善，那是因为有恶的存在。所以有和无互相转化，难和易互相形成，长和短互相显现，高和下互相依存，音与声互相谐和，前和后互相接随——这是永恒的。因此圣人用无为的观点对待世事，用不言的方式施行教化：听任万物自然兴起而不为其创始，有所施为，但不加自己的倾向，功成业就而不自居。正由于不居功，就无所谓失去。

经典介绍

《史记》中记载，老子在出函谷关前著有五千言的《老子》一书，又名《道德经》或《道德真经》。《道德经》与《易经》《论语》被认为是对中国人影响最深远的三部思想巨著。《道德经》分为上下两篇，共81章，前37章为上篇《道经》，第38章以下为下篇《德经》，全书的思想结构是：道是德的"体"，德是道的"用"。全文共计五千字左右。

《道德经》是后来的称谓，最初这本书称为《老子》而无《道德经》之名。其成书年代过去多有争论，至今仍无法确定。

《老子》以"道"解释宇宙万物的演变，意为"道生一，一生二，二生三，三生万物"，"道"乃"夫莫之命（命令）而常自然"，因而"人法地，地法天，天法道，道法自然"。除了朴素的唯物主义观点，《老子》一书中还包括大量朴素辩证法观点，如以为一切事物均具有正反两面，"反者道之动"，并能由对立而转化。此外，书中也有大量的民本思想："天之道，损有余而补不足，人之道则不然，损不足以奉有余"；"民之饥，以其上食税之多"；"民之轻死，以其上求生之厚"；"民不畏死，奈何以死惧之？"其学说对中国哲学发展具有深刻影响。

语言表达与应用写作

吟诵欣赏

水调歌头·重上井冈山

毛泽东

久有凌云志,重上井冈山。千里来寻故地,旧貌变新颜。到处莺歌燕舞,更有潺潺流水,高路入云端。过了黄洋界,险处不须看。

风雷动,旌旗奋,是人寰。三十八年过去,弹指一挥间。可上九天揽月,可下五洋捉鳖,谈笑凯歌还。世上无难事,只要肯登攀。

1965 年 5 月

课后实践

实践项目:我和我的未来

组建团队
自由组建团队。

辩论准备
准备辩题　筛选素材　辩论技巧　组内展示

辩论目标
增强思考能力　提高表达能力　增强应变能力　改善团队合作　提高核心素质

实践要求

(1) 充分了解辩题。
(2) 建立逻辑结构。
(3) 学会反驳和质疑。
(4) 团队合作与协调。

项目六
你说我讲

沟者，构筑管道也；通者，顺畅也。沟通，是人类社会生活的重要组成部分，是人与人之间、人与群体之间思想与感情的传递和反馈的过程。通过沟通，人们相互交流、加深理解，从而促进社会的和谐与发展。

第一节 有效沟通

一、沟通的定义和目的

沟通是指运用语言、文字或一些特定的非语言行为传递、反馈信息的过程。有效沟通则要求清晰、准确、恰当地表达和传递信息。

沟通的目的是让对方达成行动或理解所传递的信息、情感和思想，从而建立良好的人际沟通关系。

二、沟通的方式

沟通的方式多种多样，我们常用的方法有文字沟通、语言沟通、肢体语言沟通等。其中，语言沟通最为常见，也最为重要。一般而言，语言沟通要做到以下四点。

（1）语言清晰简洁。语言逻辑清晰，层次分明。沟通中使用明确、简练的语言表达自己的观点和意见，避免含糊不清或复杂的表达方式。

（2）善于聆听。在表达过程中，应注意要专心聆听对方的观点和意见，不粗暴地打断或干扰对方，要表达对对方的尊重。

（3）及时确认、避免误会。当有疑问或不理解的地方时，应及时提出问题并寻求澄清，避免猜测他人的意图或错误理解。

（4）客观、理性。在沟通中要注意自己和对方的情绪变化，避免被情绪影响冲动的回应，保持冷静和理智，做到客观、理性地表达。

此外，除了言语表达，还可以通过肢体语言、面部表情和姿态来传递信息和情感，在很多情境中使用肢体语言可以加强沟通效果。

三、有效沟通的意义

石油大王洛克菲勒说："假如人际沟通能力也是同糖或咖啡一样的商品的话，我愿意付出比太阳底下任何东西都珍贵的价格购买这种能力。"有人说：一个人成功等于85%的沟通与人际关系加上15%专业知识与技术。研究也表明，工作中70%~80%的错误是由于不善沟通造成的。哈佛大学就业指导小组调查结果显示，在500名被解聘的男女员工中，因人际沟通不良而导致工作不称职者占82%。所以，有效的沟通、交流，准确、恰当的表达，能避免误解和冲突，对于建立良好的人际关系，具有重要的意义。

📖 案例1

公　　输

公输盘为楚造云梯之械，成，将以攻宋。子墨子闻之，起于齐，行十日十夜而至于郢，见公输盘。

公输盘曰："夫子何命焉为？"子墨子曰："北方有侮臣者，愿藉子杀之。"公输盘不说。子墨子曰："请献十金。"公输盘曰："吾义固不杀人。"子墨子起，再拜曰："请说之。吾从北方闻子为梯，将以攻宋。宋何罪之有？荆国有余于地，而不足于民，杀所不足，而争所有余，不可谓智。宋无罪而攻之，不可谓仁。知而不争，不可谓忠。争而不得，不可谓强。义不杀少而杀众，不可谓知类。"公输盘服。子墨子曰："然，乎不已乎？"公输盘曰："不可，吾既已言之王矣。"子墨子曰："胡不见我于王？"公输盘曰："诺。"

子墨子见王，曰："今有人于此，舍其文轩，邻有敝舆，而欲窃之；舍其锦绣，邻有短褐，而欲窃之；舍其粱肉，邻有糠糟，而欲窃之。此为何若人？"王曰："必为有窃疾矣。"子墨子曰："荆之地，方五千里，宋之地，方五百里，此犹文轩之与敝舆也；荆有云梦，犀兕麋鹿满之，江汉之鱼鳖鼋鼍为天下富，宋所为无雉兔狐狸者也，此犹粱肉之与糠糟也；荆有长松、文梓、楩楠、豫章，宋无长木，此犹锦绣之与短褐也。臣以三事之攻宋也，为与此同类。臣见大王之必伤义而不得。"王曰："善哉！虽然，公输盘为我为云梯，必取宋。"

于是见公输盘。子墨子解带为城，以牒为械，公输盘九设攻城之机变，子墨子九距之，公输盘之攻械尽，子墨子之守圉有余。公输盘诎，而曰："吾知所以距子矣，吾不言。"子墨子亦曰："吾知子之所以距我，吾不言。"楚王问其故。子墨子曰："公输子之意，不过欲杀臣。杀臣，宋莫能守，乃可攻也。然臣之弟子禽滑釐等三百人，已持臣守圉之器，在宋城上而待楚寇矣。虽杀臣，不能绝也。"楚王曰："善哉！吾请无攻宋矣。"

子墨子归，过宋。天雨，庇其闾中，守闾者不内也。故曰："治于神者，众人不知其功；争于明者，众人知之。"

——选自《墨子》

案例解析

春秋战国时期，楚国想攻占宋国，墨子凭自己的机智和勇敢连夜奔楚，游说楚王，解除了宋国的一场灾难。《公输》详细再现了一场箭在弦上的战争因为一次积极的有效沟通，化干戈为玉帛的全过程。故事不仅让后世领会了墨家一派非攻、兼爱的思想，也给后人留下了有效沟通的鲜活教科书。

四、有效沟通的原则

（1）沟通优先原则：即重视沟通，并为沟通投入专门的时间，制定切实有效的沟通方案，并用积极的态度分析信息、促进沟通。

（2）目的明确原则：即沟通的载体，语言或者文字或者肢体动作都要准确，信息传递的目的也要清晰、明确。

（3）实事求是原则：即沟通要针对客观存在的实际问题，对事不对人，寻找解决问题的方案，不能因沟通问题反而产生误解。

（4）可信赖性原则：即沟通双方应开诚布公，有正视问题和解决问题的诚意，沟通过程中，不管是正面还是反面的信息都要以开放的姿态予以接受。

（5）求同存异原则：即沟通是发现问题、提出问题、解决问题的过程。良好的沟通就是为了清除障碍，实现目标的一致。但是不可避免的，沟通会存在差异性。良好的沟通应该在目标一致的前提下，细节上求同存异，允许不同的声音和多元的解决方案存在。

五、有效沟通的技巧

（1）沟通中语言表达清晰。清晰表达是有效沟通的关键。在表达自己的观点时，要尽量简洁明了，避免使用复杂的语言或过于专业的术语。同时，也要注意语速和语调，以确保信息被正确传达。

（2）沟通中保持眼神接触。研究证明，在信息传播中，有声部分仅占38%的比例，词语占7%的比例，而由眼睛接收的信息占55%，这些信息包括眼神、面部表情、手势、身体姿势等。只有在沟通中保持眼神接触，及时接收这些非言语沟通信息，才能保证沟通的有效和准确。

（3）沟通中及时回应。有效沟通需要良好的倾听，而在聆听的同时，及时恰当的回应则是有效沟通的重要技巧。及时回应包括概括或重述对方所说的话，并注意对方的感受，积极应对沟通中的问题。

（4）沟通中要注意情绪管理。沟通过程中应注意控制自己的负面和不良情绪，避免情绪影响沟通效果。同时，也要关注对方的情绪，如果对方情绪激动或不安，要尽量安抚和引导他们冷静地表达自己的观点。

（5）重视沟通中的非语言沟通。非语言沟通是指通过身体语言、面部表情和声音语调等方式来传达信息。在沟通过程中，要注意自己的非语言信号，以确保它们与您所传达的信息一致。同时，也要注意观察对方的非语言信号，以更好地理解他们的意图和态度。

案例2

楼盘示范区景观讲解说辞

××先生/小姐：

为了更好地让您体验到花团锦簇未来美好的生活场景，我们将对一期的部分区域进行实景绿化，让您能够提前感受到日后居住的社区效果。花团锦簇的景观为项目众多亮点之一，社区内园林面积2.8万 m^2，绿化景观面积近4.2万 m^2，绿化率高达60%以上，这样的绿化社区是咱市高端楼盘中绝无仅有的。社区的设计理念突出"人文+花园"特色。社区内组团景观均采用了借景、对景的手法，以细节化的设计让业主从进入社区的第一刻起，就能体验到步移景换的视觉效果。

这周末咱小区里的健身会所将举办一个针对咱业主的提前参观活动，而且专门给咱业主一个限时特殊优惠政策。5月8日、9日（本周末）在花团锦簇售楼处办理瑜伽健身卡可享"业主专属5折优惠"，另外在活动期间，我们为您在接待中心及健身会所精心准备了模拟游戏机、投篮机、高尔夫体验等游戏，欢迎您在8日、9日莅临会所参观。

案例解析

有效率的沟通就要有明确的时间性。沟通的时间要简短，频率要加快，在尽量短的时间内完成沟通的目标。

第二节　解说

一、解说的定义

解说，即口头上解释说明，是使用广泛、实用性很强的口头表达方式。用简单明了、通俗易懂、生动形象的语言说明事物、解释事理，使人们了解事物的形状、性质、特征、功能、使用等知识，懂得事物的结构原理、成因变化、发展规律，从而使人们不仅知其然，更知其所以然。

二、解说的原则

解说的原则如下。

（1）准确性：解说应该基于事实和数据，并确保所提供的信息是准确、全面和客观的。

（2）简明扼要：解说应该言简意赅，并避免使用模糊、含糊不清的语言。

（3）逻辑性：解说应该有一个清晰的思路和明确的结论，并能够提供一种有说服力的逻辑。

（4）听众导向：解说应该适应听众的需求、背景和认知水平，并使用易于理解的语言。

（5）注重用户体验：解说的媒体形式（文字、图像、音频、视频等），需要体现用户体验，避免出现过于复杂、过于抽象、缺乏互动的情形。

三、解说方法

（1）陈述式：即通过叙述说明事物的特征、习性、作用、意义等。例如，共享单车是指企业在校园、地铁站点、公交站点、居民区、商业区、公共服务区等提供自行车单车共享服务，是一种分时租赁模式。共享单车是一种新型共享经济。

（2）情景式：即通过某个情境，引出要解说的对象，并进一步说明该事物的内涵、概念等。例如，临近春节，正当支付宝扫"福"扫到"癫狂"的时候，国内共享单车突然火爆起来，仿佛一夜之间，各大城市路边排满了橙、黄、蓝、绿各种颜色的共享单车，成为城市街道上一道亮丽的"风景"。什么是共享单车呢？

（3）名言警句式：即通过引用名言警句、诗词、谚语等更形象深刻地说明要解说的事物、事理。例如，子路的慨叹让我想起一句古诗词："爱日以承欢，莫待丁兰刻木祀。椎牛而祭墓，不如鸡啄逮亲存。"树欲静而风不止，子欲养而亲不待，百行孝为先，尽孝要趁早。

（4）列数据式：即用翔实的数据，直观地说明事物的特点、特征。例如，在这里为大家展示的是咱们公司创新发明的散货装智能平车机。这项发明大大提升了工人平车生产效率。用事实与数字来说话，过去散货装平车都是用人力一锹一锹地平，平一节车厢需15个人30分钟，劳动强度大，作业环境恶劣，还存在较大的安全风险。现在我们用上新发明，平一节车厢仅需3分30秒便可完成过去15个人30分钟的工作量，一年可以节约成本近千万元。公司的科技创新激励政策，不仅为公司发展注入了新能源、新动力，而且大大提升了员工作业条件，激发了员工创新热情，真是实惠、效益双丰收啊。

除此之外，还有作对比、图例法、打比方、举例子、互动式、关键字式等方法。

四、解说存在的问题

（1）背诵式的讲解：对解说主体的概况进行较全面的讲解，但讲解形式单一，内容枯燥，实际上将解说词背完便结束。这样的讲解是难以使听众产生激情和共鸣的。

（2）体态不佳的讲解：个人坐姿、站姿都不精神，或讲解时手舞足蹈，给人一种缺乏素养的感觉，还有的解说者服饰随便，颜色妖艳，给人一种俗套的感觉，解说者的站姿、手势、眼神、表情、服饰处理不当，会给讲解过程带来负面影响。

（3）知识结构欠缺的讲解：解说中经常涉及历史、政治、经济、文化等多方面知识。解说者必须对解说内容有足够的了解，以解答听众的疑惑。

（4）语言艺术技巧欠缺的讲解：讲解中无创新意识，便难以给听众留下深刻印象。讲解者必须灵活运用和调整解说词，使自己的讲解缘物应景，随所变化，使解说工作形成个性特色。

五、解说的正确方式

（一）讲解时要注意运用目光

（1）目光的联结。凡是一直低头或望着毫不相干处，以及翻着眼睛只顾口若悬河的人，是无法与听众产生沟通的。但目光不能总是盯着一个人，更不要总是盯着一个人的眼睛，尤其是异性，否则会使人反感或使人不自在。

（2）目光的移动。解说人员在讲解某一事物或场景时，首先要用目光把听众的目光引过去，然后及时收回目光，继续投向听众。

（3）目光的分配。切忌只用目光注视面前的一些听众，不然就会冷落后边的听众，使他们产生遗弃感。

（二）讲解时，注重运用表情

美国心理学家研究，信息的总效果＝7%言词＋38%语调＋55%面部表情。由此可见，面部表情在讲解中有着十分重要的作用和地位。运用表情时要注意以下几个方面。

（1）时间上要同步。表情时间过长或过短，稍前或稍后都不好。

（2）要有鲜明感。每一点细微的表情变化都能让听众觉察到，那种似笑非笑，似是而非，模糊不清的表情是不可能给人以美感的。

（3）要有真实感。要表里如一，要使听众感到你的表情是真实的，是发自内心的，而不是皮笑肉不笑或华而不实，哗众取宠的。

（4）要有分寸感。运用面部表情要把握一定的度，做到适度得体。

（三）讲解时要注意运用手势

（1）用来表达解说者的情感，使之形象化，具体化，即所谓"情意手势"，如握拳、挥手等手势。

（2）用来指示具体的对象，即"指示手势"，如方向、指向等。

（3）用来模拟状物，即"象形手势"，如比拟物品大小多少等。

（四）讲解时，要修饰语言

讲解的语言应充满激情，语音语调适度、富于变化，并注意把握好讲解的节奏。演讲时可以恰当运用各种艺术表现手法，还应恰当地使用礼貌用语。总体上应该做到：表达准确，通俗易懂；富有条理，讲解明晰；突出特征，体现重点；扩充内容，生动形象。

国学导读

伯牙善鼓琴

伯牙善鼓琴，钟子期善听。伯牙鼓琴，志在高山，钟子期曰："善哉，峨峨兮若泰山！"志在流水，钟子期曰："善哉，洋洋兮若江河！"伯牙所念，钟子期必得之。子期死，伯牙谓世再无知音，乃破琴绝弦，终身不复鼓。

译文

伯牙擅长弹琴，钟子期擅长倾听。伯牙弹琴的时候，心里想到巍峨的泰山，钟子期听了赞叹道："好啊！这琴声就像巍峨的泰山！"伯牙弹琴时，心里想到澎湃的江河，钟子期赞叹道："好啊，这琴声宛如奔腾不息的江河！"无论伯牙想到什么，钟子期都能准确地说出他心中所想的。钟子期去世后，伯牙认为世界上再也没有比钟子期更了解自己的知音了。于是，他把自己心爱的琴摔破了，断绝了琴弦，终生不再弹琴。

经典介绍

列子，名寇，又名御寇（又称"圄寇""国寇"），郑国莆田（今河南郑州）人，与郑缪公同时。列子主张清静无为，相传是战国前期思想家，是老子和庄子之外的又一位道家思想代表人物。终生致力于道德学问，曾师从关尹子、壶丘子、老商氏、支伯高子等。隐居郑国四十年，不求名利，清静修道。主张循名责实，无为而治。后汉班固《艺文志》"道家"部分录有《列子》八卷，《列子》又名《冲虚经》（于前450至前375年所撰），是道家重要典籍。汉书《艺文志》著录《列子》卷，早佚。今本《列子》八卷，从思想内容和语言使用上看，可能是后人根据古代资料编著的。

吟诵欣赏

春江花月夜

张若虚

春江潮水连海平，海上明月共潮生。
滟滟随波千万里，何处春江无月明。
江流宛转绕芳甸，月照花林皆似霰。
空里流霜不觉飞，汀上白沙看不见。

语言表达与应用写作

江天一色无纤尘，皎皎空中孤月轮。
江畔何人初见月？江月何年初照人？
人生代代无穷已，江月年年只相似。
不知江月待何人，但见长江送流水。
白云一片去悠悠，青枫浦上不胜愁。
谁家今夜扁舟子？何处相思明月楼？
可怜楼上月徘徊，应照离人妆镜台。
玉户帘中卷不去，捣衣砧上拂还来。
此时相望不相闻，愿逐月华流照君。
鸿雁长飞光不度，鱼龙潜跃水成文。
昨夜闲潭梦落花，可怜春半不还家。
江水流春去欲尽，江潭落月复西斜。
斜月沉沉藏海雾，碣石潇湘无限路。
不知乘月几人归，落花摇情满江树。

课后实践

实践项目：我和我的四季

组建团队
自由组建团队。

解说主题
（1）春天识方物。
（2）夏天解百花。
（3）秋天尝百果。
（4）冬天话家常。

解说形式
通过拍摄短片的形式，解说身边的事物。

实践要求

（1）解说层次分明、逻辑清晰，表达流畅连贯。
（2）解说目标明确，解说方法得当。
（3）团队合作分工明确、鼓励创新、及时解决冲突和问题。

项目七 职场办文

同学们初入职场，无论在什么岗位工作，都在所难免要接触一些应用文，为方便同学们顺利完成从学生到职业人的角色转变，帮助大家用应用文知识解决职场中出现的问题，本项目学习应用文书的基础知识。

第一节 应用文基础知识

一、应用文的概念

应用文是国家行政机关、企事业单位、社会团体及个人，在日常工作、生产、学习和生活中，办理公务以及个人事务而使用的，用来解决具体的实用问题的，具有社会法定效力和规范体例的文书。它是国家、社会团体及个人不可缺少的重要工具。

随着社会的发展，人们在工作和生活中的交往越来越频繁，应用文成为交流社会信息、解决实际问题、处理具体事务、引导人们舆论的工具，其作用显得越来越重要。因此，学习掌握应用文的写作方法与技巧，已成为人才培养中的重要素质和内容。

二、应用文的特点

（一）明确的实用性

明确的应用性是应用文书最大、最本质的特点，是区别于文学作品和其他文体的主要标志。

应用文写作的目的十分明确，就是直接用来处理实际事务，解决工作、学习和生活中的实际问题。可以说，应用文是缘事而发，因为有具体的事情需要办理解决，所以才写应用文。

（二）内容的真实性

应用文的真实性要求我们要从实际出发，按照客观规律行文，客观地反映事实情况；事实确凿可信，统计数据准确无误，在遣词上要恰当准确，避免发生异议，引起纠纷和争论。

（三）格式的规范性

应用文在长期使用过程中，逐渐形成了惯用的文体形式和结构格式。格式如果被大家接受，约定俗成，就成为惯用格式；如果格式被法定固化，就称为规范格式。应用文书多数有惯用格式；国家行政机关公文具有规范格式，在写作和使用时，要根据国家最新的行政机关公文处理办法行文。格式规范性使不同的文种清晰醒目，便于写作、阅读、承办、归档、查询，达到行文的目的。

（四）严格的时效性

应用文的写作目的是解决现实问题的。有的是对即将出现或已经出现的问题提出解决办法和处理意见，有的是对重大事项做出决策，有些情况紧急，需要及时汇报请示，如果耽误了时间，后果就不堪设想。因而应用文要求写作得及时、办理得及时，否则应用文就失去了作用。

（五）行文的简约性

从实用方面考虑，应用文必然要求用最少的文字、最小的篇幅，将要表达的内容，表述得准确明白。这种简约性，可以节约阅读时间，提高工作效率。

三、应用文的种类

应用文种类繁多，可以从不同的角度划分成不同的类别。按其处理事情的性质划分可以分为公务类应用文和私务类应用文。公务类应用文是指为处理国家和集体的事务而写作和使用的应用文，即通常所说的公文。私务类应用文是指为处理个人的事务而写作和使用的应用文，即通常所说的个人日常应用文书。这里仅就应用文的内容、功能和使用范围做如下分类。

（一）公文类

根据《党政机关公文处理工作条例》，党政机关公文专指决议、决定、命令（令）、公报、公告、通告、意见、通知、通报、报告、请示、批复、议案、函、纪要15种公文。

（二）事务类

事务类应用文常用的有一般书信、介绍信、证明信、推荐信、感谢信、慰问信、贺信、表扬信、倡议书、申请书、电报稿、条据、启事、规章制度、计划、总结、会议记录、简报、调查报告、述职报告等。

（三）宣传类

宣传类应用文常用的应用文主要有新闻、通讯、演讲稿、解说词等。

（四）法律类

法律类应用文主要包括公安机关使用的文书，如控告、检举书、立案报告、通缉令等；检察院使用的文书，如起诉书等。人民法院使用的文书，如判决书、裁定书、调解书等；当事人或法定代理人使用的文书，如起诉状、上诉状、申诉状、答辩状等。

（五）经济类

经济类应用文主要包括意向书、协议书、经济合同、市场调查报告、市场预测报告、经济活动分析报告、市场决策方案、招标书、投标书、说明书、广告等。

（六）外贸类

外贸类应用文主要包括涉外行政、经济、文化部门和企事业单位对外交往中的电函、备忘录、议定书、照会、会谈纪要、声明、调研报告、经贸合同等。

（七）科教类

科教类应用文主要包括科学技术专著、报刊自然科学论文、毕业论文、科学实验报告、科学研究报告、科技文摘、专利申请书、毕业设计任务说明书、科技成果鉴定书、科普作品等。

四、应用文的写作要求

（1）加强政治思想修养，掌握党和国家的方针政策。

（2）写作目的明确，实用性强：从内容来讲，应用文要坚持实事求是的态度，内容要客观真实。因是为实现特定目的、解决实际问题而进行的写作，其内容不容虚构。

（3）语言表达规范，准确简明：应用文的语言要简明扼要，忌浮夸抒情。叙述要用真实的人称、真实的对象以及单纯的线索；议论要客观地评价，不能带有主观色彩，要就事论事；说明要运用术语、数据和资料，做到准确、简明、得体。

（4）格式体例规范：大多数应用文已经形成了稳定的通用格式和体例，这体现了其规范性和严肃性，也是为了便于阅读、处理和收发。

第二节　公文基础知识

一、公文的含义

公文的概念有广义和狭义之分。广义的公文即公务文书，是指党政机关、企事业单位、社会团体等组织处理公务时使用的具有规范体式、需要立卷存档的应用文。

公文基础知识

狭义的公文特指中共中央办公厅、国务院办公厅2012年4月16日联合印发的《党政机关公文处理工作条例》所规定的行政机关使用的、正式代表发文机关意见的、直接具有行政和法律效力的公文文书。

为了适应中国共产党机关和国家行政机关（以下简称党政机关）的工作需要，推进党政机关公文处理工作科学化、制度化、规范化，中共中央办公厅和国务院办公厅2012年4月16日发布了《党政机关公文处理工作条例》，自2012年7月1日起开始施行。同时，1996年5月3日中共中央办公厅发布的《中国共产党机关公文处理条例》和2000年8月24日国务院发布的《国家行政机关公文处理办法》停止执行。

《党政机关公文处理工作条例》是首次统一的党政机关公文处理规范标准，适用于各级党政机关公文处理工作。该条例第三条明确提出："党政机关公文是党政机关实施领导、履行职能、处理公务的具有特定效力和规范体式的文书，是传达贯彻党和国家的方针政策，公布法规和规章，指导、布置和商洽工作，请示和答复问题，报告、通报和交流情况等的重要工具。"

党政机关公文是党政机关实施领导、履行职能、处理公务的具有特定效力和规范体式的文书，是传达贯彻党和国家的方针政策，公布法规和规章，指导、布置和商洽工作，请示和答复问题，报告、通报和交流情况等的重要工具。

二、公文的特点

（一）实用性

公文写作与我们以前接触的文学创作不同，文学作品可以即兴而作，随意而作，公文写作只有在遇到实际工作中的问题，需要用公文加以解决时，才能使用。所以概括成四个字，公文写作要缘事而作。

（二）公文有法定的作者

这个作者就是发文的机关或团体或是担任一定职务的负责人、企事业单位、社会团体都是依据法律和有关法规建立的，是合法存在的；它们的职能和权限均得到法律或法规的认可，并经有关领导机关批准，因而是公文的法定作者。机关的负责人，有时也作为公文的作者，但他们不是以私人的身份行使职权，而是以该组织的领导人的身份行使职权，因而也是公文的法定作者，如《全国人民代表大会常务委员会委员长令》《中华人民共和国主席令》等。

（三）法定的权威性

行政公文是通过法律程序和行政手段产生的，体现了党政机关的权利和权威性，对受文单位（或个人）有着不可动摇的法律管制力和行政约束力。在贯彻执行这些公文时，有关单位和个人都不得自行改变或曲解其精神，更不允许抵制，对违规者要追究其法律或行政责任。

（四）程式的规范性

公文具有不同于一般文章的规范的程式。程式的规范性是指公文的编制和办理具有一系列的原则、方法、程序和格式。《党政机关公文处理工作条例》中对行政公文的文体、结构、格式、用纸规格、行文规则、公文的办理、归档管理等都有明确的规定，任何机关部门都必须严格遵守，不得随意更改。

（五）严格的时效性

公文是为解决现实工作中的实际问题而制发的，是针对当前现实工作中某一特定问题提出意见及解决办法，或是指导今后一定时期内的工作的，因此，具有较强的时效性。在失去时效后，可转为档案。

三、公文的种类

（一）根据用途分类

根据用途，可以将公文分为以下 15 类。

（1）决议：适用于会议讨论通过的重大决策事项。

（2）决定：适用于对重要事项做出决策和部署、奖惩有关单位和人员、变更或者撤销下级机关不适当的决定事项。

（3）命令（令）：适用于公布行政法规和规章、宣布施行重大强制性措施、批准授予和晋升衔级、嘉奖有关单位和人员。

（4）公报：适用于公布重要决定或者重大事项。

（5）公告：适用于向国内外宣布重要事项或者法定事项。

（6）通告：适用于在一定范围内公布应当遵守或者周知的事项。

（7）意见：适用于对重要问题提出见解和处理办法。

（8）通知：适用于发布、传达要求下级机关执行和有关单位周知或者执行的事项，批转、转发公文。

（9）通报：适用于表彰先进、批评错误、传达重要精神和告知重要情况。

（10）报告：适用于向上级机关汇报工作、反映情况，回复上级机关的询问。

（11）请示：适用于向上级机关请求指示、批准。

（12）批复：适用于答复下级机关请示事项。

（13）议案：适用于各级人民政府按照法律程序向同级人民代表大会或者人民代表大会常务委员会提请审议事项。

（14）函：适用于不相隶属机关之间商洽工作、询问和答复问题、请求批准和答复审批事项。

（15）纪要：适用于记载会议主要情况和议定事项。

（二）根据行文关系分类

根据行文关系，可以将公文分为上行文、平行文、下行文。

（1）上行文是下级机关向上机关报送的公文，包括请示、报告、议案等。

（2）平行文是同级机关或不相隶属的机关之间往来联系的公文，主要是函，也包括一些通知、通报、纪要等。

（3）下行文是上级机关向下级机关下达公文，如命令、决定、意见、通知、通报、批复等。

除以上两种分类方法外，还有还可以按照机密程度、公文发送时间、公文办理要求等进行分类。例如：有些公文涉及党和国家安全，需要限制阅读范围，则根据内容的机密程度，公文可以分为绝密公文、机密公文、秘密公文、普通公文。普通公文是可以公开发布的公文。再如根据公文发送与处理的时间，公文可以分为特急件、加急件、平件。特急件要特事特办、随到随办，往往要走绿色通道；急件要做到当日事当日毕。而根据公文办理的要求，公文又可以分为阅件、办件。办件需要就来文内容给予及时回复，阅件只需要知道公文内容，不需要回复。

四、公文格式

公文格式是指公文的整体格局和外部组织形式，它是公文严肃性、规范性的重要标志，是公文的"标签"。它区别于一般文章，保证了公文的完整性、正确性和有效性，使公文更好地发挥效用。

公文格式1

公文格式的外部组织形式，主要指公文在公文用纸、版面设置、印刷装订等方面的规范要求。具体参看《党政机关公文格式》（GB/T 9704—2012）。

（1）公文用纸：一般使用纸张定量为 $60\sim80g/m^2$ 的胶版印刷纸或复印纸。纸张白度 $80\%\sim90\%$，横向耐折度 ≥15 次，不透明度 $\geq85\%$，pH 值为 $7.5\sim9.5$。

（2）纸张大小：A4 型纸，$210mm\times297mm$。

（3）版面：公文用纸天头（上白边）为 37mm，公文用纸订口（左白边）为 28mm，版心尺寸为 $156mm\times225mm$。

（4）字体：如无特殊说明，公文各要素一般用 3 号仿宋体字。特定情况可作适当调整。

（5）行数和字数：一般每面排 22 行，每行排 28 个字，并撑满版心。特定情况可作适当调整。

（6）公文应当双面印刷。

根据公文的内部结构，公文格式可以分为通用公文格式、特定公文格式两种类型。通用公文格式是我们常见的一般公文格式。特定公文格式，只有下发命令、发函、编写纪要时才能使用。下面先来重点了解通用公文格式。

五、通用公文格式

通用公文格式版心部分包括版头、主体和版记三个组成部分。版心指去掉页边距，可以出现文字的地方，如图7-1所示。

公文格式2

公文首页红色分隔线以上的部分称为版头；公文首页红色分隔线（不含分隔线）以下、公文末页首条分隔线（不含）以上的部分称为主体；公文末页首条分隔线以下、末条分隔线以上的部分称为版记。

（一）版头

版头包括份号、密级和保密期限、紧急程度、发文机关标志、发文字号、签发人。

（1）发文机关标志。公文中最醒目的位置，套红色大字叫发文机关标志，它由发文机关全称或者规范化简称加"文件"二字组成，也可以使用发文机关全称或者规范化简称。

联合行文时，发文机关标志可以并用联合发文机关名称，也可以单独用主办机关名称。

（2）发文字号。发文字号在标题下方，它由发文机关代字、年份、发文顺序号组成，表示某一公文在发文机关一个年度内发文总号中的实际顺序号，例如，京办发〔2021〕1号，指的是北京市人民政府办公厅2021年第1号文件。发文字号具有唯一性。

发文机关代字应由一定范围内的最高领导机关，统一编定，以免重复、混乱，且编定后要保持稳定。

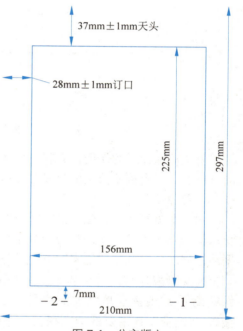

图7-1　公文版心

发文字号中的年份要用阿拉伯数字完整书写，用括号括起来，括号须用六角括号"〔〕"，不能用半圆括号。顺序号不编虚位，不加"第"字，01，第一的写法都是错的。

需要注意的是，联合行文时，要使用主办机关的发文字号。

还需要注意的是，发文机关标志有"文件"两字，发文字号在红色分隔线之上，发文标志之下，居中的位置。发文机关标志不加"文件"两个字，发文字号的位置在红色分隔线的右下角，如图7-2和图7-3所示。

发文机关标志与发文字号是版头部分固有的要素。其他的要素根据公文使用需要增添。

（3）公文份号。公文份号一般用6位阿拉伯数字，顶格编排在版心左上角第一行。公文份号指公文印制份数的顺序号。例如，000001指在公文印刷时印出的第一份文件。在公文处理工作中标有秘密、机密、绝密的涉密公文必须标注份号。

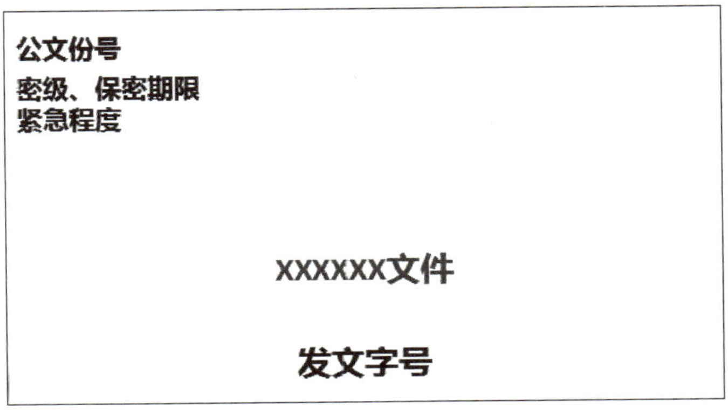

```
公文份号
密级、保密期限
紧急程度



            ××××××文件

              发文字号
```

图 7-2　公文版头（1）

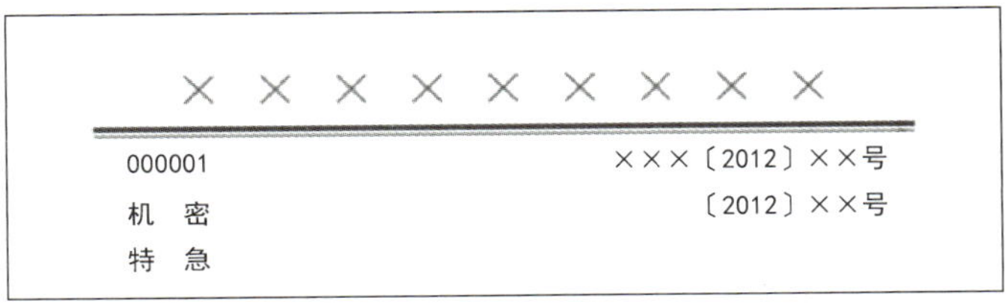

```
        ×  ×  ×  ×  ×  ×  ×  ×  ×
    ━━━━━━━━━━━━━━━━━━━━━━━━━━━━━
    000001                    ×××〔2012〕××号
    机  密                        〔2012〕××号
    特  急
```

图 7-3　公文版头（2）

　　公文标注份号的使用，有利于加强日常工作中公文处理的管理和使用，便于掌握公文的分发去向，有利于公文的分发、清退、查对、借阅、统计和销毁等后续工作的处理，提高公文管理效率。

　　（4）密级和保密期限。公文如需要密级和保密期限，一般顶格编排在版心左上角第二行；保密期限中的数字用阿拉伯数字标注。密级是公文保密程度的标志，涉密公文应当根据涉密程度分别标注"绝密""机密""秘密"字样以及保密期限。

　　公文制发应按照《中华人民共和国保守国家秘密法》和相关规定确定公文的密级和保密期限。"绝密"是最重要的国家秘密，泄露会使国家的安全和利益遭受特别严重的损害；"机密"是重要的国家秘密，泄露会使国家的安全和利益遭受严重的损害；"秘密"是一般的国家秘密，泄露会使国家的安全和利益遭受损害。保密期限是对公文密级时效的规定。

　　一般密级和保密期限之间可用"★"符号分隔，如"机密★1年"。密级和保密期限同时标注的情况下，"秘密""绝密""机密"两字之间不能有空格，保密期限阿拉伯数字和年字之间也不能空格；若只标注密级不标保密期限时，密级的两字之间应留一字空格。

　　（5）紧急程度。紧急程度是对公文送达和办理的时限要求，以保证紧急公文的及时处理和传递。根据公文紧急程度，可分为特急和加急两种，电报分为特提、特急、加急及平急四类。

　　公文如需同时标注份号、密级、保密期限、紧急程度，则自上而下的顺序分行排列。如果没有份号，密级和保密期限就放于第一行，以此类推。

　　（6）签发人。签发人是指批准发出公文的机关领导人。签发人姓名的位置平行排列于发文字号的右侧。为了美观，发文字号要移至公文左侧。左右各空一格字符。公文中，只有上行文才需标注签发人。所以说，有无签发人也是我们区别上行文、下行文的重要标志。

版头部分就像人的头脸，根据各要素，我们可以更好地认识公文、处理公文。

（二）主体

主体是公文解决工作中实际问题的重要部分。主体包括标题、主送机关、正文、附件、发文机关署名、成文日期、印章、附注。下面将按照从上到下的顺序依次讲解。

（1）公文标题，即公文的名称，它准确、简要地概括公文的主要内容并标明了公文种类。公文标题由发文机关名称、事由和文种组成。发文机关名称应当使用发文机关全称或规范化简称。在发文机关名称与事由之间加介词"关于""对""在""为""给"等。如《国务院关于同意在天津等12个城市设立跨境电子商务综合试验区的批复》，发文机关是"国务院"，事由是"在天津等12个城市设立跨境电子商务综合试验区"，文种是"批复"；《国务院关于青岛市城市整体规划的批复》发文机关是"国务院"，事由是"青岛市城市整体规划"，文种是"批复"。标题中除法规、规章名称加书名号外，一般不用标点符号。

（2）主送机关，即公文的主要受理机关，书写时要使用机关全称、规范化简称或者同类型机关统称。有多个主送机关时，同一性质、同一系列的机关单位排在一起，不同机关单位的名称用顿号隔开，不同性质、不同系列的机关、单位名称用逗号隔开。例如，各省、自治区、直辖市人民政府，国务院各部委、各直属机构。

（3）正文，即公文的主体和核心，用来表述公文的内容，公文首页须显示正文。

一般公文的首个盖章页应当同时显示正文、发文机关署名和印章。正文中标题字号的使用：文种结构层次依次为"一、""（一）""1.""（1）"标注，一般一级标题用黑体字，二级标题用楷体，三级和四级和正文一样用3号仿宋。

（4）附件。公文有些内容不能在正文中表述，就可以添加附件，例如，随文发送的文件、报表、材料等，作为正文的补充说明或参考材料。公文附件只写顺序号和名称。例如，"附件：1.招标书"。

（5）发文机关署名。这里的发文机关是指具体的拟文部门。例如，单位要进行人员招聘，具体实施招聘的是单位的人事部门，署名就要署人事部门的全称或者规范化简称。

（6）成文日期。成文日期署会议通过或者发文机关负责人签发的日期。联合行文时，署最后签发机关负责人签发的日期。成文日期用阿拉伯数字。

（7）印章。公文中有发文机关署名的，应当加盖发文机关印章，并与署名机关相符。有特定发文机关标志的普发性公文和电报可以不加盖印章。

（8）附注。附注是对公文使用方法、传达范围、名称术语等的说明。如"此件发至各乡、镇人民政府""此件可自行翻印""此件至×年×月对外公开"等。

（三）版记

版记主要包括抄送机关、印发机关和印发日期三个要素。

（1）抄送机关：除主送机关外需要执行或者知晓公文内容的其他机关，在写法上与主送机关相同。

（2）印发机关和印发日期：指公文的送印机关和送印日期。印发机关只能是一个单位的办公厅、办公室或秘书处。

语言表达与应用写作

公文办理是保证国家行政机构高效协调运转的重要基础工作。公文办理工作的好坏，直接关系到机关工作的运转效率，关系到社会管理与社会服务的效果。"办文无小事。"公文是传达政令、交流经验、解决问题、报告情况、指导工作的重要工具。在协助领导决策、保证政令畅通、确保机关工作正常运转、促进工作落实等方面有着不可替代的作用，是一个单位工作作风、干部素质的综合体现，代表一个单位的形象。

撰写公文时要正确选定文种，不用、错用或生造文种，不仅会给公文的撰写制作带来困难或麻烦，而且会给公文的效用带来损害。所以选择公文文种要严守有关规范；办理公文，要严格程序规范。这是公文办理的强制要求，更是职业纪律的体现。

随着国家对公文办理的日益重视，为提高公文办理质量，各省市地区纷纷建立公文错情通报制，取得了良好的效果。

公文格式的规范化是公文权威性、严肃性和特定效用性的重要体现，也是公文质量的重要表现。工作人员必须以高度负责的态度，严格按照中办、国办下发的《党政机关公文处理工作条例》《党政机关公文格式》等有关规定执行，把好发文关，确保公文质量，维护发文机关的权威和形象。

（四）公文版式

版式1：公文通用格式（下行文）如图7-4所示。

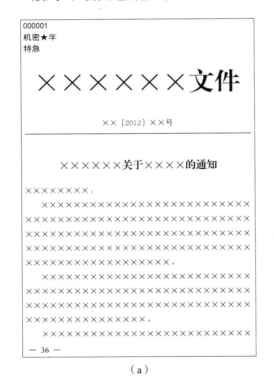
（a）

（b）

图7-4　公文通用格式（下行文）

版式2：公文通用格式（上行文）如图7-5所示。
版式3：特殊格式（会议纪要格式）如图7-6所示。

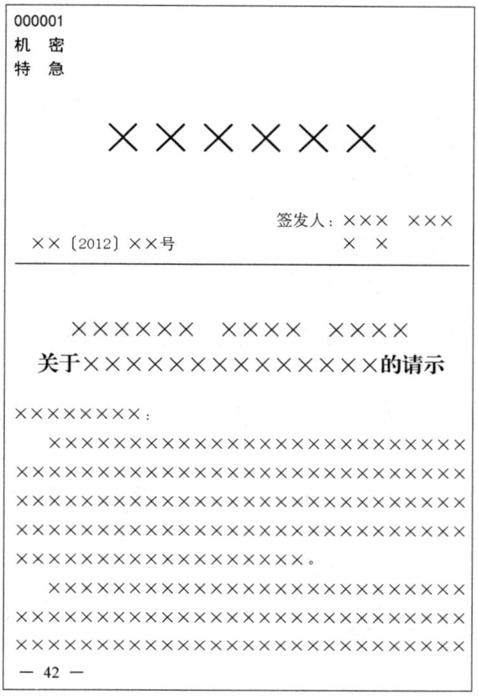

(a)　　　　　　　　　　　　　　　(b)

图 7-5　公文通用格式（上行文）

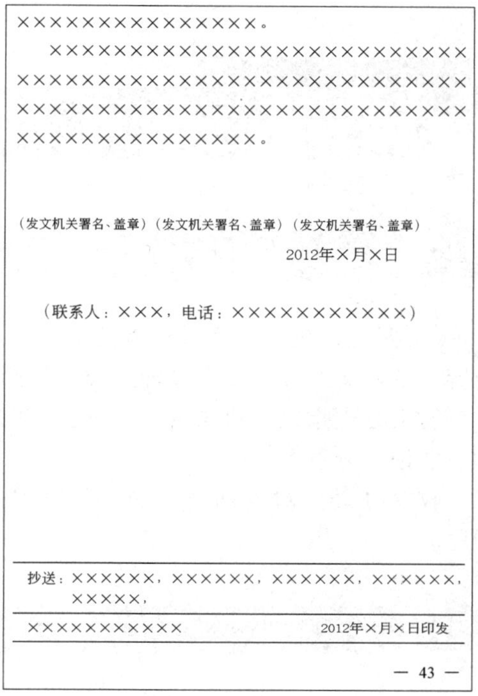

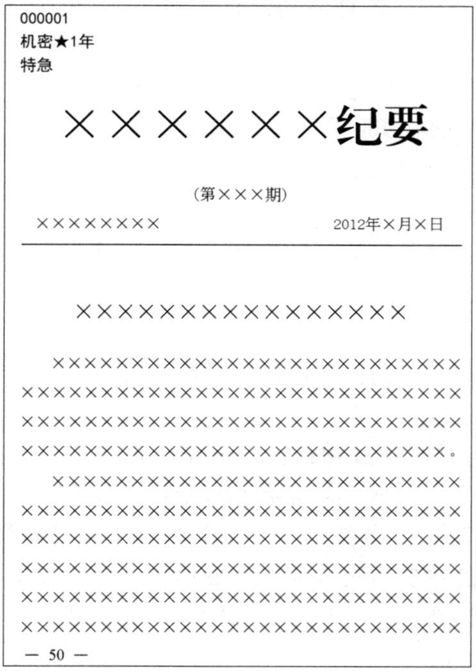

(a)　　　　　　　　　　　　　　　(b)

图 7-6　会议纪要格式

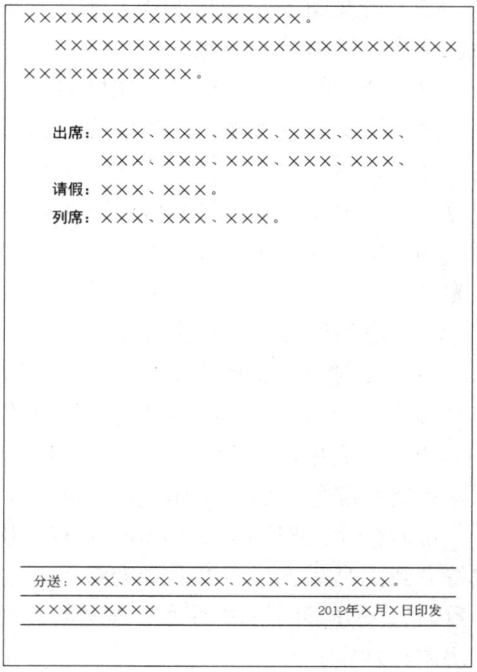

语言表达与应用写作

第三节 应用文制发与处理

一、行政公文的制发与处理

《国家行政机关公文处理办法》对行政公文的办理程序和操作要求做了明确规定，其内容包括发文办理、收文办理、公文归档和公文管理等。

发文办理指以本机关名义制发公文的过程，包括草拟、审核、签发、复核、缮印、用印、登记、分发等程序。

收文办理指对收到公文的办理过程，包括签收、登记、审核、拟办、承办、催办等程序。

二、行政公文发文办理过程中的注意事项

草拟公文应当做到以下九点。

（1）符合国家的法律、法规及其他有关规定。如提出新的政策、规定等，要切实可行并加以说明。

（2）情况确实，观点明确，表述准确，结构严谨，条理清楚，直述不曲，字词规范，标点正确，篇幅力求简短。

（3）公文的文种应根据行文目的、发文机关的职权和与主送机关的行文关系确定。

（4）拟制紧急公文，应当体现紧急的原因，并根据实际需要确定紧急程度。

（5）人名、地名、数字、引文准确。引用公文应当先引标题，后引发文字号。引用外文应当注明中文含义。日期应当写明具体的年、月、日。

（6）结构层次序数，第一层为"一、"，第二层为"（一）"，第三层为"1."，第四层为"（1）"。

（7）应当使用国家法定计量单位。

（8）文内使用非规范化简称，应当先用全称并注明简称。使用国际组织外文名称或其缩写形式，应当在第一次出现时注明准确的中文译名。

（9）公文中的数字，除成文日期、部分结构层次序数和在词、词组、惯用语、缩略语、具有修辞色彩语句中作为词素的数字必须使用汉字外，应当使用阿拉伯数字。

拟制公文时对涉及其他部门职权范围内的事项，主办部门应当主动与有关部门协商，取得一致意见后方可行文；如有分歧，主办部门的主要负责人应当出面协调，仍不能取得一致时，主办部门可以列明各方理据，提出建设性意见，并与有关部门会签后报请上级机关协调或裁定。

公文送负责人签发前，应当由办公厅（室）进行审核，审核的重点：是否确需行文，行文方式是否妥当，是否符合行文规则和拟制公文的有关要求，公文格式是否符合本办法

的规定等。

以本机关名义制发的上行文,由主要负责人或者主持工作的负责人签发;以本机关名义制发的下行文或平行文,由主要负责人或者由主要负责人授权的其他负责人签发。

公文正式印制前,文秘部门应当进行复核,重点:审批、签发手续是否完备,附件材料是否齐全,格式是否统一、规范等。经复核需要对文稿进行实质性修改的,应按程序复审。

三、行政公文收文办理过程中的注意事项

(1)收到下级机关上报的需要办理的公文,文秘部门应当进行审核。审核的重点:是否应由本机关办理;是否符合行文规则;内容是否符合国家法律、法规及其他有关规定;涉及其他部门或地区职权的事项是否已协商、会签;文种使用、公文格式是否规范。

(2)经审核,对符合规定的公文,文秘部门应当及时提出拟办意见送负责人批示或者交有关部门办理,需要两个以上部门办理的应当明确主办部门。紧急公文应当明确办理时限。对不符合规定的公文,经办公厅(室)负责人批准后,可以退回呈报单位并说明理由。

(3)承办部门收到交办的公文后应当及时办理,不得延误、推诿。紧急公文应当按时限要求办理,确有困难的,应当及时予以说明。对不属于本单位职权范围或者不宜由本单位办理的,应当及时退回交办的文秘部门并说明理由。

(4)收到上级机关下发或交办的公文,由文秘部门提出拟办意见,送负责人批示后办理。

(5)公文办理中遇有涉及其他部门职权的事项,主办部门应当主动与有关部门协商;如有分歧,主办部门主要负责人要出面协调,如仍不能取得一致,可以报请上级机关协调或裁定。

(6)审批公文时,对有具体请示事项的,主批人应当明确签署意见、姓名和审批日期,其他审批人圈阅视为同意;没有请示事项的,圈阅表示已阅知。

(7)送负责人批示或者交有关部门办理的公文,文秘部门要负责催办,做到紧急公文跟踪催办,重要公文重点催办,一般公文定期催办。

公文发文办理、收文办理流程可以参考图7-7所示流程图。

此外,公文办理完毕后,应当根据《中华人民共和国档案法》和其他有关规定,及时整理(立卷)、归档。要注意,个人不得保存应当归档的公文。行政公文管理过程也需要建立健全本机关公文处理的有关制度,并严格遵守相关的管理制度和规定。

当然,因应用文书的文种很多,用途不同,体式不一,其制发和处理不像行政公文和法规与规章文书那样的严格。可它也是办理公务必不可少的工具,为使用得当、行之有效,一定的制发程序仍然是不可少的。如计划、总结、市场调查报告等文章型的文书,从起草审核到定稿的程序以及具体操作的要求,基本上与行政公文制发和处理程序相同,而合同、大事记、请柬等文书,其拟写和发送也有一定的办理程序。

语言表达与应用写作

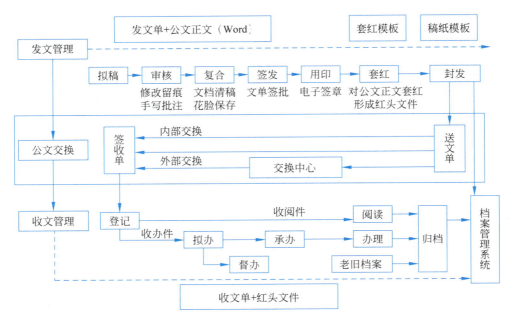

图 7-7　公文的发文及收文办理流程图

国学导读

濠梁之辩

庄子与惠子游于濠梁之上。庄子曰："鲦鱼出游从容，是鱼之乐也。"惠子曰："子非鱼，安知鱼之乐？"庄子曰："子非我，安知我不知鱼之乐？"惠子曰："我非子，固不知子矣；子固非鱼也，子不知鱼之乐，全矣。"庄子曰："请循其本。子曰'汝安知鱼乐'云者，既已知吾知之而问我，我知之濠上也。"

——节选自《庄子·秋水》

译文

庄子和惠子一起在濠水的桥上游玩。庄子说："鲦鱼在河水中游得多么悠闲自得，这是鱼的快乐啊。"惠子说："你又不是鱼，哪里知道鱼是快乐的呢？"庄子说："你又不是我，怎么知道我不知道鱼儿是快乐的呢？惠子说："我不是你，固然就不知道你（的想法）；你本来就不是鱼，你不知道鱼的快乐，这是可以完全确定的。"庄子说："请你回归最开始的设定，你说'你哪里知道鱼快乐'这句话，就说明你很清楚我知道，所以才来问我是从哪里知道的。现在我告诉你，我是在濠水的桥上知道的。"

经典介绍

庄子（约公元前 369—前 286 年），名周，战国时期宋国蒙（一说为今河南商丘民权县，一说为山东东明，一说为安徽省亳州市蒙城县）人。战国中期思想家、哲学家、文学家，道家学派代表人物，与老子并称"老庄"。

庄子因崇尚自由而不应楚威王之聘，仅担任过宋国地方的漆园吏，史称"漆园傲吏"，被誉为地方官吏之楷模。他最早提出的"内圣外王"思想对儒家影响深远。他洞悉易理，指出"《易》以道阴阳"，其"三籁"思想与《易经》三才之道相合。其文想象丰富奇特，语言运用自如，灵活多变，能把微妙难言的哲理写得引人入胜，被称为"文学的哲学，哲学的文学"。其作品收录于《庄子》一书，代表作有《逍遥游》《齐物论》《养生主》等。

　　庄子在哲学思想上继承和发展了老子"道法自然"的思想观点，使道家真正成为一个学派，他自己也成为道家的重要代表人物，与老子并称"道家之祖"。庄子之学其要本归于老子之言，故其著书十余万字，大多都是寓言，如其中的《渔父》《盗跖》《胠箧》等篇，都是用来辨明老子的主张的。他把"贵生""为我"引向"达生""忘我"，归结为天然的"道""我"合一。《庄子》和《周易》《老子》并称为"三玄"，在哲学方面有较高的研究价值。

吟诵欣赏

定 风 波

苏 轼

　　三月七日，沙湖道中遇雨。雨具先去，同行皆狼狈，余独不觉。已而遂晴，故作此词。

　　莫听穿林打叶声，何妨吟啸且徐行。
竹杖芒鞋轻胜马，谁怕？一蓑烟雨任平生。
料峭春风吹酒醒，微冷，山头斜照却相迎。
回首向来萧瑟处，归去，也无风雨也无晴。

课后实践

实践项目：我和我的职场

组建团队

自由组建团队。

办文流程

（1）初入职场。

（2）接收、沟通信息。

（3）了解规则、规范。

（4）处理公文事宜。

语言表达与应用写作

实践形式

通过情景剧的形式,展示职场中沟通信息,传递信息的过程。

实践要求

(1)用办文的思路处理、解决职场事宜。
(2)职场沟通、传递信息,能办文,会办文。
(3)团队合作鼓励创新。

项目八 职场办公

办文办会办公是职场必备的基本技能,它不仅反映了一个人的职业素养,更代表了一个人的职场形象,甚至会影响到一个人的成长进步。职场办公用到的应用文书很多,这里简单介绍使用频率较高的几个文种。

第一节 通知

一、通知例文

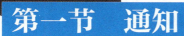

例文1

国务院办公厅印发《国务院关于新形势下加快知识产权强国建设的若干意见》
重点任务分工方案的通知

各省、自治区、直辖市人民政府,国务院有关部门:

《〈国务院关于新形势下加快知识产权强国建设的若干意见〉重点任务分工方案》已经国务院同意,现印发给你们,请认真贯彻执行。

各有关部门要按照分工方案要求，进一步分解细化涉及本部门的工作，抓紧制定具体措施。涉及多个部门的工作，牵头部门要加强协调，相关部门要密切配合。各省、自治区、直辖市人民政府要加强组织领导，落实责任，结合实际制定实施方案和配套政策。要充分发挥全国打击侵犯知识产权和制售假冒伪劣商品工作领导小组作用，加强知识产权保护，调动各方积极性，形成工作合力。国务院知识产权战略实施工作部际联席会议办公室要加强工作统筹，协调解决重大问题，加强对有关政策措施落实工作的指导、督促、检查，切实推动各项措施落实。

国务院办公厅
2022 年 7 月 8 日

（此件公开发布）

……

例文评析

这是一则发布性通知。正文简洁明了，只说明发布的文件名称、实施的时间、具体要求。

例文2

山东省人民政府办公厅关于召开全省社会主义精神文明建设工作会议的通知

各市、县（区）党委和人民政府，省直有关单位：

省委、省政府决定召开的省社会主义精神文明建设工作会议，现定于 11 月 24 至 26 日在青岛召开。现将有关事项通知如下：

一、会议的议题

总结交流在深化改革、扩大开放，发展社会主义市场经济条件下，加强精神文明建设，促进两个文明建设协调发展的新经验；表彰一批在精神文明建设中取得显著成绩的文明单位和文明户标兵；研究在发展社会主义市场经济的新形势下，进一步加强社会主义精神文明建设的任务、对策和措施。

二、参加会议的人员

1. 各地级市来 4 人，其中：市委或市政府主管精神文明建设工作的负责同志 1 人，市文明办或市委宣传部主管精神文明建设工作的负责同志 1 人，文明单位和文明户标兵代表各 1 人。

2. 各县（市、区）党委或政府主管精神文明建设工作的负责同志 1 人。

3. 省精神文明建设委员会成员。

4. 省直有关单位负责同志，省直文明单位代表和新闻记者（名单附后）。

项目八 | 职场办公

三、会议时间与地点
11月24日—11月26日，会期三天，在××宾馆三楼会议室召开。
四、报到时间与地点
11月23日到××宾馆三楼301室报到。
五、注意事项
1. 请各市以地级市为单位，省直机关以省委机关工委、省府机关工委、省委高校工委、省军区为单位，将参加会议同志的姓名、职务、性别于11月20日前用书面或电传送省委办公厅第二秘书处。
2. 各市可来一辆工作用车。其余自带车辆司机食宿自理，大会不予安排。
3. 需接车接机的同志，请于11月20日在报名单时一并告知。

山东省人民政府办公厅
2021年11月16日

例文评析

这是一篇会议通知。正文先写依据、开会时间、地点。通知承启语后的事项部分，具体、周到地写了会议的议题、与会人员及有关问题，为与会人员赴会考虑得比较周到是此会议通知的一大特点，值得借鉴。

二、通知的适用范围

通知适用于批转下级机关的公文，转发上级机关和不相隶属机关的公文，发布文件；传达要求下级机关办理和需要有关单位周知或者执行的事项；任免人员。

通知的基础知识

通知是各级党政机关、人民团体、企事业单位在公务活动中最常用的一种公文，使用范围相当广泛。

三、通知的特点

（1）使用范围具有广泛性。通知不受发文机关级别高低的限制；对通知的行文路线限制不严，主要作上级机关对下级机关、组织对所属成员的下行文，但平行机关之间、不相隶属的机关之间，有时也可使用通知知照有关事项；通知写作灵活自由，使用比较方便。

（2）文种功用多具有指导性。上级机关和组织向下级机关、组织用通知行文，都明显体现出指导性。特别是部署和布置工作、批转和转发文件等，都需明确阐述处理某些问题的原则和方法，说明需要做什么、怎样做、达到什么要求等。一部分通知对下级或有关人员有约束力，起指挥、指导作用；另一部分通知则主要起知照作用。

（3）有明显的时效性。通知事项一般是要求立即办理、执行或知晓的，不容拖延。有的通知如会议通知，只在指定的一段时间内有效。

四、通知的主要类型

根据内容与作用，通知可分为以下几种类型。

（1）指示性通知：即有关行政法规和规章、办法、措施，不宜用命令（令）发布的，可使用这种通知行文。指示性通知往往带有强制性、指挥性和决策性的特点。

（2）事项性通知：即要求下级机关办理某些事项，除说明任务外，通常还提出工作原则和要求，让受文单位贯彻执行，具有强制性和行政约束力，这种通知便属事项性通知。有些工作任务，不宜采用命令和意见行文的、可使用这种通知。

（3）会议通知：即告诉有关单位或个人参加会议的通知。

（4）任免聘用通知：主要用于任免、聘用事项，一般要分条列项写明任免聘用干部的机关（会议）名称、日期、任免、聘用人员的姓名和职务等。

五、通知的结构和写法

各种类型的通知各有不同的写法。以下个绍各类通知标题和正文的一般写法。

通知的写作技巧

（一）标题

通知标题的写法由发文机关、事由和文种构成，如《国务院关于清理检查"小金库"的通知》。如果通知的内容紧急，可在标题中"通知"两字前加上"紧急"两字，如《广东省人民政府关于抗洪救灾的紧急通知》。

发布性通知标题中的"事由"一项，由关于颁布、关于实施、关于印发等词与原文名称（不省略书名号）组成。

（二）正文

通知的正文主要包括缘由、事项、要求三部分，主体在事项部分。下面分别介绍几种通知正文的写法。

（1）发布性通知的写法。这种写法主要用于向所属下级机关发布有关行政法令和规章制度、办法、措施等，或写带有强制性、指挥性、决策性的原则（或指示性意见）、具体工作要求等，有很高的政策性。撰写这类的通知，一般要写明发布文件的名称和发布的意义，表明对这一文件的态度并提出实施要求。

（2）事项性通知的写法。这种写法要使受文单位了解通知的内容（即事项），以及做什么、怎样做、有什么要求。正文一般分为以下三部分。

第一部分是开头，一般说明发此通知的原因和目的。

第二部分是主体，即事项部分，将通知的具体内容一项一项列出，把布置的工作或需周知的事项，阐述清楚，并讲清要求、措施、办法等。这类通知多数用于布置工作，因此也有人称为"工作通知"。

第三部分是结尾，多提出贯彻执行要求，如"请遵照执行""请认真贯彻执行""请研究贯彻"等习惯用语，也有的通知结尾不写习惯用语。

写事项性通知，要开门见山，忌转弯抹角。在叙述事项时，要突出重点，把主要的、重要的写在前面。根据需要，主要的内容可详写，讲清道理，讲明措施，次要的内容则尽量简略，扼要交代即可。在语言表达方面，通知主要以叙述为主，对下级单位提出要求。有时可以适当作一些分析、说理。但通知中的说理不像议论文的说理那样要有严密的逻辑性，只要抓住关键问题，用简洁的语言把道理阐述清楚即可。

（3）会议通知的写法。会议通知依据其不同类型，有不同的写法。通过文件传递渠道发出的会议通知，一般应写明召开会议的原因、目的、会议名称、主要议题、到会人员、会议及报到时间、地点、需要的材料等，通常采用条文式写法，要求内容周密、语言清楚、表述准确，不致产生歧义。

供机关、单位内部张贴或广播的周知性会议通知，正文开头可不写受文对象，应在通知事项中说明会议时间、地点、内容、准备材料及出席人员等。语言力求简短、明白。

（4）任免通知的写法。任免通知的写法比会议通知更为简单，一般的固定格式是：按任免决定写上任免人员即可。

六、通知的写作要求

（1）要注意公文通知与日常通知两者的区别。公文通知是正式文件，内容多为重大事项，必须严格按照公文处理；日常通知是日常使用的应用文，多由事项主管部门书写张贴。

（2）通知的事项不仅要具体明确，还必须符合客观实际，以便于受问者贯彻执行。

（3）通知的语言要准确简洁，行文要条理清楚，以利于受文者正确理解通知的精神。

第二节　函

一、函例文

甲省交通厅关于商请派车运送民工的函

乙省交通厅：

为做好今年的春运工作，及时运送在我省工作的外省民工回家过年，我们组织了民工运送专门车队，但由于我们运力不足，车辆不够，估计不能满足民工的要求，特请贵省派出大型客车20辆，与我省组成运送民工车队，负责运送贵省在我省工作的民工。

妥否？请尽快函复，以便办理有关手续。

甲省交通厅
2021年12月23日

例文评析

这是一则商洽函。正文的缘由部分，开门见山，即陈要旨，继而提出要求。文末一句，语言得体，又暗含催促对方办理。

例文2

Y市港务局关于请求将Z港扩建工程项目列为市重点工程的函

Y市重大工程立项办公室：

我局下属Z港是京杭运河上的大型煤炭专业中转港口。该港口自投产以来，生产形势较好，到去年年吞吐量已达2亿吨。目前港口的设备、货场等基础已无法满足市场份额的进一步扩大和实现跨越式发展的需要，因此，在经过充分调研的基础上，拟在港口北侧扩建货场约400亩，同时新增两条作业线。港口预算扩建工程需要5000万元（具体明细附后）。

根据我市文件（规建字〔2021〕20号）精神，凡工业基础项目总投资额达4800万元的，可列为市重大工程项目。请贵办到现场勘探，进行研究，尽快将Z港扩建工程项目列为市重大工程项目。

盼复。

附件：Y市Z港扩建工程预算明细

Y市港务局
2021年7月23日

例文评析

这是一则请批函，语态得体，结构合理，先写发函的背景、依据，然后表明态度，提出请求。以件的形式，节约了正文篇幅，处理巧妙。

例文3

Y 市 Z 港关于了解××型装卸机有关事项的函

哈尔滨重型机械厂：

  我港拟于近期购置 2 台××型装卸机，现特向贵厂了解该机械的性能、价位、安装时间、运输方式、售后服务等情况。

  盼复。

Y 市 Z 港
2021 年 7 月 18 日

例文评析

这是一则询问函。正文行文简练，表达清楚。

二、函的适用范围

函适用于不相隶属机关之间商洽工作，询问和答复问题，请求批准和答复审批事项。具体来说，函的适用范围主要包括以下四个方面。

（1）平级机关或不相隶属机关单位之间的商洽性、询问性和答复性公务联系。

（2）向无隶属关系的业务主管部门请求批准有关事项。

（3）业务主管部门答复或审批无隶属关系的机关请示批准的事项。

（4）机关单位对个人的公务联系，如复群众来信等。

函的基础知识

三、函的特点

（1）适用范围广泛，使用灵活方便。既可用于相互商洽工作，询问答复问题，又可用于向主管部门请求批准事项及主管部门审批或答复事项。

（2）行文方向具有多向性。既可平行，又可以上行、下行，但大多作平行文。

（3）短小精练。函一般较短小，内容单一，语言简洁明了。有的函只有三言两语。函有公文"轻骑兵"的称誉。

四、函的主要类型

按照内容和用途，函可以分成以下三种类型。

（1）商洽函：主要用于平行机关或不相隶属机关之间商洽工作、联系有关事宜的函。

如商调干部函、联系租赁函、洽谈业务函等。

（2）询问答复函：主要用于不相隶属机关之间互相询问答复处理有关问题的函。

（3）请批、批准函：主要指向不相隶属的业务主管部门制发的请批函，以及业务主管部门向不相隶属的机关单位制发的批准函。有关机关、单位涉及部门业务工作，需向不相隶属的业务主管部门请求批准，但又因互相之间不是上下级的隶属关系而不宜用请示行文，就应用函。同理，有关主管部门向不相隶属的机关单位批准某些业务事项（例如干部录用、调动、经费拨付等），也应用复函。但在实际工作中，这类函常常误用为请示、报告、批复。

按照文面规格，函可分为公函和便函。

（1）公函，按一般公文格式需写上标题、主送机关、正文、落款，也要编上发文字号，既可由机关办文部门按发文统一编号，也可按函件单独编号。

（2）便函格式灵活、简便，写法较自由，可不写标题、不编文号。便函不列入正式文件范围。

按照行文方向，函可分为去函和复函。

（1）去函也叫来函，即是主动发出的函。

（2）复函则是针对来函所提出的问题或事情，被动答复的函。

五、函的结构和写法

（一）标题

函的标题的写法如下。

（1）发文机关＋事由＋回复函对象＋文种：如"国务院办公厅关于悬挂国徽等问题给湖北省人民政府办公厅的复函"，这是较重要的复函常用的标题。

（2）发文机关＋事由＋文种：省略发文机关，如"青岛市文化局关于请求拨款举办'民间艺术节'的函""青岛市办公厅关于拨款举办'民间艺术节'的复函"，前例为去函标题，后例为复函标题。

函的写作技巧

（二）正文

去函的正文开头，一般先写商洽、请求、询问或告知事项的依据、背景、缘由。事项部分应采用叙述和说明的写作方法，是什么就写什么，要简明扼要，又要交代清楚。要求部分可多可少，如果事项很简单，可与事项写在一段，一气呵成；如果事项较复杂，或要求较多，往往要单列一段甚至分条列项写。不论是哪一种内容，对哪一级，要求的语气都应是谦和的，既不巴结，也不生硬。如果要对方回复，则还要明确提出"请函复""请复"之类的结语。

复函的正文写法同批复正文写法基本一样，由引语和答复意见两部分组成。引语就是引述来函标题及来函文号。答复意见即针对来函所提出的商洽、询问或请求等问题予以答复，即表示同意或不同意，不同意是什么原因，或应该怎么办，不应该怎么办，或对询问问题做出说明等。常用的结语有"特此函复""此复"等。

六、函的写作要求

（1）开门见山，直叙其事。这是函的写作的最基本的要求。函是一种比较简便的行政公文，讲究快捷，所以，函一般写得很简短，应简明扼要，切忌空话、套话，或者含糊其辞，不知所云。

（2）措辞得体，平等待人。函的语言表达非常讲究，必须礼貌、谦和、态度诚恳。对上要尊重、谦敬，但不恭维逢迎；对下要严肃，但不自傲训人；对平行单位、不相隶属单位，要以礼待人，用商量口气，不盛气凌人。总之，语言表达要礼貌、得体、尊重对方，一般不用"必须""应该""注意"等指示性语言。

国学导读

凡有地牧民者，务在四时，守在仓廪。国多财则远者来，地辟举则民留处，仓廪实则知礼节，衣食足则知荣辱，上服度则六亲固，四维张则君令行。

故省刑之要，在禁文巧；守国之度，在饰四维；顺民之经，在明鬼神，祗山川，敬宗庙，恭祖旧。不务天时则财不生，不务地利则仓廪不盈。野芜旷则民乃菅，上无量则民乃妄，文巧不禁则民乃淫，不璋两原则刑乃繁。不明鬼神则陋民不悟，不祗山川则威令不闻，不敬宗庙则民乃上校，不恭祖旧则孝悌不备。四维不张，国乃灭亡。

——《管子·牧民篇》

译文

凡是一个国家的君主，必须致力于四时农事，确保粮食贮备。国家财力充足，远方的人们就能自动迁来，荒地开发得好，本国的人民就能安心留住。粮食富裕，人们就知道礼节；衣食丰足，人们就懂得荣辱。君主的服用合乎法度，六亲就可以相安无事；四维发扬，君令就可以贯彻推行。

因此，减少刑罚的关键，在于禁止奢侈；巩固国家的准则，在于整饬四维；管理百姓的根本办法则在于尊敬鬼神、祭祀山川、敬重祖宗和宗亲故旧。不注意天时，财富就不能增加；不注意地利，粮食就不会充足。田野荒芜废弃，人民也将由此而惰怠；君主挥霍无度，则人民胡作妄为；不注意禁止奢侈，则人民放纵淫荡；不堵塞这两个根源，犯罪者就会大量增多。不尊鬼神，百姓就不能感悟；不祭山川，威令就不能远播；不敬祖宗，百姓就会犯上；不尊重宗亲故旧，孝悌就不完备。四维不发扬，国家就会灭亡。

经典介绍

管仲（约公元前723—前645年），姬姓，管氏，名夷吾，字仲，谥敬，春秋时期法家代表人物，颍上人（今安徽颍上）。是中国古代著名的经济学家、哲学家、政治家、军事家。被誉为"法家先驱""圣人之师""华夏文明的保护者""华夏第一相"。齐僖公三十三年（公元前698年），管仲开始辅助公子纠。齐桓公元年（公元前685年），管仲任齐相。管仲在任内大兴改革，即管仲改革，富国强兵。齐桓公四十一年（公元前645年），管仲病逝。管子的思想集中体现于《管子》一书。该书篇幅宏伟，内容复杂，思想丰富。如《牧民》《形势》等篇讲霸政法术；《侈靡》《治国》等篇论经济生产，此为

语言表达与应用写作

《管子》精华,可谓齐国称霸的经济政策;《七法》《兵法》等篇言兵法;《宙合》《枢言》等篇谈哲学及阴阳五行等;其余如《大匡》《小匡》《戒》《弟子职》《封禅》等为杂说。

《管子》是研究我国古代特别是先秦学术文化思想的重要典籍。《汉书·艺文志》将其列入子部道家类,《隋书·经籍志》列入法家类。《四库全书》将其列入子部法家类。清代史学家章学诚说:"《管子》,道家之言也。"据学者统计《管子》全书几乎各篇都有《老子》的语言片段与哲学思想。内容博大精深,大约成书于春秋战国(公元前475—前221年)至秦汉时期,汉初有86篇,今本实存76篇,其余10篇仅存目录。包括儒家、法家、阴阳家、名家、兵家和农家的观点,其中以黄老道家著作最多,其次法家著作18篇,其余各家杂之,其中的法家思想是道家影响下的法家思维。

吟诵欣赏

登 高
杜 甫

风急天高猿啸哀,渚清沙白鸟飞回。
无边落木萧萧下,不尽长江滚滚来。
万里悲秋常作客,百年多病独登台。
艰难苦恨繁霜鬓,潦倒新停浊酒杯。

课后实践

实践项目:我和我的公务

组建团队
自由组建团队。

公务事项
(1)负责与合作单位沟通培训业务骨干事宜。
(2)实施公务活动。
(3)准备相应的文书。

实践形式
通过情景剧的形式,展示公务活动的过程及活动涉及的文书。

实践要求

(1)职场沟通、传递信息,能有效安排公务活动流程。
(2)能及时制发、办理公务活动过程的文书问题。
(3)团队合作鼓励创新。

项目九 职场办会

第一节 会议通知

一、会议通知例文

📖 例文

国际汉语应用写作学会　明天大学
关于召开第十二届现代应用文国际研讨会的通知

应用文国际研讨会各会员单位：

　　受国际汉语应用写作学会之托，为深入探讨新时期应用文使用与教学发展中出现的新情况、新问题，交流各国、各地区应用文使用和教学研究的新成果，根据学会首届第二次常务理事会决定，第九届现代应用文国际研讨会将委托明天大学人文学院主办，由现代秘书公文协会和现代写作学会协办，定于 2022 年 7 月 9 日—7 月 16 日在明天大学 2 号礼堂召开。为使会员有较充分的时间开展学术研究，撰写高质量论文，特就有关事项预先通知如下：

一、会议议题

（1）总结、交流学术研究成果，举办学术报告会和学术成果交流会，同时展示近年来出版、发表的会员研究专著、教材和论文集等。

（2）会议期间召开会员代表大会和理事会议，报告学会工作，修改学会章程，调整或增选学会理事与负责人，研究、布置学会今后工作。

二、会议学术研讨主题

本届会议学术研讨的主题是：探索与创新——应用文写作与教学研究的新视角、新思路、新成果。

为突出新视角、新思路、新成果，请参考本会学术委员会制订的《学术研究选题纲要》。本次会议还专门对本届研讨会选题重点作出说明，用附件形式随通知一起发出，敬请参阅。

三、参加会议的条件与资格

（1）凡本会会员均可按本通知要求，在开展学术研究的基础上撰写论文，并于2016年6月15日前将论文提要和报名登记表寄交或传真、电邮明天大学会议筹委会秘书处。秘书处将组织专家对论文基本内容进行审定，只要论文符合本届会议学术研讨主题并具有一定质量，将按期寄上会议邀请。

（2）非本会会员，愿意参加本届研究会的，我们深表欢迎，并请按要求惠寄论文。

（3）请每位参加会议的代表自行携带论文30份，报到时交大会秘书处，以便统一分发给与会人员。

四、会议报到时间、地点及会议费用

（1）会议报到时间：2022年7月8日（比会议召开时间提前一日）。

（2）会议报到地点：明天大学人文学院（具体前往办法及路线见附件2）。

（3）会议费用：会议费用请于报到时一次性缴纳。住宿费每人每天200元；伙食费每人每天50元（三餐）；会务费每人100元。

五、其他事项

（1）本届大会筹委会主任为李明，副主任为王伟，大会秘书处负责人为刘明星。

（2）大会筹委员会秘书处联系方式：

电话和传真：0532-8873××××、8873××××。

通讯地址：青岛明天大学（邮编：××××××）

电邮信箱：××××××@qq.com

（3）报名登记表可在网上下载。网址是：××××××××××××××。

附件：（1）关于第九届研讨会选题重点的说明

（2）关于报到地点的交通指引及注意事项

国际汉语应用写作学会　明天大学
2022年5月20日

例文评析

这是一篇会议通知。正文先写依据、开会时间、地点。文种承启语后的事项部分，具体、周到地写了会议的议题、与会人员及有关问题。内容翔实，细节清晰明了。

二、会议通知的概念

会议通知是用于召开某次会议而提前发文通知有关与会人员做好参会准备的公文，其用途仅限于通知会议的召开及有关事项。

作为公文性质的会议通知，与机关、团体、企事业单位内部的会议通知有所不同，后者不能出机关大门、无编号、不存档，写法上可不写主送单位，简单明了即可。

会议通知基础知识

三、会议通知的结构写法

（一）标题

会议通知的标题由发文机关、事由、文种三个要素组成，如《青岛日新学院关于召开教育教学工作会议的通知》《山东明天集团关于召开职工代表大会的通知》。

会议通知写作技巧

（二）主送机关

会议通知的主送机关一般为直属下级机关或需要了解会议事项的不相隶属单位或部门，一个或多个均可。若有多个主送机关，要按性质、级别或惯例依次排列，同类型、相并列的单位之间用顿号间隔，不同类型、非并列关系的单位之间用逗号，最后用冒号。如："各省、自治区、直辖市教育厅（教委），新疆生产建设兵团教育局："。

（三）正文

会议通知的正文主要包括会议缘由、主体、结尾三部分。会议通知的缘由部分应写明召开会议的原因、目的、背景等。会议通知的主体部分包括会议的议题、与会人员、时间、地点、需要准备的材料、注意事项等。通常采用条文式写作方法，要求内容周密、语言清楚、表述准确，不产生歧义。

（四）结尾

会议通知的结尾可以在通知事项结束时，则全文就自然结尾，不单写结束语；也可以用"特此通知""特此通知，望准时参加"等。

（五）落款和成文日期

在正文的右下方写明发文机关名称，成文日期使用阿拉伯数字书写。

（1）会议通知的模板如下。

×××× 关于召开 ×××××× 会议的通知

×××××× （主送单位）：

为了 ×××××× （目的），根据 ×××××× （依据），×××××× （主办单位）决定于 ×××× 年 × 月 × 日在 ×××× （地点）召开 ×××××× 会议。现将有关事项通知如下：

一、会议内容

××××××

二、参会人员

××××××

三、会议时间、地点

××××××

四、其他事项

1. 请与会人员持会议通知到 ×××××× 报到，×××××× （食宿费用安排）。

2. 请将会议回执于 ×××× 年 × 月 × 日前传真至 ×××××× （会议主办或承办单位）。

3. ×××××× （其他需要提示事项，如会议材料的准备等）。

4. 联系人及联系方式：×××××× （电话号码、手机号码）。

附件：1. 参会名额分配表
　　　2. 参会人员回执

发文机关（印章）

×××× 年 × 月 × 日

（2）会议回执的模板如下。

会 议 回 执

单位（盖章）

参会人员姓名		性　别		民　族	
单位及职务					
抵达时间 （航班或车次）				是　否 接　站	
备　注					

第二节 会议记录

一、会议记录例文

例文1

学生会团委会议记录

会议部门：交运系团总支组织部

日期：12月23日

主持人：王林

会议地点：4—417

参会人员：系学生会团委干部

会议主题：系部团干部会议

时间：15:30—16:30

会议内容：

陈老师、印老师就近期情况开展会议。

一、陈老师就近期情况作出重要讲话

（1）元旦晚会举办得非常成功，在院里影响也很大，得到了很多领导的肯定。虽然有一些小失误，但总体来说还是很不错的。对本次晚会中的工作人员的辛苦付出表示肯定并予以表扬。相信以后会办得更成功。

（2）放假订票最早订在29号早上，班团干部要认真负责，给各班同学通知到。严禁提早回家，若违反规定将给予处分，班团干部一视同仁。

（3）各班有未交学费的同学，下星期来学工办领致家长一封信，带回去家长签字，留联系方式，下学期开学将打电话确认。

（4）24号将由老师带领部分学生干部对我系学生宿舍进行检查，不允许离校，严禁晚上夜不归宿。当天晚上学校将在湖边举办游园会。

（5）明晚7:30在报告厅有一个省委副部长的讲座。共有40个名额，22级和21级各选20人参加，明天将名单交到学工办。

二、印老师也作出重要讲话

（1）下学期的贫困证明要重新开，班干部通知要办贫困助学申请的同学回去将证明开好，明年开学交到学工办。

（2）快放假了，要注意安全，晚上10点以后最好不要外出，更不能随便出去喝酒。

（3）一定不能提前离校，有提前离校者将取消其评优资格，作为班团干部有义务给班里同学通知到。

主持人：×××（签名）
记录人：×××（签名）
（本会议记录共 × 页）

例文2

市场秩序整顿会议记录

时间：2023年4月8日上午

地点：管委会会议室

主持人：李××（管委会主任）

出席者：杨××（管委会副主任）、周××（管委会副主任管城建）、李××（市建委副主任）、肖××（市工商局副局长）、陈××（市建委城建科科长）及建委、工商局有关科室宣传人员、街道居委会负责人。

列席者：管委会全体干部

记录：邹××（管委会办公室秘书）

讨论议题：

（1）如何整顿城市市场秩序。

（2）如何制止违章建筑、维护市容市貌。

主要内容：

杨××（管委会副主任）报告城市现状：我区过去在开发区党委领导下，各职能单位同心协力、齐抓共管在创建文明卫生城市方面取得了一定成绩，相应的城市市场秩序有一定进步，市容街道也较可观。可近几个月来，市场秩序倒退了，街道上小商贩逐渐多起来，水果摊、菜担、小百货满街乱摆……一些建筑施工单位沿街违章搭棚。乱堆放材料，搬运泥土洒落大街……这些情况严重地破坏了市容市貌，使大街变得又乱又脏；社会各界反应很强烈。因此今天请大家来研究：如何整顿市场秩序？如何治理违章建筑、违章作业、维护市容……

讨论发言（按发言顺序记录）

肖××：个体商贩不按规定到指定市场经营，管理不得力、处理不坚决，我们有责任。这件事我们坚决抓落实：重新宣传市场有关规定，坐商归店、小贩归市、农民卖蔬菜副食到专门的农贸市场……工商局全面出动抓，也希望街道居委会配合，具体行动方案我们再考虑。

罗××（工商局市管科科长）：市场是到了非整不可的地步了。我们的方针、办法都有了，过去实行过，都是行之有效的，现在的问题是要有人抓，敢于抓落到实处。只要大家齐心协力问题是能够解决的。

秦××（居委会主任）：整顿市场纪律我们居委会也有责任。我们一定发动群众配合好，制止乱摆摊，乱叫卖的现象。

李××（建委副主任）：去年上半年创建文明卫生城市时，市上出了个7号文件，其中规定施工单位不能乱摆占场。工棚、工场不得临街设置，更不准侵占人行道。沿街面施工要有安全防护措施……今年有的施工单位不顾市上文件，在人行道上搭工棚、堆器材。这些违章作业严重地影响了街道整齐、美观，也影响了行人安全。基建取出的泥土，拖斗车装得过多，外运时沿街散落，到处有泥沙，破坏了街道整洁。希望管委会召集施工单位开一次会，重申市府7号文件，要求他们限期改正。否则按文件规定惩处。态度要明确、坚决。

陈××：对犯规者一是教育，二是逗硬。"不教而杀谓之虐"，我们先宣传教育，如果施工单位仍我行我素不执行，那时按文件严肃处理，他们也就无话可说。

周××：城市管理我们都有文件、有办法，现在是贵在执行，职能部门是主力军，着重抓，其他部门配合抓。居委会把居民特别是"执勤老人"（退休职工）都发动起来，按七号文件办事，我们市区就会文明、清洁，面貌改观……

与会人员经过充分讨论、协商，一致决定：

1.由工商局牵头，居委会和其他部门配合，第一周宣传、第二周行动，监督实施，做到坐商归店，摊贩归点，农贸归市，彻底改变市场紊乱状况。

2.由管委会牵头，城建委等单位配合对全区建筑工地进行一次检查。然后召开一次施工单位会议，对违章建筑、违章工场限期改正。一个月内改变面貌。过时不改者，坚决照章处理。

散会。

主持人：×××（签名）
记录人：×××（签名）
（本会议记录共 × 页）

例文评析

上面两篇例文，格式规范，记录条理清晰，会议记录要求记录人要如实地记录会议的情况，包括发言人的语气、态度等。

二、会议记录的含义和作用

会议记录是开会当场把会议的情况如发言人姓名、会上的报告内容、讨论的问题、与会者的发言、通过的决议等如实地记录下来的书面材料。

会议记录有"记"与"录"之分。"记"又有详记与略记之别。略记是记会议大要，会议上的重要或主要言论。详记则要求记录的项目必须完备，记录的言论必须详细完整。若需要留下包括上述内容的会议记录则要靠"录"。"录"有笔录、音录和影像录几种，对会议记录而言，音录、影像录通常只是手段，最终还要将录下的内容还原成文字。笔录也常常要借助音录、影像录，以之作为记录内容最大限度地再现会议情境的保证。

会议记录
基础知识

原始性是会议记录的重要特性，它要求记载的内容自始至终完全忠实于会议的实际情况，要将会议发言人的讲话内容、研究的事项、形成的决议、解决的问题详细地、如实地记录下来。

材料的直接性是会议记录的另一个重要特点。会议记录的材料都是直接的第一手材料，是会议召开过程中由直接参加会议的专门人员记录下来的。

会议记录作为会议最原始的实况记载，具有以下几个方面的作用。

（1）凭证作用。会议记录是会议讨论、研究、决定情况的最真实、完整的记载，也是会议精神贯彻执行的依据。

（2）素材作用。会议记录是会议纪要、会议简报的资料来源，是形成会议文件或文章的重要素材。

（3）档案作用。会议记录可作为历史资料进行一定时期或长时期的归档保存，以便查证时参考。

三、会议记录的结构和写法

会议记录的格式分为记录头、记录主体、审阅签名三个部分。

（一）记录头

会议记录
写作技巧

记录头的内容包括：会议名称、会议时间、会议地点、会议主席（主持人）、会议出席、列席和缺席情况、会议记录人员签名。这些内容要在宣布开会前写好。至于出席人的姓名，会议人数不多，可一一写上。会议人数多，可以只写他们的职务，如各校正副校长、教导主任；也可只写总人数。如是工作例会，可只写缺席人的名字和缺席原因。

（二）记录主体

记录主体是记录会议的内容，是会议记录的主要部分。记录主体主要有主持人的发言、会议的报告或传达、与会者讨论发言、会议的决议等。内容的记录有摘要和详细两种。

（1）摘要记录。一般会议只要求有重点地、扼要地记录与会者的讲话和发言以及决议，不必"有闻必录"。所谓重点、要点，是指发言人的基本观点和主要事实、结论。对于一般性的例行会议，只要概括地记录讨论内容和决议的要点，不必记录详细过程。

（2）详细记录。对特别重要的会议或者特别重要的发言，要做详细记录。详细记录要求尽可能记下每个人发言的原话，不管重要与否，最好还能记下发言时的语气、动作表情及与会者的反应。如果发言者是照稿子念的，可以把稿子收作附件，并记下稿子之外的插话、补充解释的部分。

会议记录应该突出的重点有会议中心议题以及围绕中心议题展开的有关活动；会议讨论、争论的焦点及其各方的主要见解；权威人士或代表人物的言论；会议开始时的定调性言论和结束前的总结性言论；会议已议决的或议而未决的事项；对会议产生较大影响的其他言论或活动。

（三）审阅签名

会议记录完成后，会议主持人和会议记录人应签上各自的名字，以示负责。

四、会议记录的写作要求

（一）真实、准确

要如实地记录别人的发言，不论是详细记录，还是概要记录，都必须忠实原意，不得添加记录者的观点、主张，不得断章取义，尤其是会议决定之类的东西，更不能有丝毫出入。真实准确的要求具体包括：不添加，不遗漏，依实而记；书写要清楚且记录要有条理，突出重点。

（二）要点不漏

记录的详细与简略，要根据情况决定。一般地说，决议、建议、问题和发言人的观点、论据材料等要记得具体、详细。一般情况的说明，可抓住要点，略记大概意思。

（三）始终如一

始终如一是记录者应有的态度，是指记录人从会议开始到会议结束都要认真负责地记到底。

（四）注意格式

格式并不复杂，一般有会议名称、会议基本情况。基本情况包括：时间、地点、出席人数、主持人、缺席人、记录人。会议内容是会议记录的主要部分，包括发言、报告、传达人、建议、决议等。凡是发言都要把发言人的名字写在前。一定要先发言记录于前，后发言记录于后。记录发言时要掌握发言的质量，重点要详细，重复的可略记，但如果是决议、建议、问题或发言人的新观点要记具体详细。

第三节　会议纪要

一、会议记要例文

例文1

××公司总经理办公会议纪要
（2023年8月15日）

时间：2023年8月12日

地点：××公司大会议室

主持人：章××总经理。

参加人：李××总经理、王××经理、吴××经理、刘××经理。

会议议题：公司基本管理规范问题

会议围绕公司的基本管理规范问题展开讨论，并形成了以下决议：

一、关于公司经济合同管理办法

会议讨论了总经办提交的公司经济合同管理办法，认为实施船舶修理、物料配件和办公用品采购对外经济合同管理，有利于加强和规范企业管理。会议原则通过。会议要求，总经办根据会议决定进一步修改完善，发文执行。

二、关于职工因私借款规定

会议认为，职工因私借款是传统计划经济产物，不能作为文件规定，但是，从关心员工考虑，在职工遇到突然性困难时，公司可以酌情借10000元内的应急款。计财处要制定内部操作程序，严格把关。人力资源处配合。借款者本人要作出还款计划。

三、关于公司资金管理办法

会议认为计财处提交的公司资金管理办法有利于加强公司资金管理，提高资金使用效率，保障安全生产需要。会议原则通过，计财处修改完善后发文执行。

四、关于职工工资由银行代发事宜

会议听取了计财处提交的关于职工岗位工资和船员伙食费由银行代发的汇报，会议认为银行代发工资是社会发展的必然趋势，既方便船舶和船员领取，又有利于规避存放大额现金的风险。但需要2个月左右的宣传过渡期，让职工充分了解接受。会议要求计财处认真做好实施前的准备工作，人力资源处配合，计划下半年实施。

会议最后强调，公司机关要加强与运行船舶的沟通，建立公司领导每周上岗接船制度，完善机关管理员工随船工作制度，增强工作的针对性和有效性。

例文评析

这是一篇条项式会议纪要。例文开头简要介绍会议概况,接着用一个过渡句引出会议议定事项,归纳为四点,最后是会议要求。全文条理清楚,重点突出,语言简明。

例文2

中央经济工作会议纪要

(二〇二三年十二月二十二日)

中央经济工作会议 12 月 18 日—21 日在北京举行。会议指出,中国经济运行总体平稳,稳中有进,稳中有好,经济保持中高速增长,经济结构优化,改革开放向纵深迈进,民生持续改善,社会大局总体稳定。

在房地产方面,中央经济工作会议强调,要努力化解房地产库存,这是近年来中央经济工作会议首次将房地产问题列为单独任务进行表述。

会议指出,房地产去库存首先在于扩大需求,帮助农村居民在城市定居,并购买房屋。中国指数研究院(以下简称中指院)表示,未来针对农民工购房的定向支持政策或将成为各级政府去库存政策着力点,政府或将加大对农民在中小城镇首次购买住房政策的支持力度,例如给予财政补贴、税收减免、利息补贴及金融支持等。

除此之外,中央经济工作会议还倡导为去库存提供金融支持。中央提出,未来稳健的货币政策要灵活适度,"稳健"货币政策主调,同时要灵活适度,积极应对经济变化,继续有货币政策放松的可能性较大。

中指院对此解读道,在房地产需求端,相关货币信贷政策有望保持稳定并适度宽松,为促进需求释放提供支持;在房地产供应端,通过扩大直接融资比重、优化信贷结构等更多形式为房地产企业投融资营造宽松适度金融环境,未来房地产企业通过资本市场进行股权与债权融资的趋势会持续加强,融资成本也有望得到进一步控制。在这样的背景下,房地产企业的融资模式将持续发生变化,房地产金融整合的大格局将持续升级。

例文评析

这篇会议纪要的写作属于综合式。导言非常简要地介绍了会议的基本情况。主体部分写会议研讨的主要内容。文章概括性强,使用"会议指出""会议倡导"等主体语突出了纪要的特点。

二、会议纪要的适用范围及特点

会议纪要是记载和传达会议情况及议定事项的公文,是会议文件的一种。会议纪要一般制成与会议后期或结束之后，除具有指导性之外，还可用文件形式发送给有关单位（或部门）沟通情况，知照事项，或上呈有关领导机关，汇报精神。

会议纪要基础知识

1987年以后，会议纪要原作为内部文件使用才作为正式行政公文。会议纪要根据会议、会议文件和其他会议资料分析归纳写成，它既可上呈，又可下达，被批转或被转发至有关单位遵照执行，使用广泛。它的主要作用是沟通情况，交流经验，统一认识，指导工作。

会议纪要反映的内容比较复杂，可以是会议情况，议定事项，有时议而未决的事项也可以反映，以起一定的参考作用。

会议纪要主要有以下三个特点。

（一）纪实性

会议纪要的"纪"字规定了其纪实性特点。会议纪要是根据会议的宗旨、议程、决议等整理而成的公文，它是对会议基本情况的纪实。会议纪要的撰写者，不能更动会议议定的事项，更不能随意改动会议上达成的共识和形成的决定。除此之外，撰写者也不能对会议内容进行评论。总之，会议纪要必须忠实反映会议的基本情况，传达会议议定的事项和形成的决议。会议纪要的纪实性特点，使得它具有凭证作用和资料文献价值。

（二）概括性

会议纪要的"要"字规定了它的概括性特点。会议纪要并不是把会议的所有内容都原原本本地记录下来，它要有所综合、有所概括、有所选择、有所强调。在一个会议上，与会代表的话题涉及面是宽泛的，观点也是多种多样的，水平也是有高有低的，这些内容全部进入会议纪要，不现实也不必要。会议纪要重点说明会议的主要参加者、基本议程、与会者有哪些主要观点、最后达成了什么共识、形成了什么决定或决议，就可以把会议的基本情况如实反映出来，不必像记流水账一样事无巨细一律照录。所以，会议纪要需要在会议后期甚至会议结束之后通过概括整理才能写出，而不像会议记录那样随会议的进行自然而然地产生。

（三）指导性

除凭证作用、资料作用之外，多数会议纪要具有指导工作的作用。它要传达会议情况、会议精神，要求与会单位和相关部门以此为依据展开工作，落实会议的议定事项。

三、会议纪要的主要类型和作用

不同的标准会议纪要有不同的分类方式。根据会议性质的不同，会议可分为决策型纪要、交流型会议纪要、研讨型会议纪要；根据写法的不同，会议纪要又可分为条项式纪要、综合式（概述式）纪要和摘要式纪要三种类型。

四、会议纪要的结构和写法

会议纪要由标题和正文组成。在结构格式上与其他公文不同的是，会议纪要不用主送单位和落款，成文时间多写在标题下方。会议纪不需要盖公章。

会议纪要写作技巧

（一）标题

会议纪要的标题通常由会议名称和文种构成，如全国高等职业教育经验交流会纪要。有的会议纪要的标题还可写上召开会议的单位名称，如"青岛港湾职业技术学院第三次教学工作会议纪要"。有的标题由正标题和副标题构成，正标题反映会议的主要精神和内容，副标题写会议名称和文种，例如，探讨新时期文学的发展——中国当代文学研究会第二次学术讨论会纪要。

（二）正文

会议纪要的正文由导言、主体和结尾三部分组成。

（1）导言即会议纪要的开头部分，一般是概括会议的基本情况，包括会议的名称、目的、内容、时间、地点、规模、参加人员、主要议题和会议成果等。可采用分项式也可采用自然段概述式，但导言不宜写得过长，要简明扼要，让人们读后对会议有个总体的了解。

（2）主体是会议纪要的核心部分。它根据会议的中心议题，按主次、有重点地写出会议的情况和成果，包括对工作的评价、对问题的分析、会议议定的事项、提出的要求等。主体的写法一般有以下三种。

① 条项式：把主体内容包括讨论的问题和议定的事项，按主次一条条列出来，使其条理化，一目了然。

② 综合式：把会议的内容或议定事项，进行综合概括，分成若干个部分。这是一种比较普遍的写法。它有利于突出主要内容，分清主次，一般把主要的、重要的放在前面，而且尽量写得详细、具体一些，次要的和一般性的内容放在后面，可简略一些。用于批转的会议纪要，多采用这种写法。例如，《××省××××工作会议纪要》的主体部分，分成四个部分，每部分写一个问题：一是进一步深入学习、宣传、贯彻落实中央11号文件精神；二是正确贯彻××××政策；三是正确处理××××突击性工作和经常性工作的关系；四是加强和健全各级××××机构。

③ 摘要式：把与会者的具有典型性、代表性的发言要点摘录出来，按发言顺序或按内容性质先后写出。这种写法的好处是，可尽量保留发言人谈话的风格，避免一般化和千篇一律，比较客观、具体。

（3）结尾。结尾一般写对与会者的希望和要求，也有的会议纪要不写专门的结尾用语。

五、会议纪要的写作要求

（一）掌握会议的全部情况

写作会议纪要首先需要弄清楚会议的目的、任务、内容和形式，掌握会议的所有文件材料,参加会议的全过程,并认真做好记录,特别要注意阅读会议的主体文件和材料、领导同志的发言,掌握会议的主要精神。

(二)抓住要点,突出会议主题

会议纪要虽然是会议情况和结果的反映,但不能面面俱到,照搬会议记录,而应该围绕会议主题,抓住要点,突出重点,把会议的主要情况简明扼要地反映出来,把会议议定的事项一一叙述清楚。

(三)文字简洁明快

写作会议纪要应根据会议内容确定写法和篇幅,要简明扼要。在语言表达上,尽可能简短、通俗,切忌长篇大论,应以叙述为主;在层次结构、段落安排上,要条理清楚,篇幅一般不宜过长。

(四)注意与会议记录的差别

会议纪要和会议记录有密切联系,也有显著区别。会议纪要以会议记录为基础和依据,表现会议的主要内容。会议记录则是如实记录。另外,会议记录只作为机关单位内部存查使用的文书,不对外公布,会议纪要则在一定范围内公布传达,作为正式行政公文使用。

会议纪要报送上级时,会议主办单位需另拟一份报送报告,与会议纪要一并报上。

第四节 简报

一、简报例文

例文1

内部资料　注意保存　　　　　　　　　　　　　　　　　　　总第187期

××市监察科工作简报
(第6期)

××市监察科编　　　　　　　　　　　　　　　　　　　二○二四年四月二十八日

　　为使信访工作能够健康稳定地开展,我单位采取切实措施,坚持全心全意为人民服务的宗旨,把为群众办实事、办好事、为群众解决实际问题作为出发点和立足点。在紧紧围绕经济建设这个中心的同时,认真处理好改革、发展、稳定三者之间的关系,把控制、化解集体访和越级访作为我们工作的重点;从讲政治、保稳定出发,从转变作风、改进工作、提高成效入手,针对我们的工作实际和信访工作的特点,积极探索新时期信访工作的新途径，研究制定了一系列的信访工作措施，使信访工作取得了良好的成绩。

一、信访案件办理情况

截至目前我单位共办理信访案件33件，单位领导牵头办案的20件，占信访量的61%。案件办结率为97%。上述人民来信来访的特点：一是产权证问题；二是违章拆改房屋问题；三是跑、冒、滴、漏问题；四是物业管理问题；五是拆迁问题。

二、矛盾排查情况

为进一步做好信访工作，有效控制和减少非正常上访现象的发生。根据上级的有关指示精神，我单位认真开展了矛盾排查工作，单位领导对这项工作高度重视，并把它列入重要议事日程。为了更好地做好矛盾排查工作，各职能部门提高认识，明确重点，积极排查，本着超前发现问题，提前介入，有效化解的原则，积极解决一些突出的矛盾，使得排查工作取得了良好的效果，有效地化解了信访矛盾的发生。

报：××市人民政府

送：×××　×××

发：×××　×××

共印 25 份

例文评析

这是一篇典型的工作简报，格式齐全。正文部分首先概述情况，然后对信访工作办理情况、矛盾排查情况进行概括总结。重点突出，内容翔实，语言简练。

例文2

××集团公司财务工作会议简报
（第19期）

在清产核资工作全面展开、新的《企业会计制度》即将实施、主辅分离逐步开展的形势下，12月16日—18日，集团公司在办公楼六楼会议室召开了集团2023年度财务工作会议，各子（分）公司总会计师、财务科长、决算人员、审计人员，各指挥部办事处财务主管等130余人参加了会议。

集团公司总会计师刘××出席会议并做了重要讲话，在讲话中，刘××从认清新的财务形势、树立新的财务理念、完善成本管理机制、规范资金运作、实施新《企业会计制度》、做好清产核资工作、做好财务预算工作、做好审计工作、加强会计基础工作、加强财会队伍建设等十个方面做出重要指示，为集团公司下一步的财务工作指明了方向。

集团公司副总会计师、财会部部长王××总结了2023年集团公司财务工作情况，并对下一年度集团公司的财务工作做出了安排布置，提出了2024年度财务工作九个方面的要点：加强内部资金管理，提高信用意识；加大成本管理工作，探索有效的成本管理途径；严格执行财务预算制度，加大对资本运营中的监控；做好清产核资工作，为全面执行《企业会计制度》奠定基础；执行《企业会计制度》，完善相关的财务配套制度；结合"主辅分离"，紧缩经费开支；开展财会信息化建设，促进财会管理水平的提高；继续加强财会队伍的建设，提高公司的财务管理水平；加强财会学会建设，充分发挥财会学会的作用。

此次财务工作会议全面布置了2023年度财务决算编制工作，提出了2024年财务预算的编制要求，明确了清产核资的步骤和方法，解答了汇总纳税及退税的有关问题。为下一步做好财务决算编制工作，提高财务预算的编制水平，加强国有资产的监控管理，合理筹划纳税工作，全面实施《企业会计制度》打下了基础，做好了准备。

例文评析

这是一篇会议简报，开头用新闻导语式的开头对会议的基本情况进行介绍，正文部分对会议的主要内容及提出的会议事项做了概括说明，详略得当，要点突出。

二、简报的含义、作用和特点

（一）简报的含义

简报是党政机关、群众团体、企事业单位编发的反映情况、传播信息、交流经验、指导工作的一种摘要性的内部文件。简报常用的名称有"××简报""××情况""情况交流""情况反映""动态""内部参考"等。

（二）简报的作用

简报在日常工作中的作用有以下三点：一是行政机关内部下级向上级反映日常的工作情况和所辖范围内出现的一些值得注意的动向；二是上级用来向下属单位转达某些领导意图或带指导性、倾向性的意见，沟通所属单位之间的情况；三是一些大型会议用来交流情况，并向上级领导机关反映会议的进程和结果。

（三）简报的特点

简报具有以下四个特点。

1. 简洁性

简报要求题材单一，内容简明，语言简练，篇幅较小，直述其事。

2. 新闻性

简报是一个系统、一个部门内最近发生的有意义的事实报道，强调内容上的新鲜性。

3. 快速性

快编快发是简报的生命力所在。简报贵在及时迅速地反映情况，传递信息，以充分发挥其作用。

4. 指导性

简报作为各级机关的"耳目"和"喉舌"，理应正确反映党和国家的方针、政策，反映国内外形式的发展变化，回答迫切需要解决的问题，使其具有指导意义。

三、简报的种类

（一）综合简报

综合简报是反映本部门、本系统各个方面工作情况和问题的简报，也称情况简报。它领导的内容主要是本部门、本系统管辖范围内发生的重大问题、事件及其处理；工作中的新经验、新办法等，以便发现的典型、经验及时推广；发现的问题及时引起方方面面的注意及时得到解决。这种简报一般是连续不断地编发。或定期或不定期，以指导、推动本部门、本系统的工作。

（二）专题简报

专题简报是将某项专门工作的动态、进展、经验、问题等向上级部门汇报，或向有关部门、通报情况，或下发所属基层单位借以推动工作。这种简报报道的事件集中，都是围绕某一项专门的工作或中心工作来编写的。

（三）会议简报

会议简报是专门报送、交流有关重要会议内容、筹备和进展情况，反映与会者意见和建议的简报。如全国人民代表大会、中国人民政治协商会议、中央各种重要会议、地方上的"两代会"以及各种重要的专门会议都要编发会议简报。会议简报分为综合简报和进程简报两种。前者是整个会议编一期简报，在会议后期发送，后者是编发多期简报。一般重大的、时间较长的会议都发进程简报，即每个小阶段编发一期，有的天天编发，以供与会者阅读、互通情报、交流思想经验，把会开好。

四、简报的结构和写法

简报由报头、报核、报尾三部分组成。

（一）报头部分

报头部分又称版头。一般占首页三分之一的上方版面，用间隔红线与正文部分分隔开。报头的内容包括以下六个方面。

（1）简报名称：如"商业工作简报"在居中位置，用套红大号字体，要求醒目大方。

（2）期数：排在简报名称的正下方，按期序编上，有的还注明总期数。

（3）编发单位：在横隔线的左上方位置上。

（4）印发日期：在横隔线的右上方位置上。

（5）密级：在报头左侧上方位置，标示密级并加标识★，如"机密★""秘密★"或"内部刊物"；保密时限在标识后写上，如"1 年"或"4 个月"之类。

（6）份号：印在报头右侧上方位置。

（二）报核部分

刊登简报文稿部分，是简报的核心。一般由按语、标题、正文、作者四项组成。

（1）按语：又叫编者按，对简报所报道的内容的意义进行简要评价。

（2）标题：放在按语下方居中位置，概括简报主要内容。

（3）正文：由导语、主体、结尾组成，对简报所报道内容做具体说明。

① 导语就是简报的开头语，要用简短的文字，准确地概括报道的内容，说明报道的宗旨，引导读者阅读全文。导语的具体写法可根据主题需要，分别采用叙述式、描写式、提问式、结论式等形式。

② 主体是简报的主要部分，它的任务是用足够的、典型的、富有说服力的材料把导语的内容加以具体化，用材料来说明观点。主体的内容，或是反映具体的情况，或是介绍具体的做法，或是叙述取得的成绩和经验，或是指出存在的问题，或是几项兼而有之，要视具体情况而定，没有固定的框框。写好主体是编好简报的关键。

主体的层次安排有"纵式"和"横式"两种形态。纵式结构按事件发生、发展的时间顺序来安排材料，横式结构按事理分类的顺序安排材料。如果内容比较丰富，各层可加小标题。

③ 结尾要不要，因内容而定。事情比较单一，篇幅比较短小的，可以不单写结尾，主体部分话说完就结束，干净利落。事情比较复杂，内容较多的，可以写个结尾，对全文作一个小结，以加深读者印象。有些带有连续性的简报，为了引起人们注意事态的发展，可用一句交代性的话语作为结束，如"对事情的发展我们将继续报告""处理结果我们将在下期报告"等。

（4）作者：简报一般不署名，必要时，在正文的右下方写明"×××供稿"。

（三）报尾部分

报尾在简报的最后一页的末尾，用横线将报尾隔开，写上发送单位名称和印制份数。

五、简报的写作要求

（一）要注意政策性

简报要求及时反映在执行党和国家的方针、政策的过程中出现的重要情况和现实问题，这就要求撰写简报的人有一定的政策水平，善于从有利于方针、政策的贯彻和落实的角度来考虑问题，反映情况。

（二）要注意真实性

真实性是简报写作必须遵循的基本原则。简报中所反映的事例、数字、情况，涉及的对象、时间、地点、条件都应当准确无误。如果实事掺假，就会给工作造成损失，在群众中引起不良影响。

（三）要注意时间性

简报具有沟通情况、交流经验、指导工作的作用，这就要求反映情况要迅速及时；反应快，才能收到应有的宣传效果。

（四）要注意简明

内容集中、简明扼要、短小精悍是简报的突出特点。一份简报往往等一份材料，或集中反映某一情况，某一问题。写作时，要抓住事情的本质特征，用简明的文字把问题说清楚。简报属机关内部文件，在语言文字上要平实、简明、用事物语体来写作。

国学导读

素问·生气通天论（节选）

黄帝曰：夫自古通天者，生之本，本于阴阳。天地之间，六合之内，其气九州、九窍、五藏、十二节，皆通乎天气。其生五，其气三。数犯此者，则邪气伤人，此寿命之本也。

苍天之气，清净则志意治，顺之则阳气固，虽有贼邪，弗能害也。此因时之序。故圣人传精神，服天气，而通神明，失之则内闭九窍，外壅肌肉，卫气散解，此谓自伤，气之削也。

阳气者若天与日，失其所，则折寿而不彰故天运当以日光明，是故阳因而上，卫外者也。

译文

黄帝说：自古以来，都以通于天气为生命的根本，而这个根本不外天之阴阳。天地之间，六合之内，大如九州之域，小如人的九窍、五脏、十二节，都与天气相通。天气衍生五行，阴阳之气又依盛衰消长而各分为三。如果经常违背阴阳五行的变化规律，那么邪气就会伤害人体。因此，适应这个规律是寿命得以延续的根本。

苍天之气清净，人的精神就相应地调畅平和，顺应天气的变化，就会阳气固密，虽有贼风邪气，也不能加害于人，这是适应时序阴阳变化的结果。所以圣人能够专心致志，顺应天气，而通达阴阳变化之理。如果违逆了适应天气的原则，就会内使九窍不通，外使肌肉塞，卫气涣散不固，这是由于人们不能适应自然变化所致，称为自伤，阳气会因此而受到削弱。

人身的阳气，如天上的太阳一样重要，假若阳气失去了正常的位次而不能发挥其重要作用，人就会减损寿命或夭折，生命机能亦暗弱不足。所以天体的正常运行，是因太阳的光明普照而显现出来，而人的阳气也应在上在外，并起到保护身体，抵御外邪的作用。

经典介绍

本文节选自《黄帝内经》中《素问》第三篇，阐述养生理论，论述了人的生命活动与自然界的变化有着密切相通的关系。

本文主要讨论人体阴阳与自然界阴阳息息相应，互相贯通的道理和意义，故以《生气通天论》名篇。正如高士宗《素问直解》所云："生气通天者，人身阴阳五行之气，生生不已，上通于天气也。"李经纬、邓铁涛《中医大辞典》："生气，指人的生命活动。天，指自然界"。

语言表达与应用写作

吟诵欣赏

一 剪 梅

李清照

红藕香残玉簟秋，轻解罗裳，独上兰舟。
云中谁寄锦书来？
雁字回时，月满西楼。
花自飘零水自流。
一种相思，两处闲愁。
此情无计可消除。
才下眉头，却上心头。

课后实践

实践项目：我和我的会务

组建团队
自由组建团队。

会务筹备与实施
（1）负责沟通处理会务筹备相关问题。
（2）实施会务活动。
（3）准备相应的文书。

实践形式
通过情景剧的形式，展示会务活动的过程及会务涉及的文书。

实践要求

（1）有效沟通，能有效安排办会流程。
（2）能及时制发、办理会务活动过程的文书问题。
（3）团队合作鼓励创新。

项目十 职场提升

第一节 计划

 一、计划例文

例文

××大学工会 2023 下半年工作计划

2023 年下半年我校工会工作，经校工会委员会第四次全体会议讨论，提出以下要点。

一、认真贯彻党的十八届四中全会精神，加强对教职工进行思想政治教育，推进工会工作改革，搞好工会职能的转变，增强代表和维护的职能，促进民主管理；健全和完善教代会的各项制度，落实第四次教代会的各项提案工作，加强调查研究，定期举行专题情况发布会和座谈会，进一步发挥参政议政和民主监督的作用。

二、加强工会干部的培训工作，下学期初结合各个部门的工作任务，组织委员学习讨论工作职责，明确工作任务。

三、业务部与教代会教学科研工作审议委员会在下半年内联合召开座谈会、情况发布会，由有关职能部门通报职称评定，成人教育，科研工作的情况。协助有关部门开展尊师爱生教育，搞好校风建设。

四、宣传部组织各部门工会的学习活动，继续办好《对话》和校报《教工生活》专栏，下半年召开两次宣传委员信息交流会。

五、文娱部组织各种文娱活动。教师节组织电影专场，国庆节组织一台大型文艺晚会；11月与女工部联合举办"少年儿童音乐会"；元旦举办第十届教工书画摄影展览。

六、体育部组织各种体育活动。拟于10月举行教工游泳比赛；11月举行第二届乒乓球团体杯赛和单打邀请赛；12月举行全校教工环校跑，组织参加广州地区高校七人制足球赛。

七、女工部做好妇女工作。选举产生"女职工委员会"，加强工会女工工作；元旦与文娱部合办"少年儿童音乐会"；建议并促成学校对女教职工进行一次妇科病检查；举办妇女更年期保健、妇女护肤等讲座。

八、组织部搞好工会工作。年终举行工会积极分子评选；各部门工会建立会员名册，健全工会小组，过好工会组织生活。

×× 大学工会
2023 年 6 月 28 日

例文评析

这是一份半年的综合工作计划，将基层工会下半年工作做了较全面的安排，计划涉及工会的总体工作及各部门的工作，比较全面。计划用条项列出，条理清楚，表达具体明确，易于实施，是一份具体可行的综合计划。

二、计划的含义和特点

计划是为完成一定时期的任务而事前拟定目标、措施和要求的事务文书。

常见的安排、打算、规划、设想、要点、方案等都属于计划一类。只是由于内容和成熟程度不同而选用了不同的名称。

计划是使用频率很高的一种事务文书。计划的实质是对理想、目标的具体化。它对整个工作有着重要的指导、推动和保证作用。制订计划是一种科学的领导艺术。

计划主要有以下三个特点。

（一）预想性

计划的预想性是其他应用文体所不具有的。制订计划需要进行调查研究，如上一阶段的工作情况怎样，实施计划的内部条件和外部环境如何，并以此为依据确定工作目标、具体做法及实施步骤。但毕竟是对未来工作的设想，对可能遇到的新情况，计划实施步骤、完成时间，都带有难以预想性，因此，计划不能制订得过死，必须留有余地，在实施过程中一旦发现与实际有不符的地方，或出现新情况，便需做出切合实际的修改。

（二）指导性

计划一旦成文，就对实践起控制和约束作用。制订计划是为了克服工作中的盲目性。从应用上说，计划有上级下发的计划和单位自行制定的计划。上级下发的计划，勾勒发展蓝图，明确工作目标，提出步骤措施，目的是指导所属单位不至于盲目冒进，或偏离工作方向，能始终朝着既定目标去做，其指导性是明显的。而本单位制订的计划，目的也在于控制方向、规模、速度，使任务能保质、保量，按时完成。

（三）可操作性

再好的计划也要付诸实施，因此，它必须制订得具体明确，切实可行，符合实际。目标过高，无法实现和完成；目标过低，计划又无法起指导、激励作用。计划的步骤、措施、要求、时限不但要写得具体、细致，还要便于检查督促，对照落实。离开实践，或操作性差的计划，将是毫无价值的一纸空文。

三、计划的类型

计划按照内容、性质、范围、时间、形式可分为以下几种类型。
（1）按内容分，有综合计划、专项计划等。
（2）按性质分，有生产计划、学习计划等。
（3）按范围分，有国家计划、部门计划、单位计划、科室计划、班组计划、个人计划等。
（4）按时间分，有年度计划、季度计划、月度计划等。
（5）按形式分，有文件式计划、表格式计划和文件表格结合式计划等。

四、计划的结构和写法

一份计划由标题、正文两部分组成。

（一）标题

标题又称计划名称，主要表明制定计划的单位、期限和种类，如《交通大学2022—2023学年教学改革计划》，包括了单位名称、计划期限和计划种类三项内容。标题中也可以不出现单位名称，只在正文结尾处写上单位名称。如果计划尚未正式确定，或是征求意见稿、讨论稿，须在标题后用括号注明"草案""初稿""未定稿""供讨论用"等字样。

（二）正文

通常包括前言和计划事项两部分内容。

（1）前言，又叫导语。它通常的内容包括对基本情况的分析，或对计划的概括说明，或说明依据什么方针、政策以及上级的什么指示精神，在什么条件下，制订这个计划，完成这个计划的必要性、可能性以及要达到什么主要目的等。这是制订计划的基础，要写得简明扼要，灵活多样。

（2）计划事项，即主体，说明计划的基本内容，是计划的核心。它紧接计划的开头部分，回答"做什么、做到什么程度、怎么做、什么时候做"的问题，即具体的任务、目标、措施、步骤。一般可采用序号或小标题的方法展开内容。

① 任务，即做什么，是计划要完成的具体事项。任务要具体、明确、重点突出。

② 目标，即做到什么程度，是计划完成任务所要达到的基本要求。要求应有量和质的标准，切合实际，有达到的可能性。

③ 措施，即怎么做，是实施计划的具体办法。措施是实施计划、完成任务的保证，是达到目标的具体手段。措施要实事求是，具体可行。

④ 步骤，即什么时候做，是指工作的程序和时间安排。

（三）结尾

结尾，即结束语，可提出希望，发出号召，以鼓励本单位全体人员为实现计划而努力。但也可视情况不写这部分。

（四）落款和日期

计划正文的右下方写明制定计划的单位名称（个人计划写明个人姓名），在落款下面写明制定计划的具体日期。如果标题中已出现制订计划的单位名称，署名可以省略。

五、计划的写作要求

（1）要以党和国家的方针政策为指导，能够体现本单位领导的意图，确保计划指导思想的正确性。

（2）要充分考虑计划的可行性，做到反复论证，从多种计划方案中择优，实事求是地确定计划的目标和任务，并适当留有余地。

（3）要服从长远的规划，坚持整体的原则，既要服从大局，处理好多种关系，又要体现本单位工作的特点。

（4）要走群众路线，集思广益，把计划变成群体的共同意志，以保证计划的认同和可行性。这样在执行计划中就能更好地发挥群众的积极性，减少阻力。

（5）要适时检查计划执行情况。如情况发生了变化，需要修改，也要经过一定的程序，以保证计划的严肃性，使计划不致成为形式主义的一纸空文。

第二节　总结

一、总结例文

> **例文**
>
> 售后服务是企业的根本
——某技术服务中心 2022 年工作总结
>
> 2022 年，某集团技术服务中心全体员工和分布在全国各地维修网点的员工一起，坚持"拥有万家电器，享受一流服务"的宗旨和"一切为了使用户满意"的标准，发扬"同心多奉献，合力创一流"的企业精神，大力开展优质服务活动，扎扎实实地做好各项工作，实现了全年的总体目标。全年维修合格率达 99.8%，比去年上升了 30.3%；维修返修率 0.2%，比去年下降 30.13%；用户来信处理率 100%，全年未出现重大的维修质量投诉，赢得了用户和社会各界的好评，促进了万家系列产品的销售，促进了万家售后服务工作向服务质量标准化、服务网络体系化、服务管理规范化、服务方式多样化、服务经营一体化的方向发展。2022 年被评为全国优质服务企业。回顾一年来，我们主要做了以下几项工作。
>
> 一、优化网点建设，加强网点管理（略）
>
> 1. 开展网点升级达标活动。（略）
>
> 2. 开展网点调研考察。（略）
>
> 3. 合理调整网点布局，扩大维修服务的覆盖面。（略）
>
> 4. 开展用户抽查，优化网点结构。（略）
>
> 二、调整售后服务策略，适应市场和用户需要（略）
>
> 1. 增加服务项目，扩展服务范围。（略）
>
> 2. 转换服务形式，提高服务水平。（略）
>
> 3. 开拓服务经营一体化道路，增强自身实力。（略）
>
> 三、提高员工素质，深化优质服务（略）
>
> 四、开展"万家电器百日维修服务质量无投诉"活动（略）
>
> 2022 年是万家事业发展的关键一年，也是实现集团中期发展规划的决定性一年。我中心必须坚持"一切为了使用户满意"的最高标准，把售后服务工作作为首要任务，为维护万家信誉做出更大贡献。
>
> 2022 年 12 月 30 日

这是一篇企业售后服务的综合性总结。标题采用正副题式，正题揭示文章的中心内容，副题标示出单位、时间、事由和文种。正文由前言、主体、结尾三部分组成。前言部分概述了基本情况，交代了总结所涉及的时间、单位、背景、工作任务、完成情况，并引用数据，概述了成就，用语精练，字里行间洋溢着信心和决心，然后用"回顾"一句过渡转入主体部分。主体部分分四大项列举了一年来的主要工作，内容按逻辑顺序排列，充分证明了总结中所提出的各个观点。最后以展望作结，充满了信心，反映了企业的精神面貌。全文层次分明，观点与材料统一，是一篇值得借鉴的总结。

二、总结的含义、作用和特点

（一）总结的含义

总结是机关、团体、企事业单位对规定时限内的某项工作或任务加以回顾、分析、研究，从中找出经验和教训，引出规律性的认识，明确今后实践的方向，把这些内容系统化、条理化，形成文字的文书。总结是对实践的认识，总结的过程是由感性认识上升到理性认识的过程。总结应对实践进行全面、深刻的概括。

常用的小结、体会实际上也是总结，只是它所反映的内容较简单和经验不够成熟，时间较短，范围较小而已。

（二）总结的作用

总结的作用是多方面的，其主要作用是：总结经验，发扬成绩；反思过去，展望未来；互通信息，共同提高。

（三）总结的特点

总结的特点主要表现在以下四个方面。

1. 实践性

总结首先要回顾实践或工作的全过程。自身实践的事实，尤其是典型事例和确凿数据是一篇总结得出正确结论的基础。

2. 经验性

总结旨在把实践中的成功经验归纳出来，把教训分解出来，从而对工作做出正确估计，得出科学结论，以增强工作的自觉性和主动性。但总结所反映的对象一般又限于本地区、本部门、本单位特定时限内的工作实践，由本单位撰写，并采用第一人称叙述，因而得出的经验也会带有较强的个性特色。

3. 说理性

总结不仅要陈述工作情况，更要揭示理性认识。能否进行理性分析，能否找出带有规律性的东西，是衡量一篇总结写得好坏的重要标准。

找出带有规律性的东西，用以指导今后的工作，这就是总结的实质。

4. 简明性

总结往往做概括叙述，而不必具体描写；作简要说明，而不必旁征博引；作直接议论，而不必多方论证。

三、总结的类型

总结的分类方法可以很多，如可按性质、内容、时间、范围等来划分。本书按写法和内容，把总结划分为综合性总结和专题性总结两大类。

（1）综合性总结是对一单位、一部门工作进行的全面性总结，它要展现该单位、该部门一定时期工作的全貌。其包括的内容比较广泛，既要反映工作的概况和取得的成绩，存在的问题、缺点，也要写经验教训和今后如何改进的意见等。但写作时也不能面面俱到，而要有所选择，突出主要工作和重要经验。

（2）专题性总结是对一定时期的某项工作或某一方面的问题进行的专门性总结。这类总结往往偏重于总结某一方面的成绩、经验，其他方面则可少写或不写。

四、总结的结构和写法

总结的结构一般包括标题、正文和落款。

（一）标题

一般包含单位名称、时间和文种，如"××单位××××年度工作总结"。这是"完整式"标题。综合性总结一般都采用这种形式的标题。专题性总结的标题有以下三种形式。

（1）主题式，如建设企业文化是加强和改进企业思想政治工作的必由之路。

（2）问题式，如我们是怎样在市场经济条件下坚持党管干部的。

（3）正副题结合式，如加速技术改造，完善宏观调控——正确处理技术改造中的七个关系。

（二）正文

正文的结构形式主要有以下五种。

1. "三段式"结构

"三段式"结构即由工作概况、经验体会、今后打算构成。这是综合总结的基本形式。

（1）工作概况：这是总结的开头部分。通常要简明扼要地说明总结所涉及的时间、背景、任务、效果等，目的在于给人以总体印象，领起下文。

（2）经验体会：这是总结的主体部分，是总结的重点。其中做法与成绩的说明是基础，经验体会的总结是重心。因为抓住了基本经验，总结就有了主题，而从做法和成绩取得的过程中找到规律性的东西则是写好总结的关键。要写好这部分的内容，一定要注意点面结合，详略结合，叙议结合，而且叙议得当。

（3）今后打算：这是总结的结尾部分。这部分要说明工作中存在的问题，针对这些问题，结合前面所总结的经验教训及对有关规律性的认识，提出对今后工作的新设想及改进意见。如要发扬什么，克服什么，要采取哪些新的措施和方法，要向什么方向努力，达到什么目标等。这一部分内容要力求避免空洞、一般化及八股调。

2."两段式"结构

"两段式"结构即情况加体会。先集中摆情况，包括基本情况、主要做法、成绩与缺点等；后集中谈体会，包括经验的总结、教训的归纳以及对存在问题的认识等。问题比较集中的专题总结大多采用这种写法。

3."阶段式"结构

"阶段式"结构就是根据工作发展过程中的几个阶段，按时间先后分成几个部分来写。每一部分对每个阶段的工作，都要既讲情况、做法，又讲经验教训及存在问题。这样写便于看出整个工作的发展进程和各个阶段的特点、经验。周期比较长而又有明显阶段性的工作，不管是专题总结还是全面总结，都宜采用这种结构。写时要注意抓特点，保证各部分之间的连贯性。

4."总分式"结构

"总分式"结构首先概述总的情况，然后分若干项主要工作一一进行总结。全面总结一般用这种写法。在每一部分对每一项工作进行总结时，同样要求把做法、成绩、经验、教训等有机地结合在一起写。这种写法要注意抓重点，切忌面面俱到。

5."体会式"结构

"体会式"结构即以体会（而不是以工作本身）为中心来安排结构。根据几点体会，把有关情况或几个具体问题，从几个不同的角度进行总结，而寓情况于体会之中，夹叙夹议，讲清问题。各部分之间则体现出某种逻辑关系，或以主次为序，或以轻重为序，或以因果为序，等等。这种结构适用于各种类型的总结，特别是学习总结。这种写法最灵活，也最难掌握。

（三）落款

落款就是以主要负责人的名义所做的总结，署名在标题下；以单位或党政机关名义总结或发表的，署名可在标题下也可在文末；若标题上出现了单位名称或负责人姓名，则可不另署名。总结日期可加括号放在标题下，也可不加括号放在文末。

五、总结与计划的区别

计划是在工作之前制订的；总结则是在工作到一定阶段或计划完成后进行的。计划的内容是为完成一定任务所设想的具体步骤、方法和措施，重在叙述说明；总结则是对一定阶段的工作或计划执行情况做出的总分析、总评价，重在抽出有规律性的东西，做出理论概括。计划所要回答的问题是做什么，怎样做，做到什么程度；总结要回答的问题则是做了什么，做得怎样，有何工作规律。

六、总结写作要求

（一）要有新发现

要实事求是，在调查大量的材料中认真分析、研究，从而归纳出过去没有或与过去不同的东西来，而不能是老生常谈。

（二）要找出带有规律性的东西

不能有了新发现就匆忙落笔，而应当经过反复研究和证实，找出其中能够揭示事物本质的带有规律性的东西，以指导今后的工作。

（三）要突出重点

不仅要全篇重点写经验，还要写好重点经验，不能眉毛胡子一把抓，更不能写成"流水账"。

第三节　述职报告

一、述职报告例文

📖 **例文**

个人述职报告

在宏远公司的工作时光已经是过去一年了，在这一年里我的工作完成得还算是不错，不管是任何的一方面我都是有非常努力地在其中得到成长与转变。现在我便是对自己这一年的成长与奋斗做更好的总结与计划。

一、工作上的成长

通过自己在这一年中的不懈奋斗，我渐渐地找寻到自己奋斗的方向，并给以自己的努力来让自己在工作中有更棒的成长。当然于我个人来说，我也很是庆幸自己能够有如此的收获，相信我定是可以让自己在工作中变得愈发的优秀。这一年我对自己有了更多的认知，也明白了自己对于未来需要追寻的方向，我很是开心自己能够有这样的生活，当然在往后的时光中我也是会努力地奋斗，让自己真正地得到更多的成长与改变。

二、个人思想的转变

在工作上我越发找寻到自己需要去成长与改进的方面，也对自己的工作与生活方面有了更多的认知。对我个人来说，我也更加明白在工作中需要付出的努力与决心，

语言表达与应用写作

当然我也很庆幸自己能够有这样的收获，并让我很是期待着自己能够有更大的成长。现在的我更多的是想要让自己在工作中有更多的成长与转变，当然我也会努力改正自己的不足之处。现在的我心中更多的是想真正将自己的工作任务完成好，为我的客户提供更好的服务，让他们能够感受我的付出与真心，所以我会在这份工作上做更多的努力与奋斗。

三、未来工作的计划

新年即将要到来，我也非常地想让自己能够创造出更加优秀的成绩，并且我相信我的未来是一定会变得非常优秀，当然往后的时光我也会争取让自己有更好成长。对于以后的工作我也会多反思，为自己的成长做更多的计划与准备，这样才能够让我在新的一年中收获到成长，也可以让自己了解未来的方向。我相信新的我可以在这份工作上取得更好的成绩，可以让我的客户们对我有更多的信任，当然也可以让我真正做好现在的工作，对我个人来说，我也会努力改变自己，让自己变得更加优秀，未来的生活更加美好与幸福。

我很期待新年的开始，我会更加努力地在工作中成长，为自己创造更加美好、幸福的生活。不管前方有多么大的困难，我都会以更加积极向上的心态面对，让自己创造出美好而幸福的生活。

2023 年 12 月 30 日

例文评析

这是一篇员工的述职报告，主要陈述了该员工一年以来的工作情况、思想状态和成长。全文层次分明，用语精练，述职得体，是一篇值得借鉴的新人述职报告。

二、述职报告的定义

述职即向主管部门陈述工作情况。《孟子·梁惠王下》一文说："诸侯朝于天子曰述职、述职者，述所职也。"可见，述职这件事古已有之。述职报告就是述职人（指各级机关、团体和企事业单位的领导及工作人员）自己的任命选举机构和上级领导或人民群众述说在一定时期内履行职责情况的书面报告。

三、述职报告的作用

述职报告能够比较全面地反映述职者的基本情况和工作能力，有利于组织或上级领导进行各方面的考核。述职报告作为重要的业绩材料，有利于群众对述职者进行监督和批评；述职报告是述职者对自身的检查，可以做到"吾日三省吾身"，能够不断提高自身素质。随着我国干部人事制度改革的不断深入，述职报告已经成为各类人才精英充分展示才华的重要渠道。

四、述职报告的写作

（一）述职报告的正文

述职报告的正文一般包括基本情况、政治思想、工作实绩、存在问题与薄弱环节、经验与教训、今后工作打算与努力方向几个部分。基本情况主要写述职者的身份、岗位职责、工作目标、述职时限及总体自我评价等。政治思想主要写"德"方面的情况。工作实绩主要写"能、勤、绩"方面的情况。存在问题与薄弱环节主要是自我评价在履行相应职务时的工作失误或有待改进和完善的地方。经验与教训是对上面所写的"工作实绩"和"存在问题与薄弱环节"两个部分的深层次的思考与分析。最后有针对性地简要地写今后的工作打算和努力方向。

（二）述职报告中的"德、能、勤、绩"内容概述

（1）德：主要写政治方向、政治立场、求真务实、廉洁自律、公道正派和敬业精神等方面的情况。

（2）能：主要写从事本岗位工作的组织领导能力。包括分析、研究和解决实际问题的能力；组织协调能力；科学决策能力；勇于改革、开拓创新的能力；处理复杂问题和突发事件的能力；学习和接受新的专业知识，提高自身综合素质的能力。

（3）勤：主要写工作态度、工作效率和出勤情况。包括是否有事业心和责任感，工作态度是否认真、严谨，是否敢于负责，勤奋敬业；工作精力投入情况；是否具有较强的时效观念，高效率地保质保量完成工作任务；出勤率及遵守工作纪律、执行规章制度情况。

（4）绩：主要写履行岗位职责的情况。包括完成工作量的大小，完成工作任务的数量、质量、效率，取得成果的水平以及社会效益和经济效益等。

（三）写作述职报告的注意事项

写述职报告要实事求是，切忌华而不实；要突出重点，切忌报流水账；要情理相宜，切忌只报喜不报忧；要语言朴实，切忌虚饰浮夸，切忌写大话、空话和套话。

五、述职报告与个人总结的区别

述职报告与个人总结都是对过去工作的回顾，都可以谈经验教训，都要求事实材料与观点的统一，都属于事务应用文的范畴。

述职报告与个人总结的区别如下。

（1）撰写目的不同。个人总结的目的在于肯定成绩，找出不足，以利于今后的工作；个人述职报告则是通过陈述自己的德、能、勤、绩等具体材料和数据，为上级和有关部门选拔、培养、使用、调配和奖罚干部提供依据。

（2）写作重点不同。个人总结的重点不受职责范围的限制，凡是做过的工作、取得的

成果，都可以写入总结之中，它所要回答的问题是：做了什么工作，取得了哪些成绩，存在什么缺点，有什么经验、教训等；而述职报告则必须以履行职责方面的情况为主，重点展示履行职责的思路、过程和能力。它所要回答的是：肩负什么职责，履行职责的能力如何，怎样履行的，称职与否等。

（3）表述形式不同。述职报告采用"报告"这一文章形式，有时也采用表格式。主要运用记叙的方法，叙述成分较多；总结采用的是"总结"这一文章形式，既注重记叙，又注重理性分析，总结经验教训。

总之，述职报告与个人总结既有联系又有区别，在行文时不要把二者混淆起来，不要把述职报告写成个人总结。

第四节　调查报告

一、调查报告例文

例文

港湾大学港口业务调研报告

为使我院专业设置及专业建设跟上行业形势的发展，适应港口转型升级的需要，受学术委员会委派，张明等三名成员，于2023年年底，利用课余时间，走访了港内外多家企业进行调研、对典型工作岗位进行了分析、并制作了调查问卷进行了网上调研，在此基础上，完成了此份调研报告，本报告汇报的内容包括三个部分。

一、港口形势的变化

1.港口的发展态势正在发生巨大变化

深化港口改革，加快转型升级，让港口进入了从"大"到"强"的加速发展轨道。2019年以来，××港明确了一条极具港口特色的"转型"之路：以经济效益为中心，强力推进经营模式大变革，港口布局的大调整、体制机制的大创新；全力推进港口装卸、现代物流、资本运营、邮轮经济和港航服务等"五大板块"，以期建成物流、信息流、商流和资金流"四流合一"、综合实力强大、功能配套、优势明显、具有区域资源配置能力的第四代世界物流强港。

2.港口的作业环节正在延伸，向构建一站式物流、综合物流目标转变

面对第四代物流强港的发展定位，××港已不单单将自身作为物流节点企业，而是结合实际重点推进集装箱、干散货、油品、件杂货等四大核心货种物流体系的建设，构建一站式物流，这也是港口转型升级，提升核心竞争力的现实需要。第四代港发展策略是多式联运（港航联盟、港际联盟、海铁联盟、江海联运等），其生产特性是整合性物流，全程物流，实行门到门服务。

3. 港口的生产方式、管理方式将发生变化

随着××港转型升级步伐的加快，过去的生产方式、管理方式等根本无法满足如今港口每天上百艘船舶、百万吨货物、几万集装箱进出港的生产管理需要，必须依靠信息化提升港口的现代化生产管理水平，实现由劳动密集型向技术密集型转移，由汗水经济向智慧经济转型，由传统港口向数字港口转化。

把信息化技术应用到港口发展各个环节，从内部生产调度、码头操作、业务管理，到外部 EDI 数据交换、物流平台、口岸平台建设，全力打造信息化、无人化的智慧港口，这是××港一直探索践行的。××港区的两台卸船机是目前世界上效率最高、自重最大、前伸距最长的卸船机，其额定卸率为 3500t/h，自重 2400t，前伸距 53m，一抓斗的货物就相当于一火车皮的货物。目前两人便可以操作世界最大的卸船机。

目前，××港的汽车司机无须提交任何纸张单据就可快速顺利地进入港口。货车在进入××港闸口的同时，闸口边上的 RFID 读写器等设备就识别了汽车和集装箱上 RFID 标签、箱号等集装箱货物相关信息。

随着信息化的进一步发展，××港将建设网上物流，未来将会出现自动化码头、"无人化"码头，实现远程操控、"可视化"理货，集装箱堆场将实现系统化管理，堆场、库场根本就不需要人。

4. 港口用工方式将部分发生变化

比如××××公司等，正在研究将现场理货等业务外包。一来可以缓解企业在安全生产方面所承受的压力（2022年××××公司已经出现2人死亡的恶性安全事故），二来可以减少正式员工数量，降低企业成本。

5. 港口的业务空间在扩大

××港用"智慧"开拓出全新的市场空间。在新兴金融业务方面，××港抢抓金融市场快速发展的机遇，重点发展资本运营板块，稳健开辟保险、债券、质押融资等业务，把港口的资源优势转化为资本优势。在关联服务业务方面，××港以开发邮轮母港和整合全港关联产业资源为契机，加快发展关联业务，打造新的效益增长点。在物流增值业务方面，依托大堆场、大码头、大物流园区优势，××港加快发展保税、期货、仓储、分拨等增值业务，增强多元化盈利能力。

二、对我校专业建设的影响

1. 用人数量的变化

伴随港口的转型升级，自动化、"无人化"码头的出现，港口的用工数量将大幅减少，有的岗位10年内行将会消失，比如港口理货岗位，将实现机械理货，比如桥吊司机，随着集装箱自动化程度的提高，最终将被机器取代。还有些岗位因为业务外包，企业将不再需要新员工。

2. 用人规格、类型的变化

在经济新常态、港口转型升级背景下，港口对人才的需求和二、三代港不一样了，表现为以下几方面。

（1）在规格上：最实用、用量最大的还是高职层次的毕业生。高层次的研究人才用量极少。

（2）在素质上：能把一般技能和互联网基础知识结合起来运用。

（3）英语方面：能认识最常用的专业词汇即可，提单能看懂就行。

（4）岗位类型：主要包括物流商贸人才、门机司机、桥吊司机、维修工等。

三、应对策略

（1）根据港口形势的发展，对我校的专业结构进行适时调整，逐年减少理货等专业的招生数量。

（2）进一步做大物流专业，以跟上港口大物流建设的需要。

（3）做强港机、港电等专业，力求做出港湾特色，打造我校核心竞争力。

备注：本次调研走访的单位包括：××港集团业务部、××港口公司、场站等。

2023 年 12 月 30 日

例文评析

这篇调研报告将调查内容归纳为三部分，按照提出问题—发现问题—解决问题的思路，从港口业务发展变化、对学校人才培养的影响及应对策略进行了详细的叙述和说明，最后提出中肯的建议和应对策略，属于比较务实的调查报告，值得借鉴。

二、调查报告的概念和特点

（一）调查报告的含义

调查报告是对某项工作、某个事件、某个问题，经过深入细致的调查后，将调查中收集到的材料加以系统整理，分析研究，以书面形式向组织和领导汇报调查情况的一种文书。

（二）调查报告的特点

1. 写实性

调查报告是在占有大量现实和历史资料的基础上，用叙述性的语言实事求是地反映某一客观事物。充分了解实情和全面掌握真实可靠的素材是写好调查报告的基础。

2. 针对性

调查报告一般有比较明确的意向，相关的调查取证都是针对和围绕某一综合性或是专题性问题展开的。所以，调查报告反映的问题集中而有深度。

3. 逻辑性

调查报告离不开确凿的事实，但又不是机械地堆砌材料，而是对核实无误的数据和事实进行严密的逻辑论证，探明事物发展变化的原因，预测事物发展变化的趋势，提示本质性和规律性的东西，得出科学的结论。

三、调查报告的类型

调查报告的种类主要有以下几种。

（一）情况调查报告

情况调查报告是比较系统地反映本地区、本单位基本情况的一种调查报告。这种调查报告是为了弄清情况，供决策者使用。

（二）典型经验调查报告

典型经验调查报告是通过分析典型事例，总结工作中出现的新经验，从而指导和推动某方面工作的一种调查报告。

（三）问题调查报告

问题调查报告是针对某一方面的问题，进行专项调查，澄清事实真相，判明问题的原因和性质，确定造成的危害，并提出解决问题的途径和建议，为问题的最后处理提供依据，也为其他有关方面提供参考和借鉴的一种调查报告。

四、调查报告的结构和写法

调查报告一般由标题和正文两部分组成。

（一）标题

标题可以有两种写法，分别是规范化的标题格式和自由式标题。

（1）规范化的标题格式，即"发文主题"加"文种"，基本格式为"××关于××××的调查报告""关于××××的调查报告""××××调查"等。

（2）自由式标题，包括陈述式、提问式和正副题结合使用三种。陈述式标题如《东北师范大学硕士毕业生就业情况调查》，提问式标题如《为什么大学毕业生择业倾向沿海和京津地区》，正副标题结合式标题，正题陈述调查报告的主要结论或提出中心问题，副题标明调查的对象、范围、问题，这实际上类似于"发文主题"加"文种"的规范格式，如《高校发展重在学科建设——××大学学科建设实践思考》等。正式场合下，最好用规范化的标题格式或自由式中正副题结合式标题。

（二）正文

正文一般分前言、主体、结尾三部分。

1. 前言

前言有以下三种写法。

（1）写明调查的起因或目的、时间和地点、对象或范围、经过与方法，以及人员组成等调查本身的情况，从中引出中心问题或基本结论。

（2）写明调查对象的历史背景、大致发展经过、现实状况、主要成绩、突出问题等基

语言表达与应用写作

本情况，进而提出中心问题或主要观点。

（3）开门见山，直接概括出调查的结果，如肯定做法、指出问题、提示影响、说明中心内容等。前言起到画龙点睛的作用，要精练概括，直切主题。

2. 主体

主体是调查报告最主要的部分。这部分详述调查研究的基本情况、做法、经验，以及分析调查研究所得材料中得出的各种具体认识、观点和基本结论。

3. 结尾

结尾的写法也比较多，可以提出解决问题的方法、对策或下一步改进工作的建议；或总结全文的主要观点，进一步深化主题；或提出问题，引发人们的进一步思考；或展望前景，发出鼓舞和号召。

调查报告的写作首先应深入调查研究，掌握第一手资料。其次要认真钻研分析材料。在调查了解获取大量第一手资料后，要将材料去粗取精、去伪存真、由此及彼、由表及里提炼制作，从中找出具有普遍指导意义的东西，抓住中心，突出重点，力求用生动的事实和有力的论述说明问题，解决问题。

国学导读

晏子使楚

晏子将使楚。楚王闻之，谓左右曰："齐之习辞者也，今方来，吾欲辱之，何以也？"左右对曰："为其来也，臣请缚一人，过王而行。王曰，何为者也？对曰，齐人也。王曰，何坐？曰，坐盗。"

晏子至，楚王赐晏子酒，酒酣，吏二缚一人诣王。王曰："缚者曷为者也？"对曰："齐人也，坐盗。"王视晏子曰："齐人固善盗乎？"晏子避席对曰："婴闻之，橘生淮南则为橘，生于淮北则为枳，叶徒相似，其实味不同。所以然者何？水土异也。今民生长于齐不盗，入楚则盗，得无楚之水土使民善盗耶？"王笑曰："圣人非所与熙也，寡人反取病焉。"

译文

晏子将要出使楚国去。楚王听到这个消息，对手下的人说："晏婴是齐国善于辞令的人，现在将要来了，我想羞辱他一下，用什么办法呢？"手下人回答说："当他到来的时候，请允许我们绑一个人从大王面前走过，大王就问，这是做什么的人，我们就说，是齐国人。大王再问，犯了什么罪？我们就说，犯了偷盗罪。"

晏子来了，楚王请晏子喝酒。酒喝得正高兴时，两个小官吏绑着一个人走到楚王面前。楚王问："绑着的人是干什么的？"小官吏回答说："是齐国人，犯了偷盗罪。"楚王瞟着晏子说："齐国人本来就善于偷盗吗？"晏子离开座位说："我听过这样的事，橘子生长在淮河以南就是橘子，生长在淮河以北就变成枳了，只有叶子的形状很相像，它们果实的味道完全不同。之所以这样的原因是什么呢？是水土不同。现在老百姓生活在齐国不偷东西，到了楚国就偷东西，莫非楚国的水土使得老百姓善于偷东西吗？"楚王笑着说："圣人不是能同他开玩笑的,我反而自讨无趣了。"

经典介绍

《晏子使楚》选自《晏子春秋》,讲述了春秋末期,齐国大夫晏子出使楚国,楚王三次侮辱晏子,想显显楚国的威风,晏子巧妙回击,维护了自己和国家尊严的故事。故事赞扬了晏子身上表现出来的凛然正气、爱国情怀和他高超的语言艺术。故事中涉及张袂成阴、挥汗成雨、比肩接踵、南橘北枳等常用成语。

《晏子春秋》是记载春秋时期(公元前 770—公元前 476 年)齐国政治家晏婴言行的一种历史典籍,成书于战国时期,用史料和民间传说汇编而成。书中记载了许多晏婴劝告君主勤政、不要贪图享乐的事例,成为后世人学习的榜样。书中有很多生动的情节,表现出晏婴的聪明和机敏,如"晏子使楚"等就在民间广泛流传。书中还论证了"和"和"同"两个概念。晏婴认为对君主的附和是"同",应该批评。而敢于向君主提出建议,补充君主不足的才是真正的"和",才是值得提倡的行为。这种富有辩证法思想的论述在中国哲学史上成为一大亮点。西汉的刘向对其加以过整理,共 8 卷 215 章,分为内篇 6 卷和外篇 2 卷。注释书籍有清末苏舆的《晏子春秋校注》、张纯一《晏子春秋校注》,近代有吴则虞《晏子春秋集释》。

吟诵欣赏

长相思·山一程

纳兰性德

山一程,水一程,身向榆关那畔行,夜深千帐灯。
风一更,雪一更,聒碎乡心梦不成,故园无此声。

课后实践

实践项目:我和我的职业规划

组建团队
自由组建团队。

职场提升项目
(1)做好规划。
(2)不断总结。
(3)准备相应的文书。

实践形式
通过个人演讲的形式,对自己的职业职务定位职业理想、职业蓝图等做出规划。

语言表达与应用写作

实践要求

（1）有明确的职业规划。
（2）不断提升职业综合素养。
（3）职业蓝图规划清晰。

拓展课堂一
普通话等级测试

第一节　普通话水平测试用朗读短文 50 篇

新版《普通话水平测试实施纲要》公开发行，2024 年 1 月 1 日起正式实施，新版《普通话水平测试用朗读作品》总数由 60 篇调整为 50 篇，其中 4 篇选自 1994 年版《普通话水平测试大纲》，15 篇选自现行的 2003 年版《纲要》，31 篇为新选用作品。具体篇目如下。

作品 1 号

照北京的老规矩，春节差不多在腊月的初旬就开始了。"腊七腊八，冻死寒鸦"，这是一年里最冷的时候。在腊八这天，家家都熬腊八粥。粥是用各种米，各种豆，与各种干果熬成的。这不是粥，而是小型的农业展览会。

除此之外，这一天还要泡腊八蒜。把蒜瓣放进醋里，封起来，为过年吃饺子用。到年底，蒜泡得色如翡翠，醋也有了些辣味，色味双美，使人忍不住要多吃几个饺子。在北京，过年时，家家吃饺子。

孩子们准备过年，第一件大事就是买杂拌儿。这是用花生、胶枣、榛子、栗子等干果与蜜饯掺和成的。孩子们喜欢吃这些零七八碎儿。第二件大事是买爆竹，特别是男孩子们。恐怕第三件事才是买各种玩意儿——风筝、空竹、口琴等。

语言表达与应用写作

孩子们欢喜，大人们也忙乱。他们必须预备过年吃的、喝的、穿的、用的，好在新年时显出万象更新的气象。

腊月二十三过小年，差不多就是过春节的"彩排"。天一擦黑儿，鞭炮响起来，便有了过年的味道。这一天，是要吃糖的，街上早有好多卖麦芽糖与江米糖的，糖形或为长方块或为瓜形，又甜又黏，小孩子们最喜欢。

过了二十三，大家更忙。必须大扫除一次，还要把肉、鸡、鱼、青菜、年糕什么的都预备充足店//铺多数正月初一到初五关门，到正月初六才开张。

——节选自老舍《北京的春节》

作品 2 号

盼望着，盼望着，东风来了，春天的脚步近了。

一切都像刚睡醒的样子，欣欣然张开了眼。山朗润起来了，水涨起来了，太阳的脸红起来了。

小草偷偷地从土里钻出来，嫩嫩的，绿绿的。园子里，田野里，瞧去，一大片一大片满是的。坐着，躺着，打两个滚，踢几脚球，赛几趟跑，捉几回迷藏。风轻悄悄的，草软绵绵的。

……

"吹面不寒杨柳风"，不错的，像母亲的手抚摸着你。风里带来些新翻的泥土的气息，混着青草味儿，还有各种花的香，都在微微湿润的空气里酝酿。鸟儿将巢安在繁花绿叶当中，高兴起来了，呼朋引伴地卖弄清脆的喉咙，唱出宛转的曲子，跟轻风流水应和着。牛背上牧童的短笛，这时候也成天嘹亮地响着。

雨是最寻常的，一下就是三两天。可别恼。看，像牛毛，像花针，像细丝，密密地斜织着，人家屋顶上全笼着一层薄烟。树叶儿却绿得发亮，小草儿也青得逼你的眼。傍晚时候，上灯了，一点点黄晕的光，烘托出一片安静而和平的夜。在乡下，小路上，石桥边，有撑起伞慢慢走着的人，地里还有工作的农民，披着蓑戴着笠。他们的房屋，稀稀疏疏的，在雨里静默着。

天上风筝渐渐多了，地上孩子也多了。城里乡下，家家户户，老老小小，//也赶趟儿似的，一个个都出来了。舒活舒活筋骨，抖擞抖擞精神，各做各的一份儿事去。"一年之计在于春"，刚起头儿，有的是工夫，有的是希望。

春天像刚落地的娃娃，从头到脚都是新的，它生长着。

春天像小姑娘，花枝招展的，笑着，走着。

春天像健壮的青年，有铁一般的胳膊和腰脚，领着我们上前去。

——节选自朱自清《春》

作品 3 号

燕子去了，有再来的时候；杨柳枯了，有再青的时候；桃花谢了，有再开的时候。但是，聪明的，你告诉我，我们的日子为什么一去不复返呢？——是有人偷了他们罢：那是谁？又藏在何处呢？是他们自己逃走了罢：现在又到了哪里呢？

去的尽管去了，来的尽管来着；去来的中间，又怎样地匆匆呢？早上我起来的时候，小屋里射进两三方斜斜的太阳。太阳他有脚啊，轻轻悄悄地挪移了；我也茫茫然跟着旋转。于是——洗手的时候，日子从水盆里过去；吃饭的时候，日子从饭碗里过去；默默时，便从凝然的双眼前过去。我觉察他去的匆匆了，伸出手遮挽时，他又从遮挽着的手边过去；天黑时，我躺在床上，他便伶伶俐俐地从我身上跨过，从我脚边飞去了。等我睁开眼和太阳再见，这算又溜走了一日。我掩着面叹息，但是新来的日子的影儿又开始在叹息里闪过了。

在逃去如飞的日子里，在千门万户的世界里的我能做些什么呢？只有徘徊罢了，只有匆匆罢了；在八千多日的匆匆里，除徘徊外，又剩些什么呢？过去的日子如轻烟，被微风吹散了，如薄雾，被初阳蒸融了；我留着些什么痕迹呢？我何曾留着像游丝样的痕迹呢？我赤裸裸 // 来到这世界，转眼间也将赤裸裸回去罢？但不能平的，为什么偏白白走这一遭啊？

你聪明的，告诉我，我们的日子为什么一去不复返呢？

——节选自朱自清《匆匆》

作品4号

有的人在工作、学习中缺乏耐性和韧性，他们一旦碰了钉子，走了弯路，就开始怀疑自己是否有研究才能。其实，我可以告诉大家，许多有名的科学家和作家，都是经过很多次失败，走过很多弯路才成功的。有人看见一个作家写出一本好小说，或者看见一个科学家发表几篇有分量的论文，便仰慕不已，很想自己能够信手拈来，妙手成章，一觉醒来，誉满天下。其实，成功的作品和论文只不过是作家、学者们整个创作和研究中的极小部分，甚至数量上还不及失败作品的十分之一。大家看到的只是他们成功的作品，而失败的作品是不会公开发表出来的。

要知道，一个科学家在攻克科学堡垒的长征中，失败的次数和经验，远比成功的经验要丰富、深刻得多。失败虽然不是什么令人快乐的事情，但也决不应该因此气馁。在进行研究时，研究方向不正确，走了些岔路，白费了许多精力，这也是常有的事。但不要紧，可以再调换方向进行研究。更重要的是要善于吸取失败的教训，总结已有的经验，再继续前进。

根据我自己的体会，所谓天才，就是坚持不断的努力。有些人也许觉得我在数学方面有什么天分，// 其实从我身上是找不到这种天分的。我读小学时，因为成绩不好，没有拿到毕业证，只拿到一张修业证。初中一年级时，我的数学也是经过补考才及格的。但是说来奇怪，从初中二年级以后，我就发生了一个根本转变，因为我认识到既然我的资质差些，就应该多用点儿时间来学习。别人学一小时，我就学两小时，这样，我的数学成绩得以不断提高。

一直到现在我也贯彻这个原则：别人看一篇东西要三小时，我就花三个半小时。经过长期积累，就多少可以看出成绩来。并且在基本技巧烂熟之后，往往能够一个钟头就看懂一篇人家看十天半月也解不透的文章。所以，前一段时间的加倍努力，在后一段时间能收到预想不到的效果。

是的，聪明在于学习，天才在于积累。

——节选自华罗庚《聪明在于学习，天才在于积累》

语言表达与应用写作

作品5号

去过故宫大修现场的人,就会发现这里和外面工地的劳作景象有个明显的区别:这里没有起重机,建筑材料都是以手推车的形式送往工地,遇到人力无法运送的木料时,工人们会使用百年不变的工具——滑轮组。故宫修缮,尊重着"四原"原则,即原材料、原工艺、原结构、原型制。在不影响体现传统工艺技术手法特点的地方,工匠可以用电动工具,比如开荒料、截头。大多数时候工匠都用传统工具:木匠画线用的是墨斗、画签、毛笔、方尺、杖竿、五尺;加工制作木构件使用的工具有锛、凿、斧、锯、刨等等。

最能体现大修难度的便是瓦作中"苫背"的环节。"苫背"是指在房顶做灰背的过程,它相当于为木建筑添上防水层。有句口诀是三浆三压,也就是上三遍石灰浆,然后再压上三遍。但这是个虚数。今天是晴天,干得快,三浆三压硬度就能符合要求,要是赶上阴天,说不定就要六浆六压。任何一个环节的疏漏都可能导致漏雨,而这对建筑的损坏是致命的。

"工"字早在殷墟甲骨卜辞中就已经出现过。《周官》与《春秋左传》记载周王朝与诸侯都设有掌管营造的机构。无数的名工巧匠为我们留下了那么多宏伟的建筑,但却//很少被列入史籍,扬名于后世。

匠人之所以称之为"匠",其实不仅仅是因为他们拥有了某种娴熟的技能,毕竟技能还可以通过时间的累积"熟能生巧",但蕴藏在"手艺"之上的那种对建筑本身的敬畏和热爱却需要从历史的长河中去寻觅。

将壮丽的紫禁城完好地交给未来,最能仰仗的便是这些默默奉献的匠人。故宫的修护注定是一场没有终点的接力,而他们就是最好的接力者。

——节选自单霁翔《大匠无名》

作品6号

立春过后,大地渐渐从沉睡中苏醒过来。冰雪融化,草木萌发,各种花次第开放。再过两个月,燕子翩然归来。不久,布谷鸟也来了。于是转入炎热的夏季,这是植物孕育果实的时期。到了秋天,果实成熟,植物的叶子渐渐发黄,在秋风中簌簌地落下来。北雁南飞,活跃在田间草际的昆虫也都销声匿迹。到处呈现一片衰草连天的景象,准备迎接风雪载途的寒冬。在地球上温带和亚热带区域里,年年如是,周而复始。

几千年来,劳动人民注意了草木枯荣、候鸟去来等自然现象同气候的关系,据以安排农事。杏花开了,就好像大自然在传语要赶快耕地;桃花开了,又好像在暗示要赶快种谷子。布谷鸟开始唱歌,劳动人民懂得它在唱什么:"阿公阿婆,割麦插禾。"这样看来,花香鸟语,草长莺飞,都是大自然的语言。

这些自然现象,我国古代劳动人民称它为物候。物候知识在我国起源很早。古代流传下来的许多农谚就包含了丰富的物候知识。到了近代,利用物候知识来研究农业生产,已经发展为一门科学,就是物候学。物候学记录植物的生长荣枯,动物的养育往来,如桃花开、燕子来等自然现象,从而了解随着时节//推移的气候变化和这种变化对动植物的影响。

——节选自竺可桢《大自然的语言》

作品 7 号

当高速列车从眼前呼啸而过时，那种转瞬即逝的感觉让人们不得不发问：高速列车跑得那么快，司机能看清路吗？

高速列车的速度非常快，最低时速标准是二百公里。且不说能见度低的雾霾天，就是晴空万里的大白天，即使是视力好的司机，也不能保证正确识别地面的信号。当肉眼看到前面有障碍时，已经来不及反应。

专家告诉我，目前，我国时速三百公里以上的高铁线路不设置信号机，高速列车不用看信号行车，而是通过列控系统自动识别前进方向。其工作流程为，由铁路专用的全球数移动通信系统来实现数据传输，控制中心实时接收无线电波信号，由计算机自动排列出每趟列车的最佳运行速度和最小行车间隔距离，实现实时追踪控制，确保高速列车间装置。间隔合理地安全运行。当然，时速二百至二百五十公里的高铁线路，仍然设置信号灯控制装置，由传统的轨道电路进行信号传输。

中国自古就有"千里眼"的传说，今日高铁让古人的传说成为现实。

所谓"千里眼"，即高铁沿线的摄像头，几毫米见方的石子儿也逃不过它的法眼。通过摄像头实时采集沿线高速列车运行的信息，一旦//出现故障或者异物侵限，高铁调度指挥中心监控终端的界面上就会出现一个红色的框将目标锁定，同时，监控系统马上报警显示。调度指挥中心会迅速把指令传递给高速列车司机。

——节选自王雄《当今"千里眼"》

作品 8 号

从肇庆市驱车半小时左右，便来到东郊风景名胜鼎湖山。下了几天的小雨刚停，满山笼罩着轻纱似的薄雾。

过了寒翠桥，就听到淙淙的泉声。进山一看，草丛石缝，到处都涌流着清亮的泉水。草丰林茂，一路上泉水时隐时现，泉声不绝于耳。有时几股泉水交错流泻，遮断路面，我们得寻找着垫脚的石块跳跃着前进。愈往上走树愈密，绿阴愈浓。湿漉漉的绿叶，犹如大海的波浪，一层一层涌向山顶。泉水隐到浓阴的深处，而泉声却更加清纯悦耳。忽然，云中传来钟声，顿时山鸣谷应，悠悠扬扬。安详厚重的钟声和欢快活泼的泉声，在雨后宁静的暮色中，汇成一片美妙的音响。

我们循着钟声，来到了半山腰的庆云寺。这是一座建于明代、规模宏大的岭南著名古刹。庭院里繁花似锦，古树参天。有一株与吉刹同龄的茶花，还有两株从斯里兰卡引种的、有二百多年树龄的菩提树。我们决定就在这座寺院里借宿。

入夜，山中万籁俱寂，只有泉声一直传送到枕边。一路上听到的各种泉声，这时候躺在床上，可以用心细细地聆听、辨识、品味。那像小提琴一样轻柔的，是草丛中流淌的小溪的声音；那像琵琶一样清脆的，//是在石缝间跌落的涧水的声音；那像大提琴一样厚重回响的，是无数道细流汇聚于空谷的声音；那像铜管齐鸣一样雄浑磅礴的，是飞瀑急流跌入深潭的声音。还有一些泉声忽高忽低，忽急忽缓，忽清忽浊，忽扬忽抑，是泉水正在绕过树根，拍打卵石，穿越草丛，流连花间……

蒙眬中，那滋润着鼎湖山万木，孕育出蓬勃生机的清泉，仿佛汩汩地流进了我的心田。

——节选自谢大光《鼎湖山听泉》

语言表达与应用写作

作品 9 号

我常想读书人是世间幸福人，因为他除了拥有现实的世界之外，还拥有另一个更为浩瀚也更为丰富的世界。现实的世界是人人都有的，而后一个世界却为读书人所独有。由此我想，那些失去或不能阅读的人是多么的不幸，他们的丧失是不可补偿的。世间有诸多的不平等，财富的不平等，权力的不平等，而阅读能力的拥有或丧失却体现为精神的不平等。

一个人的一生，只能经历自己拥有的那一份欣悦，那一份苦难，也许再加上他亲自闻知的那一些关于自身以外的经历和经验。然而，人们通过阅读，却能进入不同时空的诸多他人的世界。这样，具有阅读能力的人，无形间获得了超越有限生命的无限可能性。阅读不仅使他多识了草木虫鱼之名，而且可以上溯远古下及未来，饱览存在的与非存在的奇风异俗。

更为重要的是，读书加惠于人们的不仅是知识的增广，而且还在于精神的感化与陶冶。人们从读书学做人，从那些往哲先贤以及当代才俊的著述中学得他们的人格。人们从《论语》中学得智慧的思考，从《史记》中学得严肃的历史精神，从《正气歌》中学得人格的刚烈，从马克思学得人世//的激情，从鲁迅学得批判精神，从托尔斯泰学得道德的执着。歌德的诗句刻写着睿智的人生，拜伦的诗句呼唤着奋斗的热情。一个读书人，一个有机会拥有超乎个人生命体验的幸运人。

——节选自谢冕《读书人是幸福人》

作品 10 号

我爱月夜，但我也爱星天。从前在家乡七八月的夜晚在庭院里纳凉的时候，我最爱看天上密密麻麻的繁星。望着星天，我就会忘记一切，仿佛回到了母亲的怀里似的。

三年前在南京我住的地方有一道后门，每晚我打开后门，便看见一个静寂的夜。下面是一片菜园，上面是星群密布的蓝天。星光在我们的肉眼里虽然微小，然而它使我们觉得光明无处不在。那时候我正在读一些天文学的书，也认得一些星星，好像它们就是我的朋友，它们常常在和我谈话一样。

如今在海上，每晚和繁星相对，我把它们认得很熟了。我躺在舱面上，仰望天空。深蓝色的天空里悬着无数半明半昧的星。船在动，星也在动，它们是这样低，真是摇摇欲坠呢！渐渐地我的眼睛模糊了，我好像看见无数萤火虫在我的周围飞舞。海上的夜是柔和的，是静寂的，是梦幻的。我望着许多认识的星，我仿佛看见它们在对我眨眼，我仿佛听见它们在小声说话。这时我忘记了一切。在星的怀抱中我微笑着，我沉睡着。我觉得自己是一个小孩子，现在睡在母亲的怀里了。

有一夜，那个在哥伦波上船的英国人指给我看天上的巨人。他用手指着：//那四颗明亮的星是头，下面的几颗是身子，这几颗是手，那几颗是腿和脚，还有三颗星算是腰带。经他这一番指点，我果然看清楚了那个天上的巨人。看，那个巨人还在跑呢！

——节选自巴金《繁星》

作品 11 号

钱塘江大潮，自古以来被称为天下奇观。

农历八月十八是一年一度的观潮日。这一天早上，我们来到了海宁市的盐官镇，据说这里是观潮最好的地方。我们随着观潮的人群，登上了海塘大堤。宽阔的钱塘江横卧在眼前。江面很平静，越往东越宽，在雨后的阳光下，笼罩着一层蒙蒙的薄雾。镇海古塔、中山亭和观潮台屹立在江边。远处，几座小山在云雾中若隐若现。江潮还没有来，海塘大堤上早已人山人海。大家昂首东望，等着，盼着。

午后一点左右，从远处传来隆隆的响声，好像闷雷滚动。顿时人声鼎沸，有人告诉我们，潮来了！我们踮着脚往东望去，江面还是风平浪静，看不出有什么变化。过了一会儿，响声越来越大，只见东边水天相接的地方出现了一条白线，人群又沸腾起来。

那条白线很快地向我们移来，逐渐拉长，变粗，横贯江面。再近些，只见白浪翻滚，形成一堵两丈多高的水墙。浪潮越来越近，犹如千万匹白色战马齐头并进，浩浩荡荡地飞奔而来；那声音如同山崩地裂，好像大地都被震得颤动起来。

霎时，潮头奔腾西去，可是余波还在漫天卷地般涌来，江面上依旧风号浪吼。过了好久，钱塘江才恢复了 // 平静。看看堤下，江水已经涨了两丈来高了。

——节选自赵宗成、朱明元《观潮》

作品 12 号

我和几个孩子站在一片园子里，感受秋天的风。园子里长着几棵高大的梧桐树，我们的脚底下，铺了一层厚厚的梧桐叶。叶枯黄，脚踩在上面，嘎吱嘎吱脆响。风还在一个劲儿地刮，吹打着树上可怜的几片叶子，那上面，就快成光秃秃的了。

我给孩子们上写作课，让孩子们描摹这秋天的风。以为他们一定会说寒冷、残酷和荒凉之类的，结果却出乎我的意料。

一个孩子说，秋天的风，像把大剪刀，它剪呀剪的，就把树上的叶子全剪光了。

我赞许了这个比喻。有二月春风似剪刀之说，秋天的风，何尝不是一把剪刀呢？只不过，它剪出来的不是花红叶绿，而是败柳残荷。

剪完了，它让阳光来住，这个孩子突然接着说一句。他仰向我的小脸，被风吹着，像只通红的小苹果。我怔住，抬头看树，那上面，果真的，爬满阳光啊，每根枝条上都是。失与得，从来都是如此均衡，树在失去叶子的同时，却承接了满树的阳光。

一个孩子说，秋天的风，像个魔术师，它会变出好多好吃的，菱角呀，花生呀，苹果呀，葡萄呀。还有桂花，可以做桂花糕。我昨天吃了桂花糕，妈妈说，是风变出来的。

我笑了。小可爱，经你这么一说，秋天的风，还真是香的。我和孩 // 子们一起嗅，似乎就闻见了风的味道，像块蒸得热气腾腾的桂花糕。

——节选自丁立梅《孩子和秋风》

作品 13 号

夕阳落山不久，西方的天空，还燃烧着一片橘红色的晚霞。大海，也被这霞光染成了红色，而且比天空的景色更要壮观。因为它是活动的，每当一排排波浪涌起的时候，那映照在浪峰上的霞光，又红又亮，简直就像一片片霍霍燃烧着的火焰，闪烁着，消失了。而后面的一排，又闪烁着，滚动着，涌了过来。

天空的霞光渐渐地淡下去了，深红的颜色变成了绯红，绯红又变为浅红。最后，当这一切红光都消失了的时候，那突然显得高而远了的天空，则呈现出一片肃穆的神色。最早出现的启明星，在这蓝色的天幕上闪烁起来了。它是那么大，那么亮，整个广漠的天幕上只有它在那里放射着令人注目的光辉，活像一盏悬挂在高空的明灯。

夜色加浓，苍空中的"明灯"越来越多了。而城市各处的真的灯火也次第亮了起来，尤其是围绕在海港周围山坡上的那一片灯光，从半空倒映在乌蓝的海面上，随着波浪，晃动着，闪烁着，像一串流动着的珍珠，和那一片片密布在苍穹里的星斗互相辉映，煞是好看。

在这幽美的夜色中，我踏着软绵绵的沙滩，沿着海边，慢慢地向前走去。海水，轻轻地抚摸着细软的沙滩，发出温柔的 // 唰唰声。晚来的海风，清新而又凉爽。我的心里，有着说不出的兴奋和愉快。

夜风轻飘飘地吹拂着，空气中飘荡着一种大海和田禾相混合的香味儿，柔软的沙滩上还残留着白天太阳炙晒的余温。那些在各个工作岗位上劳动了一天的人们，三三两两地来到了这软绵绵的沙滩上，他们浴着凉爽的海风，望着那缀满了星星的夜空，尽情地说笑，尽情地休憩。

——节选自峻青《海滨仲夏夜》

作品 14 号

生命在海洋里诞生绝不是偶然的，海洋的物理和化学性质，使它成为孕育原始生命的摇篮。

我们知道，水是生物的重要组成部分，许多动物组织的含水量在百分之八十以上，而一些海洋生物的含水量高达百分之九十五。水是新陈代谢的重要媒介，没有它，体内的一系列生理和生物化学反应就无法进行，生命也就停止。因此，在短时期内动物缺水要比缺少食物更加危险。水对今天的生命是如此重要，它对脆弱的原始生命，更是举足轻重了。生命在海洋里诞生，就不会有缺水之忧。

水是一种良好的溶剂。海洋中含有许多生命所必需的无机盐，如氯化钠、氯化钾、碳酸盐、磷酸盐，还有溶解氢，原始生命可以毫不费力地从中吸取它所需要的元素。

水具有很高的热容量，加之海洋浩大，任凭夏季烈日曝晒，冬季寒风扫荡，它的温度变化却比较小。因此，巨大的海洋就像是天然的"温箱"。是孕育原始生命的温床。

阳光虽然为生命所必需，但是阳光中的紫外线却有扼杀原始生命的危险。水能有效地吸收紫外线，因而又为原始生命提供了天然的"屏障"。

这一切都是原始生命得以产生和发展的必要条件。//

——节选自童裳亮《海洋与生命》

作品 15 号

在我国历史地理中，有三大都城密集区，它们是：关中盆地、洛阳盆地、北京小平原。其中每一个地区都曾诞生过四个以上大型王朝的都城。而关中盆地、洛阳盆地是前朝历史的两个都城密集区，正是它们构成了早期文明核心地带中最重要的内容。

为什么这个地带会成为华夏文明最先进的地区？这主要是由两个方面的条件促成的，一个是自然环境方面的，一个是人文环境方面的。

在自然环境方面，这里是我国温带季风气候带的南部，降雨、气温、土壤等条件都可以满足旱作农业的需求。中国北方的古代农作物，主要是一年生的粟和黍。黄河中下游的自然环境为粟黍作物的种植和高产提供了得天独厚的条件。农业生产的发达，会促进整个社会经济的发展，从而推动社会的发展。

在人文环境方面，这里是南北方、东西方大交流的轴心地区。在最早的六大新石器文化分布形势图中可以看到，中原处于这些文化分布的中央地带。无论是考古发现还是历史传说，都有南北文化长距离交流、东西文化相互碰撞的证据。中原地区在空间上恰恰位居中心，成为信息最发达、眼界宽广、活动最//繁忙、竞争最激烈的地方。正是这些活动，推动了各项人文事务的发展，文明的方方面面就是在处理各类事务的过程中被开创出来的。

——节选自唐晓峰《华夏文明的发展与融合》

作品16号

于很多中国人而言，火车就是故乡。在中国人的心中，故乡的地位尤为重要，老家的意义非同寻常，所以，即便是坐过无数次火车，但印象深刻的，或许还是返乡那一趟车。那一列列返乡的火车所停靠的站台边，熙攘的人流中，匆忙的脚步里，张望的目光下，涌动着的都是思乡的情绪。每一次看见返乡那趟火车，总觉得是那样可爱与亲切，仿佛看见了千里之外的故乡。上火车后，车启动的一刹那，在车轮与铁轨碰撞的"况且"声中，思乡的情绪便陡然在车厢里弥漫开来。你知道，它将驶向的，是你熟悉也温暖的故乡。再过几个或者十几个小时，你就会回到故乡的怀抱。这般感受，相信在很多人的身上都曾发生过。尤其在春节、中秋等传统节日到来之际，亲人团聚的时刻，更为强烈。

火车是故乡，火车也是远方。速度的提升，铁路的延伸，让人们通过火车实现了向远方自由流动的梦想。今天的中国老百姓，坐着火车，可以去往九百六十多万平方公里土地上的天南地北，来到祖国东部的平原，到达祖国南方的海边，走进祖国西部的沙漠，踏上祖国北方的草原，去观三山五岳，去看大江大河……

火车与空//间有着密切的联系，与时间的关系也让人觉得颇有意思。那长长的车厢，仿佛一头连着中国的过去，一头连着中国的未来。

——节选自舒翼《记忆像铁轨一样长》

作品17号

奶奶给我讲过这样一件事：有一次她去商店，走在她前面的一位阿姨推开沉重的大门，一直等到她跟上来才松开手。当奶奶向她道谢的时候，那位阿姨轻轻地说："我的妈妈也和您的年龄差不多，我希望她遇到这种时候，也有人为她开门。"听了这件事，我的心温暖了许久。

一天，我陪患病的母亲去医院输液，年轻的护士为母亲扎了两针也没有扎进血管里，眼见针眼鼓起青包。我正要抱怨几句，一抬头看见了母亲平静的眼神——她正注视着护士额头上密密的汗珠，我不禁收住了涌到嘴边的话。只见母亲轻轻地对护士说："不要紧，再来一次！"第三针果然成功了。那位护士终于长出了一口气，她连声说："阿姨，真对不起。我是来实习的，这是我第一次给病人扎针，太紧张了。要不是你的鼓励，我真不敢给您扎了。"母亲用另一只手拉着我，平静地对护士说："这是我女儿，和你差不多大小，正在医科大学读书，她也将面对自己的第一个患者。我真希望她第一次扎针的时候，也能得到患者的宽容和鼓励。"听了母亲的话，我心里充满了温暖与幸福。

是啊，如果我们在生活中能将心比心，就会对老人生出一份尊重，对孩子增加一份关爱，就会使人与人之间多一些宽容与理解。

——节选自贾桂华《将心比心》

作品 18 号

晋祠之美，在山，在树，在水。

这里的山，巍巍的，有如一道屏障；长长的，又如伸开的两臂，将晋祠拥在怀中。春日黄花满山，径幽香远；秋来草木萧疏，天高水清。无论什么时候拾级登山都会心旷神怡。

这里的树，以古老苍劲见长。有两棵老树：一棵是周柏，另一棵是唐槐。那周柏，树干劲直，树皮皱裂，顶上挑着几根青青的疏枝，偃卧于石阶旁。那唐槐，老干粗大，虬枝盘屈，一簇簇柔条，绿叶如盖。还有水边殿外的松柏槐柳，无不显出苍劲的风骨。以造型奇特见长的，有的偃如老妪负水，有的挺如壮士托天，不一而足。圣母殿前的左扭柏，拔地而起，直冲云霄，它的树皮上的纹理一齐向左边拧去，一圈一圈，丝纹不乱，像地下旋起了一股烟，又似天上垂下了一根绳。晋祠在古木的荫护下，显得分外幽静、典雅。

这里的水，多、清、静、柔。在园里信步，但见这里一泓深潭，那里一条小渠。桥下有河，亭中有井，路边有溪。石间细流脉脉，如线如缕；林中碧波闪闪，如锦如缎。这些水都来自"难老泉"。泉上有亭，亭上悬挂着清代著名学者傅山写的"难老泉"三个字。这么多的水长流不息，日日夜夜发出叮叮咚咚的响声。水的清澈真令人叫绝，无论// 多深的水，只要光线好，游鱼碎石，历历可见。水的流势都不大，清清的微波，将长长的草蔓拉成一缕缕的丝，铺在河底，挂在岸边，合着那些金鱼、青苔以及石栏的倒影，织成一条条大飘带，穿亭绕榭，冉冉不绝。当年李白来到这里，曾赞叹说："晋祠流水如碧玉。"当你沿着流水去观赏那亭台楼阁时，也许会这样问：这几百间建筑怕都是在水上漂着的吧！

——节选自梁衡《晋祠》

作品 19 号

人们常常把人与自然对立起来，宣称要征服自然。殊不知在大自然面前，人类永远只是一个天真幼稚的孩童，只是大自然机体上普通的一部分，正像一株小草只是她的普通一部分一样。如果说自然的智慧是大海，那么，人类的智慧就只是大海中的一个小水滴，虽然这个水滴也能映照大海，但毕竟不是大海，可是，人们竟然不自量力地宣称要用这滴水来代替大海。

看着人类这种狂妄的表现，大自然一定会窃笑——就像母亲面对无知的孩子那样的笑。人类的作品飞上了太空，打开了一个个微观世界，于是人类沾沾自喜，以为揭开了大自然的秘密。可是，在自然看来，人类上下翻飞的这片巨大空间，不过是咫尺之间而已，就如同鲲鹏看待斥鷃一般，只是蓬蒿之间罢了。即使从人类自身智慧发展史的角度看，人类也没有理由过分自傲：人类的知识与其祖先相比诚然有了极大的进步，似乎有嘲笑古人的资本；可是，殊不知对于后人而言我们也是古人，一万年以后的人们也同样会嘲笑今天的我们，也许在他们看来，我们的科学观念还幼稚得很，我们的航天器在他们眼中不过是个非常简单的// 儿童玩具。

——节选自严春友《敬畏自然》

作品20号

　　舞台上的幕布拉开了,音乐奏起来了。演员们踩着音乐的拍子,以庄重而有节奏的步法走到灯光前面来了。灯光射在他们五颜六色的服装和头饰上,一片金碧辉煌的彩霞。

　　当女主角穆桂英以轻盈而矫健的步子出场的时候,这个平静的海面陡然动荡起来了,它上面卷起了一阵暴风雨:观众像触了电似的迅即对这位女英雄报以雷鸣般的掌声。她开始唱了。她圆润的歌喉在夜空中颤动,听起来辽远而又切近,柔和而又铿锵。戏词像珠子似的从她的一笑一颦中,从她优雅的"水袖"中,从她婀娜的身段中,一粒一粒地滚下来,滴在地上,溅到空中,落进每一个人的心里,引起一片深远的回音。这回音听不见,却淹没了刚才涌起的那一阵热烈的掌声。

　　观众像着了魔一样,忽然变得鸦雀无声。他们看得入了神。他们的感情和舞台上女主角的感情融在了一起。女主角的歌舞渐渐进入高潮。观众的情感也渐渐进入高潮。潮在涨。没有谁能控制住它。这个一度平静下来的人海忽然又动荡起来了。戏就在这时候要到达顶点。我们的女主角在这时候就像一朵盛开的鲜花,观众想把这朵鲜花捧在手里,不让//它消逝。他们不约而同地从座位上立起来,像潮水一样,涌到我们这位艺术家面前。舞台已经失去了界限,整个的剧场成了一个庞大的舞台。

　　我们这位艺术家是谁呢?他就是梅兰芳同志。半个世纪的舞台生涯过去了,六十六岁的高龄,仍然能创造出这样富有朝气的美丽形象,表现出这样充沛的青春活力,这不能不说是奇迹。这奇迹的产生是必然的,因为我们拥有这样热情的观众和这样热情的艺术家。

——节选自叶君健《看戏》

作品21号

　　十年,在历史上不过是一瞬间。只要稍加注意,人们就会发现:在这一瞬间里,各种事物都悄悄经历了自己的千变万化。

　　这次重新访日,我处处感到亲切和熟悉,也在许多方面发觉了日本的变化。就拿奈良的一个角落来说吧,我重游了为之感受很深的唐招提寺,在寺内各处匆匆走了一遍,庭院依旧,但意想不到还看到了一些新的东西。其中之一,就是近几年从中国移植来的"友谊之莲"。

　　在存放鉴真遗像的那个院子里,几株中国莲昂然挺立,翠绿的宽大荷叶正迎风而舞,显得十分愉快。开花的季节已过,荷花朵朵已变为莲蓬累累。莲子的颜色正在由青转紫,看来已经成熟了。

　　我禁不住想:"因"已转化为"果"。

　　中国的莲花开在日本,日本的樱花开在中国,这不是偶然。我希望这样一种盛况延续不衰。

　　在这些日子里,我看到了不少多年不见的老朋友,又结识了一些新朋友。大家喜欢涉及的话题之一,就是古长安和古奈良。那还用得着问吗,朋友们缅怀过去,正是瞩望未来。瞩目于未来的人们必将获得未来。

　　我不例外,也希望一个美好的未来。

　　为了中日人民之间的友谊,我将不会浪费今后生命的每一瞬间。//

——节选自严文井《莲花和樱花》

语言表达与应用写作

作品 22 号

我打猎回来，沿着花园的林阴路走着。狗跑在我的前面。忽然，狗放慢脚步，蹑足潜行，好像嗅到了前边有什么野物。

我顺着林阴路望去，见有一只嘴边还带着黄色，头生柔毛的小麻雀。风猛烈地吹打着林阴路上的白桦树，麻雀从巢里跌落下来，呆呆地伏在地上，孤立无援地张开两只羽毛还未丰满的小翅膀。

我的狗慢慢向它靠近，忽然，从附近一棵树上飞下一只黑胸脯的老麻雀，像一颗石子似的落到狗的跟前。老麻雀全身倒竖着羽毛，惊恐万状，发出绝望、凄惨的叫声，接着向露出牙齿、大张着的狗嘴扑去。

老麻雀是猛扑下来救护幼雀的。它用身体掩护着自己的幼儿……但它整个小小的身体因恐怖而战栗着，它小小的声音也变得粗暴嘶哑，它在牺牲自己！

在它看来，狗该是多么庞大的怪物啊！然而，它还是不能站在自己高高的、安全的树枝上……一种比它的理智更强烈的力量，使它从那儿扑下身来。

我的狗站住了，向后退了退……看来，它也感到这种力量。

我赶紧唤住惊慌失措的狗，然后我怀着崇敬的心情，走开了。

是啊，请不要见笑。我崇敬那只小小的、英勇的鸟儿，我崇敬它那种爱的冲动和力量。

爱，我//想，比死和死的恐惧更强大。只有依靠它，依靠这种爱，生命才能维持下去，发展下去。

——节选自〔俄〕屠格涅夫《麻雀》，巴金译

作品 23 号

在浩瀚无垠的沙漠里，有一片美丽的绿洲，绿洲里藏着一颗闪光的珍珠。这颗珍珠就是敦煌莫高窟。它坐落在我国甘肃省敦煌市三危山和鸣沙山的怀抱中。

鸣沙山东麓是平均高度为十七米的崖壁。在一千六百多米长的崖壁上，凿有大小洞窟七百余个，形成了规模宏伟的石窟群。其中四百九十二个洞窟中，共有彩色塑像两千一百余尊，各种壁画共四万五千多平方米。莫高窟是我国古代无数艺术匠师留给人类的珍贵文化遗产。

莫高窟的彩塑，每一尊都是一件精美的艺术品。最大的有九层楼那么高，最小的还不如一个手掌大。这些彩塑个性鲜明，神态各异。有慈眉善目的菩萨，有威风凛凛的天王，还有强壮勇猛的力士……

莫高窟壁画的内容丰富多彩，有的是描绘古代劳动人民打猎、捕鱼、耕田、收割的情景，有的是描绘人们奏乐、舞蹈、演杂技的场面，还有的是描绘大自然的美丽风光。其中最引人注目的是飞天。壁画上的飞天，有的臂挎花篮，采摘鲜花；有的反弹琵琶，轻拨银弦；有的倒悬身子，自天而降；有的彩带飘拂，漫天遨游；有的舒展着双臂，翩翩起舞。看着这些精美动人的壁画，就像走进了//灿烂辉煌的艺术殿堂。

莫高窟里还有一个面积不大的洞窟——藏经洞。洞里曾藏有我国古代的各种经卷、文书、帛画、刺绣、铜像等共六万多件。由于清朝政府腐败无能，大量珍贵的文物被外国强盗掠走。仅存的部分经卷，现在陈列于北京故宫等处。

莫高窟是举世闻名的艺术宝库。这里的每一尊彩塑、每一幅壁画、每一件文物，都是中国古代人民智慧的结晶。

——节选自《莫高窟》

作品 24 号

森林涵养水源，保持水土，防止水旱灾害的作用非常大。据专家测算，一片十万亩面积的森林，相当于一个两百万立方米的水库，这正如农谚所说的："山上多栽树，等于修水库。雨多它能吞，雨少它能吐。"

说起森林的功劳，那还多得很。它除了为人类提供木材及许多种生产、生活的原料之外，在维护生态环境方面也是功劳卓著，它用另一种"能吞能吐"的特殊功能孕育了人类。因为地球在形成之初，大气中的二氧化碳含量很高，氧气很少，气温也高，生物是难以生存的。大约在四亿年之前，陆地才产生了森林。森林慢慢将大气中的二氧化碳吸收，同时吐出新鲜氧气，调节气温：这才具备了人类生存的条件，地球上才最终有了人类。

森林，是地球生态系统的主体，是大自然的总调度室，是地球的绿色之肺。森林维护地球生态环境的这种"能吞能吐"的特殊功能是其他任何物体都不能取代的。然而，由于地球上的燃烧物增多，二氧化碳的排放量急剧增加，使得地球生态环境急剧恶化，主要表现为全球气候变暖，水分蒸发加快，改变了气流的循环，使气候变化加剧，从而引发热浪、飓风、暴雨、洪涝及干旱。

为了//使地球的这个"能吞能吐"的绿色之肺恢复健壮，以改善生态环境，抑制全球变暖，减少水旱等自然灾害，我们应该大力造林、护林，使每一座荒山都绿起来。

——节选自《"能吞能吐"的森林》

作品 25 号

中国没有人不爱荷花的。可我们楼前池塘中独独缺少荷花。每次看到或想到，总觉得是一块心病。有人从湖北来，带来了洪湖的几颗莲子，外壳呈黑色，极硬。据说，如果埋在淤泥中，能够千年不烂。我用铁锤在莲子上砸开了一条缝，让莲芽能够破壳而出，不至永远埋在泥中。把五六颗敲破的莲子投入池塘中，下面就是听天由命了。

这样一来，我每天就多了一件工作：到池塘边上去看上几次。心里总是希望，忽然有一天，"小荷才露尖尖角"，有翠绿的莲叶长出水面。可是，事与愿违，投下去的第一年，一直到秋凉落叶，水面上也没有出现什么东西。但是到了第三年，却忽然出了奇迹。有一天，我忽然发现，在我投莲子的地方长出了几个圆圆的绿叶，虽然颜色极惹人喜爱，但是却细弱单薄，可怜兮兮地平卧在水面上，像水浮莲的叶子一样。

真正的奇迹出现在第四年上。到了一般荷花长叶的时候，在去年飘浮着五六个叶片的地方，一夜之间，突然长出了一大片绿叶，叶片扩张的速度，范围的扩大，都是惊人地快。几天之内，池塘内不小一部分，已经全为绿叶所覆盖。而且原来平卧在水面上的像是水浮莲一样的//叶片，不知道是从哪里聚集来了力量，有一些竟然跃出了水面，长成了亭亭的荷叶。这样一来，我心中的疑云一扫而光：池塘中生长的真正是洪湖莲花的子孙了。我心中狂喜，这几年总算是没有白等。

——节选自季羡林《清塘荷韵》

作品26号

在原始社会里，文字还没有创造出来，却先有了歌谣一类的东西。这也就是文艺。

文字创造出来以后，人就用它把所见所闻所想所感的一切记录下来。一首歌谣，不但口头唱，还要刻呀，漆呀，把它保留在什么东西上。这样，文艺和文字就并了家。

后来纸和笔普遍地使用了，而且发明了印刷术。凡是需要记录下来的东西，要多少份就可以有多少份。于是所谓文艺，从外表说，就是一篇稿子，一部书，就是许多文字的集合体。

文字是一道桥梁，通过了这一道桥梁，读者才和作者会面。不但会面，并且了解作者的心情，和作者的心情相契合。

就作者的方面说，文艺的创作决不是随便取许多文字来集合在一起。作者着手创作，必然对于人生先有所见，先有所感。他把这些所见所感写出来，不作抽象的分析，而作具体的描写，不作刻板的记载，而作想象的安排。他准备写的不是普通的论说文、记叙文；他准备写的是文艺。他动手写，不但选择那些最适当的文字，让它们集合起来，还要审查那些写下来的文字，看有没有应当修改或是增减的。总之，作者想做到的是：写下来的文字正好传达出他的所见所感。

就读者的//方面说，读者看到的是写在纸面或者印在纸面的文字，但是看到文字并不是他们的目的。他们要通过文字去接触作者的所见所感。

——节选自叶圣陶《驱遣我们的想象》

作品27号

语言，也就是说话，好像是极其稀松平常的事儿。可是仔细想想，实在是一件了不起的大事。正是因为说话跟吃饭、走路一样的平常，人们才不去想它究竟是怎么回事儿。其实这三件事儿都是极不平常的，都是使人类不同于别的动物的特征。

记得在小学里读书的时候，班上有一位"能文"的大师兄，在一篇作文的开头写下这么两句："鹦鹉能言，不离于禽；猩猩能言，不离于兽。"我们看了都非常佩服。后来知道这两句是有来历的，只是字句有些出入。又过了若干年，才知道这两句话都有问题。鹦鹉能学人说话，可只是作为现成的公式来说，不会加以变化。只有人们说话是从具体情况出发，情况一变，话也跟着变。

西方学者拿黑猩猩做实验，它们能学会极其有限的一点儿符号语言，可是学不会把它变成有声语言。人类语言之所以能够"随机应变"，在于一方面能把语音分析成若干音素，又把这些音素组合成音节，再把音节连缀起来。另一方面，又能分析外界事物及其变化，形成无数的"意念"，一一配以语音，然后综合运用，表达各种复杂的意思。一句话，人类语言的特点就在于能用变化无穷的语音，表达变化无穷的//意义。这是任何其他动物办不到的。

——节选自吕叔湘《人类的语言》

作品28号

父亲喜欢下象棋。那一年，我大学回家度假，父亲教我下棋。

我们俩摆好棋，父亲让我先走三步，可不到三分钟，三下五除二，我的兵将损失大半，棋盘上空荡荡的，只剩下老帅、士和一车两卒在孤军奋战。我不肯罢休，可是已无力回天，眼睁睁看着父亲"将军"，我输了。

我不服气，摆棋在下。几次交锋，基本上都是下到十分钟我就败下阵来。我不禁有些泄气。父亲劝我说："你初学下棋，输是正常的。但是你要知道输在什么地方；否则，你就是再下上十年，也还是输。"

"我知道，输在棋艺上。我技术不如你，没有经验。"

"这只是次要因素，不是最重要的。"

"那最重要的是什么？"我奇怪地问。

"最重要的是你心态不对。你不珍惜你的棋子。"

"我怎么不珍惜？每走一步，我都想半天。"我不服气地说。

"那是后来，开始你是这样吗？我给你算过，你三分之二的棋子是在前三分之一的时间里失去的。这期间你走棋不假思索，拿起来就走，失了也不觉得可惜。因为你觉得棋子很多，失一两个不算什么。"

我看看父亲，不好意思地低下头。"后三分之二的时间，你又犯了相反的错误：对棋子过于珍惜，每走一步，都思前想后，患得患失，一个棋也不想失，// 结果一个一个都失去了。"

——节选自林夕《人生如下棋》

作品29号

仲夏，朋友相邀游十渡。在城里住久了，一旦进入山水之间，竟有一种生命复苏的快感。

下车后，我们舍弃了大路，挑选了一条半隐半现在庄稼地里的小径，弯弯绕绕地来到了十渡渡口。夕阳下的拒马河慷慨地撒出一片散金碎玉，对我们表示欢迎。

岸边山崖上刀斧痕犹存的崎岖小道，高低凸凹，虽没有"难于上青天"的险恶，却也有踏空了滚到拒马河洗澡的风险。狭窄处只能手扶岩石贴壁而行。当"东坡草堂"几个红漆大字赫然出现在前方岩壁时，一座镶嵌在岩崖间的石砌茅草屋同时跃进眼底。草屋被几级石梯托得高高的，屋下俯瞰着一弯河水，屋前顺山势辟出了一片空地，算是院落吧！右侧有一小小的蘑菇形的凉亭，内设石桌石凳，亭顶褐黄色的茅草像流苏般向下垂泻，把现实和童话串成了一体。草屋的构思者最精彩的一笔，是设在院落边沿的柴门和篱笆，走近这儿，便有了"花径不曾缘客扫，蓬门今始为君开"的意思。

当我们重登凉亭时，远处的蝙蝠山已在夜色下化为剪影，好像就要展翅扑来。拒马河趁人们看不清它的容貌时豁开了嗓门韵味十足地唱呢！偶有不安分的小鱼儿和青蛙蹦跳 // 成声，像是为了强化这夜曲的节奏。此时，只觉世间唯有水声和我，就连偶尔从远处赶来歇脚的晚风，也悄无声息。

当我渐渐被夜的凝重与深邃所融蚀，一缕新的思绪涌动时，对岸沙滩上燃起了篝火，那鲜亮的火光，使夜色有了躁动感。篝火四周，人影绰约，如歌似舞。朋友说，那是北京的大学生们，结伴来这儿度周末的。遥望那明灭无定的火光，想象着篝火映照的青春年华，也是一种意想不到的乐趣。

——节选自刘延《十渡游趣》

语言表达与应用写作

作品 30 号

在闽西南和粤东北的崇山峻岭中，点缀着数以千计的原型围屋或土楼，这就是被誉为"世界民居奇葩"的客家民居。

客家人是古代从中原繁盛的地区迁到南方的。他们的居住地大多在偏僻、边远的山区，为了防卫盗匪的骚扰和当地人的排挤，便建造了营垒式住宅，在土中掺石灰，用糯米饭、鸡蛋清作黏合剂，以竹片、木条作筋骨，夯筑起墙厚一米、高十五米以上的土楼。它们大多为三至六层楼，一百至二百多间房屋如橘瓣状排列，布局均匀，宏伟壮观。大部分土楼有两三百年甚至五六百年的历史，经受无数次地震撼动、风雨侵蚀以及炮火攻击而安然无恙，显示了传统建筑文化的魅力。

客家先民们崇尚圆形，认为圆是吉祥、幸福和安宁的象征，土楼围成圆形的房屋均按八卦布局排列，卦与卦之间设有防火墙，整齐划一。

客家人在治家、处事、待人、立身等方面，无不体现出明显的文化特征。比如，许多房屋大门上刻着这样的正楷对联："承前祖德勤和俭，启后子孙读与耕"，表现了先辈希望子孙和睦相处、勤俭持家的愿望。楼内房间大小一模一样，他们不分贫富、贵贱，每户人家平等地分到底层至高层各//一间房。各层房屋的用途惊人地统一，底层是厨房兼饭堂，二层当贮仓，三层以上作卧室，两三百人聚居一楼，秩序井然，毫不混乱。土楼内所保留的民俗文化，让人感受到中华传统文化的深厚久远。

——节选自张宇生《世界民居奇葩》

作品 31 号

我国的建筑，从古代的宫殿到近代的一般住房，绝大部分是对称的，左边怎么样，右边也怎么样。苏州园林可绝不讲究对称，好像故意避免似的。东边有了一个亭子或者一道回廊，西边决不会来一个同样的亭子或者一道同样的回廊。这是为什么？我想，用图画来比方，对称的建筑是图案画，不是美术画，而园林是美术画，美术画要求自然之趣，是不讲究对称的。

苏州园林里都有假山和池沼。

假山的堆叠，可以说是一项艺术而不仅是技术。或者是重峦叠嶂，或者是几座小山配合着竹子花木，全在乎设计者和匠师们生平多阅历，胸中有丘壑，才能使游览者攀登的时候忘却苏州城市，只觉得身在山间。

至于池沼，大多引用活水。有些园林池沼宽敞，就把池沼作为全园的中心，其他景物配合着布置。水面假如成河道模样，往往安排桥梁。假如安排两座以上的桥梁，那就一座一个样，决不雷同。

池沼或河道的边沿很少砌齐整的石岸，总是高低屈曲任其自然。还在那儿布置几块玲珑的石头，或者种些花草。这也是为了取得从各个角度看都成一幅画的效果。池沼里养着金鱼或各色鲤鱼，夏秋季节荷花或睡莲//开放，游览者看"鱼戏莲叶间"，又是入画的一景。

——节选自叶圣陶《苏州园林》

作品 32 号

泰山极顶看日出，历来被描绘成十分壮观的奇景。有人说：登泰山而看不到日出，就像一出大戏没有戏眼，味儿终究有点寡淡。

我去爬山那天，正赶上个难得的好天，万里长空，云彩丝儿都不见。素常烟雾腾腾的山头，显得眉目分明。同伴们都欣喜地说："明天早晨准可以看见日出了。"我也是抱着这种想头，爬上山去。

一路从山脚往上爬，细看山景，我觉得挂在眼前的不是五岳独尊的泰山，却像一幅规模惊人的青绿山水画，从下面倒展开来。在画卷中最先露出的是山根底那座明朝建筑岱宗坊，慢慢地便现出王母池、斗母宫、经石峪。山是一层比一层深，一叠比一叠奇，层层叠叠，不知还会有多深多奇。万山丛中，时而点染着极其工细的人物。王母池旁的吕祖殿里有不少尊明塑，塑着吕洞宾等一些人，姿态神情是那样有生气，你看了，不禁会脱口赞叹说："活啦。"

画卷继续展开，绿阴森森的柏洞露面不太久，便来到对松山。两面奇峰对峙着，满山峰都是奇形怪状的老松，年纪怕都有上千岁了，颜色竟那么浓，浓得好像要流下来似的。来到这儿，你不妨权当一次画里的写意人物，坐在路旁的对松亭里，看看山色，听听流//水和松涛。

一时间，我又觉得自己不仅是在看画卷，却又像是在零零乱乱翻着一卷历史稿本。

——节选自杨朔《泰山极顶》

作品33号

在太空的黑幕上，地球就像站在宇宙舞台中央那位美的大明星，浑身散发出夺人心魄的彩色的、明亮的光芒，她披着浅蓝色的纱裙和白色的飘带，如同天上的仙女缓缓飞行。

地理知识告诉我，地球上大部分地区覆盖着海洋，我果然看到了大片蔚蓝色的海水，浩瀚的海洋骄傲地披露着广阔壮观的全貌，我还看到了黄绿相间的陆地，连绵的山脉纵横其间；我看到我们平时所说的天空，大气层中飘浮着片片雪白的云彩，那么轻柔，那么曼妙，在阳光普照下，仿佛贴在地面上一样。海洋、陆地、白云，它们呈现在飞船下面，缓缓驶来，又缓缓离去。

我知道自己还是在轨道上飞行，并没有完全脱离地球的怀抱，冲向宇宙的深处，然而这也足以让我震撼了，我并不能看清宇宙中众多的星球，因为实际上它们离我们的距离非常遥远，很多都是以光年计算。正因为如此，我觉得宇宙的广袤真实地摆在我的眼前，即便作为中华民族第一个飞天的人我已经跑到离地球表面四百公里的空间，可以称为太空人了，但是实际上在浩瀚的宇宙面前，我仅像一粒尘埃。

虽然独自在太空飞行，但我想到了此刻千万//中国人翘首以待，我不是一个人在飞，我是代表所有中国人，甚至人类来到了太空。我看到的一切证明了中国航天技术的成功，我认为我的心情一定要表达一下，就拿出太空笔，在工作日志背面写了一句话："为了人类的和平与进步，中国人来到太空了。"以此来表达一个中国人的骄傲和自豪。

——节选自杨利伟《天地九重》

作品34号

使我难忘的，是我小学时候的女教师蔡芸芝先生。

现在回想起来，她那时有十八九岁。右嘴角边有榆钱大小一块黑痣。在我的记忆里，她是一个温柔和美丽的人。

她从来不打骂我们。仅仅有一次，她的教鞭好像要落下来，我用石板一迎，教鞭轻轻地敲在石板边上，大伙笑了，她也笑了。我用儿童的狡猾的眼光察觉，她爱我们，并没有存心要打的意思。孩子们是多么善于观察这一点啊。

在课外的时候，她教我们跳舞，我现在还记得她把我扮成女孩子表演跳舞的情景。

在假日里，她把我们带到她的家里和女朋友的家里。在她的女朋友的园子里，她还让我们观察蜜蜂；也是在那时候，我认识了蜂王，并且平生第一次吃了蜂蜜。

她爱诗，并且爱用歌唱的音调教我们读诗。直到现在我还记得她读诗的音调，还能背诵她教我们的诗：

圆天盖着大海，
黑水托着孤舟，
远看不见山，
那天边只有云头，
也看不见树，
那水上只有海鸥……

今天想来，她对我的接近文学和爱好文学，是有着多么有益的影响！

像这样的教师，我们怎么会不喜欢她，怎么会不愿意和她亲近呢？我们见了她不由得就围上去。即使她写字的时候，我//们也默默地看着她，连她握铅笔的姿势都急于模仿。

——节选自魏巍《我的老师》

作品 35 号

我喜欢出发。

凡是到达了的地方，都属于昨天。哪怕那山再青，那水再秀，那风再温柔。太深的流连便成了一种羁绊，绊住的不仅有双脚，还有未来。

怎么能不喜欢出发呢？没见过大山的巍峨，真是遗憾；见了大山的巍峨没见过大海的浩瀚，仍然遗憾；见了大海的浩瀚没见过大漠的广袤，依旧遗憾；见了大漠的广袤没见过森林的神秘，还是遗憾。世界上有不绝的风景，我有不老的心情。

我自然知道，大山有坎坷，大海有浪涛，大漠有风沙，森林有猛兽。即便这样，我依然喜欢。

打破生活的平静便是另一番景致，一种属于年轻的景致。真庆幸，我还没有老。即便真老了又怎么样，不是有句话叫老当益壮吗？

于是，我还想从大山那里学习深刻，我还想从大海那里学习勇敢，我还想从大漠那里学习沉着，我还想从森林那里学习机敏。我想学着品味一种缤纷的人生。

人能走多远？这话不是要问两脚而是要问志向。人能攀多高？这事不是要问双手而是要问意志。于是，我想用青春的热血给自己树起一个高远的目标。不仅是为了争取一种光荣，更是为了追求一种境界。目标实现了，便是光荣；目标实现不了，人生也会因//这一路风雨跋涉变得丰富而充实；在我看来，这就是不虚此生。

是的，我喜欢出发，愿你也喜欢。

——节选自汪国真《我喜欢出发》

作品 36 号

乡下人家总爱在屋前搭一瓜架，或种南瓜，或种丝瓜，让那些瓜藤攀上棚架，爬上屋檐。当花儿落了的时候，藤上便结出了青的、红的瓜，它们一个个挂在房前，衬着那长长的藤，绿绿的叶。青、红的瓜，碧绿的藤和叶，构成了一道别有风趣的装饰，比那高楼门前蹲着一对石狮子或是竖着两根大旗杆，可爱多了。

有些人家，还在门前的场地上种几株花，芍药、凤仙、鸡冠花、大丽菊，它们依着时令，顺序开放，朴素中带着几分华丽，显出一派独特的农家风光。还有些人家，在屋后种几十枝竹，绿的叶，青的竿，投下一片浓浓的绿荫。几场春雨过后，到那里走走，你常常会看见许多鲜嫩的笋，成群地从土里探出头来。

鸡，乡下人家照例总要养几只的。从他们的房前屋后走过，你肯定会瞧见一只母鸡，率领一群小鸡，在竹林中觅食；或是瞧见耸着尾巴的雄鸡，在场地上大踏步地走来走去。

他们的屋后倘若有一条小河，那么在石桥旁边，在绿树荫下，你会见到一群鸭子游戏水中，不时地把头扎到水下去觅食。即使附近的石头上有妇女在捣衣，它们也从不吃惊。

若是在夏天的傍晚出去散步，你常常会瞧见乡下人家吃晚饭//的情景。他们把桌椅饭菜搬到门前，天高地阔地吃起来。天边的红霞，向晚的微风，头上飞过的归巢的鸟儿，都是他们的好友。它们和乡下人家一起，绘成了一幅自然、和谐的田园风景画。

——节选自陈醉云《乡下人家》

作品 37 号

我们的船渐渐地逼近榕树了。我有机会看清它的真面目：是一棵大树，有数不清的丫枝，枝上又生根，有许多根一直垂到地上，伸进泥土里。一部分树枝垂到水面，从远处看，就像一棵大树斜躺在水面上一样。

现在正是枝繁叶茂的时节。这棵榕树好像在把它的全部生命力展示给我们看。那么多的绿叶，一簇堆在另一簇的上面，不留一点儿缝隙。翠绿的颜色明亮地在我们的眼前闪耀，似乎每一片树叶上都有一个新的生命在颤动，这美丽的南国的树！

船在树下泊了片刻，岸上很湿，我们没有上去。朋友说这里是"鸟的天堂"，有许多鸟在这棵树上做窝，农民不许人去捉它们。我仿佛听见几只鸟扑翅的声音，但是等到我的眼睛注意地看那里时，我却看不见一只鸟的影子。只有无数的树根立在地上，像许多根木桩。地是湿的，大概涨潮时河水常常冲上岸去。"鸟的天堂"里没有一只鸟我这样想到。船开了，一个朋友拨着船，缓缓地流到河中间去。

第二天，我们划着船到一个朋友的家乡去，就是那个有山有塔的地方。从学校出发我们又经过那"鸟的天堂"。

这一次是在早晨，阳光照在水面上，也照在树梢上。一切都//显得非常明亮。我们的船也在树下泊了片刻。

起初四周围非常清静。后来忽然起了一声鸟叫。我们把手一拍，便看见一只大鸟飞了起来，接着又看见第二只，第三只。我们继续拍掌，很快地这个树林就变得很热闹了。到处都是鸟声，到处都是鸟影。大的，小的，花的，黑的，有的站在枝上叫，有的飞起来，在扑翅膀。

——节选自巴金《鸟的天堂》

语言表达与应用写作

作品 38 号

两百多年前，科学家做了一次实验。他们在一间屋子里横七竖八地拉了许多绳子，绳子上系着许多铃铛，然后把蝙蝠的眼睛蒙上，让它在屋子里飞。蝙蝠飞了几个钟头，铃铛一个也响，那么多的绳子，它一根也没碰着。

科学家又做了两次实验：一次把蝙蝠的耳朵塞上，一次把蝙蝠的嘴封住，让它在屋子里飞。蝙蝠就像没头苍蝇似的到处乱撞，挂在绳子上的铃铛响个不停。

三次实验的结果证明，蝙蝠夜里飞行，靠的不是眼睛，而是靠嘴和耳朵配合起来探路的。

后来，科学家经过反复研究，终于揭开了蝙蝠能在夜里飞行的秘密。它一边飞，一边从嘴里发出超声波。而这种声音，人的耳朵是听不见的，蝙蝠的耳朵却能听见。超声波向前传播时，遇到障碍物就反射回来，传到蝙蝠的耳朵里，它就立刻改变飞行的方向。

知道蝙蝠在夜里如何飞行，你猜到飞机夜间飞行的秘密了吗？现代飞机上安装了雷达，雷达的工作原理与蝙蝠探路类似。雷达通过天线发出无线电波，无线电波遇到障碍物就反射回来，被雷达接收到，显示在荧光屏上。从雷达的荧光屏上，驾驶员能够清楚地看到前方有没有障碍物，所//以飞机飞行就更安全了。

——节选自《夜间飞行的秘密》

作品 39 号

北宋时候，有位画家叫张择端。他画了一幅名扬中外的画《清明上河图》。这幅画长五百二十八厘米，高二十四点八厘米，画的是北宋都城汴梁热闹的场面。这幅画已经有八百多年的历史了，现在还完整地保存在北京的故宫博物院里。

张择端画这幅画的时候，下了很大的功夫。光是画上的人物，就有五百多个：有从乡下来的农民，有撑船的船工，有做各种买卖的生意人，有留着长胡子的道士，有走江湖的医生，有摆小摊的摊贩，有官吏和读书人，三百六十行，哪一行的人都画在上面了。

画上的街市可热闹了。街上有挂着各种招牌的店铺、作坊、酒楼、茶馆，走在街上的，是来来往往、形态各异的人：有的骑着马，有的挑着担，有的赶着毛驴，有的推着独轮车，有的悠闲地在街上溜达。画面上的这些人，有的不到一寸，有的甚至只有黄豆那么大。别看画上的人小，每个人在干什么，都能看得清清楚楚。

有意思的是桥北头的情景：一个人骑着马，正往桥下走。因为人太多，眼看就要碰上对面来的一乘轿子。就在这个紧急时刻，那个牧马人一下子拽住了马笼头，这才没碰上那乘轿子。不过，这么一来，倒把马右边的//两头小毛驴吓得又踢又跳。站在桥栏杆边欣赏风景的人，被小毛驴惊扰了，连忙回过头来赶小毛驴。你看，张择端画的画，是多么传神啊！

《清明上河图》使我们看到了八百年以前的古都风貌，看到了当时普通老百姓的生活场景。

——节选自滕明道《一幅名扬中外的画》

作品 40 号

二〇〇〇年，中国第一个以科学家名字命名的股票"隆平高科"上市。八年后，名誉董事长袁隆平所持有的股份以市值计算已经过亿。从此，袁隆平又多了个"首富科学家"

的名号。而他身边的学生和工作人员,却很难把这位老人和"富翁"联系起来。

"他哪里有富人的样子。"袁隆平的学生们笑着议论。在学生们的印象里,袁老师永远黑黑瘦瘦,穿一件软塌塌的衬衣。在一次会议上,袁隆平坦言:"不错,我身价二〇〇八年就一千零八亿了,可我真的有那么多钱吗?没有。我现在就是靠每个月六千多元的工资生活,已经很满足了。我今天穿的衣服就五十块钱,但我喜欢的还是昨天穿的那件十五块钱的衬衫,穿着很精神。"袁隆平认为,"一个人的时间和精力是有限的,如果老想着享受,哪有心思搞科研?搞科学研究就是要淡泊名利,踏实做人"。

在工作人员眼中,袁隆平其实就是一位身板硬朗的"人民农学家","老人下田从不要人搀扶,拿起套鞋,脚一蹬就走"。袁隆平说:"我有八十岁的年龄,五十多岁的身体,三十多岁的心态,二十多岁的肌肉弹性。"袁隆平的业余生活非常丰富,钓鱼、打排球、听音乐……他说,就是喜欢这些 // 不花钱的平民项目。

二〇一〇年九月,袁隆平度过了他的八十岁生日。当时,他许了个愿:到九十岁时,要实现亩产一千公斤!如果全球百分之五十的稻田种植杂交水稻,每年可增产一点五亿吨粮食,可多养活四亿到五亿人口。

——节选自刘畅《一粒种子造福世界》

作品41号

北京的颐和园是个美丽的大公园。

进了颐和园的大门,绕过大殿,就来到有名的长廊。绿漆的柱子,红漆的栏杆,一眼望不到头。这条长廊有七百多米长,分成二百七十三间。每一间的横槛上都有五彩的画,画着人物、花草、风景,几千幅画没有哪两幅是相同的。长廊两旁栽满了花木,这一种花还没谢,那一种花又开了。微风从左边的昆明湖上吹来,使人神清气爽。

走完长廊,就来到了万寿山脚下。抬头一看,一座八角宝塔形的三层建筑耸立在半山腰上,黄色的琉璃瓦闪闪发光。那就是佛香阁。下面的一排排金碧辉煌的宫殿,就是排云殿。

登上万寿山,站在佛香阁的前面向下望,颐和园的景色大半收在眼底。葱郁的树丛,掩映着黄的绿的琉璃瓦屋顶和朱红的宫墙。正前面,昆明湖静得像一面镜子,绿得像一块碧玉。游船、画舫在湖面慢慢地滑过,几乎不留一点儿痕迹。向东远眺,隐隐约约可以望见几座古老的城楼和城里的白塔。

从万寿山下来,就是昆明湖。昆明湖围着长长的堤岸,堤上有好几座式样不同的石桥,两岸栽着数不清的垂柳。湖中心有个小岛,远远望去,岛上一片葱绿,树丛中露出宫殿的一角。// 游人走过长长的石桥,就可以去小岛上玩。这座石桥有十七个桥洞,叫十七孔桥。桥栏杆上有上百根石柱,柱子上都雕刻着小狮子。这么多的狮子,姿态不一,没有哪两只是相同的。

颐和园到处有美丽的景色,说也说不尽,希望你有机会去细细游赏。

——节选自袁鹰《颐和园》

作品42号

一谈到读书,我的话就多了!

我自从会认字后不到几年,就开始读书。倒不是四岁时读母亲给我的商务印书馆出版的国文教科书第一册的"天、地、日、月、山、水、土、木"以后的那几册，而是七岁时开始自己读的"话说天下大势，分久必合，合久必分……"的《三国演义》。

那时，我的舅父杨子敬先生每天晚饭后必给我们几个表兄妹讲一段《三国演义》，我听得津津有味，什么"宴桃园豪杰三结义，斩黄巾英雄首立功"，真是好听极了。但是他讲了半个钟头，就停下去干他的公事了。我只好带着对于故事下文的无限悬念，在母亲的催促下，含泪上床。

此后，我决定咬了牙，拿起一本《三国演义》来，自己一知半解地读了下去，居然越看越懂，虽然字音都读得不对，比如把"凯"念作"岂"，把"诸"念作"者"之类，因为我只学过那个字一半部分。

谈到《三国演义》，我第一次读到关羽死了，哭了一场，把书丢下了。第二次再读到诸葛亮死了，又哭了一场，又把书丢下了，后忘了是什么时候才把全书读到"分久必合"的结局。

这时我同时还看了母亲针线笸箩里常放着的那几本《聊斋志异》，聊斋故事是短篇的，可以随时拿起放下，又是文言的，这对于我的//作文课很有帮助，因为老师曾在我的作文本上批着"柳州风骨，长吉清才"的句子，其实我那时还没有读过柳宗元和李贺的文章，只因那时的作文，都是用文言写的。

书看多了，从中也得到一个体会，物怕比，人怕比，书也怕比，"不比不知道，一比吓一跳"。

因此，某年的六一国际儿童节，有个儿童刊物要我给儿童写几句指导读书的话，我只写了九个字，就是：

读书好，多读书，读好书。

——节选自冰心《忆读书》

作品43号

徐霞客是明朝末年的一位奇人。他用双脚，一步一步地走遍了半个中国大陆，游览过许多名山大川，经历过许多奇人异事。他把游历的观察和研究记录下来，写成了《徐霞客游记》这本千古奇书。

当时的读书人，都忙着追求科举功名，抱着"十年寒窗无人问，一举成名天下知"的观念，埋头于经书之中。徐霞客却卓尔不群，醉心于古今史籍及地志、山海图经的收集和研读。他发现此类书籍很少，记述简略且多有相互矛盾之处，于是他立下雄心壮志，要走遍天下，亲自考察。

此后三十多年，他与长风为伍，云雾为伴，行程九万里，历尽千辛万苦，获得了大量第一手考察资料。徐霞客日间攀险峰，涉危涧，晚上就是再疲劳，也一定录下当日见闻。即使荒野露宿，栖身洞穴，也要"燃松拾穗，走笔为记"。

徐霞客的时代，没有火车，没有汽车，没有飞机，他所去的许多地方连道路都没有，加上明朝末年治安不好，盗匪横行，长途旅行是非常艰苦又非常危险的事。

有一次，他和三个同伴到西南地区，沿路考察石灰岩地形和长江源流。走了二十天，一个同伴难耐旅途劳顿，不辞而别。到了衡阳附近又遭遇土匪抢劫，财物尽失，还险//些被杀害。好不容易到了南宁，另一个同伴不幸病死，徐霞客忍痛继续西行。到了大理，最后一个同伴也因为吃不了苦，偷偷地走了，还带走了他仅存的行囊。但是，他还是坚持目标，继续他的研究工作，最后找到了答案，推翻历史上的错误，证明长江的源流不是岷江而是金沙江。

——节选自《阅读大地的徐霞客》

作品 44 号

造纸术的发明，是中国对世界文明的伟大贡献之一。

早在几千年前，我们的祖先就创造了文字。可那时候还没有纸，要记录一件事情，就用刀把文字刻在龟甲和兽骨上，或者把文字铸刻在青铜器上。后来，人们又把文字写在竹片和木片上。这些竹片、木片用绳子穿起来，就成了一册书。但是，这种书很笨重，阅读、携带、保存都很不方便。古时候用"学富五车"形容一个人学问高，是因为书多的时候需要用车来拉。再后来，有了蚕丝织成的帛，就可以在帛上写字了。帛比竹片、木片轻便，但是价钱太贵，只有少数人能用，不能普及。

人们用蚕茧制作丝绵时发现，盛放蚕茧的篾席上，会留下一层薄片，可用于书写。考古学家发现，在两千多年前的西汉时代，人们已经懂得了用麻来造纸。但麻纸比较粗糙，不便书写。

大约在一千九百年前的东汉时代，有个叫蔡伦的人，吸收了人们长期积累的经验，改进了造纸术。他把树皮、麻头、稻草、破布等原料剪碎或切断，浸在水里捣烂成浆；再把浆捞出来晒干，就成了一种既轻便又好用的纸。用这种方法造的纸，原料容易得到，可以大量制造，价格又便宜，能满足多数人的需要，所//以这种造纸方法就传承下来了。

我国的造纸术首先传到邻近的朝鲜半岛和日本，后来又传到阿拉伯世界和欧洲，极大地促进了人类社会的进步和文化的发展，影响了全世界。

——节选自《纸的发明》

作品 45 号

中国的第一大岛、台湾省的主岛台湾，位于中国大陆架的东南方，地处东海和南海之间，隔着台湾海峡和大陆相望。天气晴朗的时候，站在福建沿海较高的地方，就可以隐隐约约地望见岛上的高山和云朵。

台湾岛形状狭长，从东到西，宽处只有一百四十多公里；由南到北，长的地方约有三百九十多公里。地形像一个纺织用的梭子。

台湾岛上的山脉纵贯南北，中间的中央山脉犹如全岛的脊梁。西部为海拔近四千米的玉山山脉，是中国东部的最高峰。全岛约有三分之一的地方是平地，其余为山地。岛内有缎带般的瀑布，蓝宝石似的湖泊，四季常青的森林和果园，自然景色十分优美。西南部的阿里山和日月潭，台北市郊的大屯山风景区，都是闻名世界的浏览胜地。

台湾岛地处热带和温带之间，四面环海，雨水充足，气温受到海洋的调剂，冬暖夏凉，四季如春，这给水稻和果木生长提供了优越的条件。水稻、甘蔗、樟脑是台湾的"三宝"。岛上还盛产鲜果和鱼虾。

岛上还是一个闻名世界的"蝴蝶王国"。岛上的蝴蝶共有四百多个品种，其中有不少是世界稀有的珍贵品种。岛上还有不少鸟语花香的蝴//蝶谷，岛上居民利用蝴蝶制作的标

语言表达与应用写作

本和艺术品,远销许多国家。

——节选自《中国的宝岛——台湾》

作品 46 号

对于中国的牛,我有特别的尊敬感情。

留给我印象最深的,要算在田垄上的一次"相遇"。

一群朋友郊游,我领头在狭窄的阡陌上走,怎料迎面来了几头耕牛,狭道容不下人和牛,终有一方要让路。它们还没有走近,我们已经预计斗不过畜牲,恐怕难免踩到田地泥水里,弄得鞋袜又泥又湿了。正在踟蹰的时候,带头的一只牛,在离我们不远的地方停下来,抬起头看看,稍迟疑一下,就自动走下田去,一队耕牛,全跟着它全走离阡陌,从我们身边经过。

我们都呆了,回过头来,看着深褐色的牛队,在路的尽头消失,忽然觉得自己受了很大的恩惠。

中国的牛,永远沉默地为人类做着沉重的工作。在大地上,在晨光或烈日下,它拖着沉重的犁,低头一步又一步,拖出了身后一列又一列松土,好让人们下种。等到满地金黄或农闲时候,它可能还得担当搬运负重的工作,或终日绕着石磨,朝同一方向,走不计程的路。

在它沉默劳动中,人便得到应得的收成。

那时候,也许,它可以松一肩重担,站在树下,吃几口嫩草。偶尔摇摇尾巴,摆摆耳朵,赶走飞附身上的苍蝇,已经算是它闲适的生活了。

中国的牛,没有成群奔跑的习//惯,永远沉沉实实的,默默地工作,平心静气,这就是中国的牛!

——节选自小思《中国的牛》

作品 47 号

石拱桥的桥洞成弧形,就像虹。古代神话里说,雨后彩虹是"人间天上的桥",通过彩虹就能上天。我国的诗人爱把拱桥比作虹,说拱桥是"卧虹""飞虹",把水上拱桥形容为"长虹卧波"。

我国的石拱桥有悠久的历史。《水经注》里提到的"旅人桥",大约建成于公元二八二年,可能是有记载的最早的石拱桥了。我国的石拱桥几乎到处都有。这些桥大小不一,形式多样,有许多是惊人的杰作。其中的当推河北省赵县的赵州桥。

赵州桥非常雄伟,全长五十点八二米。桥的设计完全合乎科学原理,施工技术更是巧妙绝伦。全桥只有一个大拱,长达三十七点四米,在当时可算是世界上最长的石拱。桥洞不是普通半圆形,而是像一张弓,因而大拱上面的道路没有陡坡,便于车马上下。大拱的两肩上,各有两个小拱。这个创造性的设计,不但节约了石料,减轻了桥身的重量,而且在河水暴涨的时候,还可以增加桥洞的过水量,减轻洪水对桥身的冲击。同时,拱上加拱,桥身也更美观。大拱由二十八道拱圈拼成,就像这么多同样形状的弓合拢在一起,做成一个弧形的桥洞。每道拱圈都能独立支撑上面的重量,一道坏了,其//他各道不致受到影响。全桥结构匀称,和四周景色配合得十分和谐;桥上的石栏石板也雕刻得古朴美观。

赵州桥高度的技术水平和不朽的艺术价值，充分显示了我国劳动人民的智慧和力量。

——节选自茅以升《中国石拱桥》

作品 48 号

不管我的梦想能否成为事实，说出来总是好玩儿的：

春天，我将要住在杭州。二十年前，旧历的二月初，在西湖上我看见了嫩柳与菜花，碧浪与翠竹。由我看到的那点儿春光，已经可以断定，杭州的春天必定会教人整天生活在诗与图画之中。所以，春天我的家应当是在杭州。

夏天，我想青城山应当算作最理想的地方。在那里，我虽然只住过十天，可是它的幽静已拴住了我的心灵。在我所看见过的山水中，只有这里没有使我失望。到处都是绿，目之所及，那片淡而光润的绿色都在轻轻地颤动，仿佛要流入空中与心中去似的。这个绿色会像音乐，涤清了心中的万虑。

秋天一定要住北平。天堂是什么样子，我不知道，但是从我的生活经验去判断，北平之秋便是天堂。论天气，不冷不热。论吃的，苹果、梨、柿子、枣儿、葡萄，都每样若干种。论花草，菊花种类之多，花式之奇，可以甲天下。西山有红叶可见，北海可以划船——虽然荷花已残，荷叶可还有一片清香。衣食住行，在北平的秋天，是没有一项不使人满意的。

冬天，我还没有打好主意，成都或者相当地合适，虽然并不怎样和暖，可是为了水仙，素心腊梅，各色的茶花，仿佛就受一点儿寒 // 冷，也颇值得去了。昆明的花也多，而且天气比成都好，可是旧书铺与精美而便宜的小吃远不及成都的那么多。好吧，就暂这么规定：冬天不住成都便住昆明吧。

——节选自老舍《"住"的梦》

作品 49 号

在北京市东城区著名的天坛公园东侧，有一片占地面积近二十万平方米的建筑区域，大大小小的十余栋训练馆坐落其间。这里就是国家体育总局训练局。许多我们耳熟能详的中国体育明星都曾在这里挥汗如雨，刻苦练习。

中国女排的一天就是在这里开始的。

清晨八点钟，女排队员们早已集合完毕，准备开始一天的训练。主教练郎平坐在场外长椅上，目不转睛地注视着跟随助理教练们做热身运动的队员们，她身边的座位上则横七竖八地堆放着女排姑娘们的各式用品：水、护具、背包，以及各种外行人叫不出名字的东西。不远的墙上悬挂着一面鲜艳的国旗，国旗两侧是"顽强拼搏"和"为国争光"两条红底黄字的横幅，格外醒目。

"走下领奖台，一切从零开始"十一个大字，和国旗遥遥相望，姑娘们训练之余偶尔一瞥就能看到。只要进入这个训练馆，过去的鲜花、掌声与荣耀皆成为历史，所有人都只是最普通的女排队员。曾经的辉煌、骄傲、胜利，在踏入这间场馆的瞬间全部归零。

踢球跑、垫球跑、夹球跑……这些对普通人而言和杂技差不多的项目是女排队员们必须熟练掌握的基本技能。接下来 // 的任务是小比赛。郎平将队员们分为几组，每一组由一名教练监督，快完成任务的小组会得到一面小红旗。

语言表达与应用写作

看着这些年轻的姑娘们在自己的眼前来来去去，郎平的思绪常飘回到三十多年前。那时风华正茂的她是中国女排的主攻手，她和队友们也曾在这间训练馆里夜以继日地并肩备战。三十多年来，这间训练馆从内到外都发生了很大的变化：原本粗糙的地面变成了光滑的地板，训练用的仪器越来越先进，中国女排的团队中甚至还出现了几张陌生的外国面孔……但时光荏苒，不变的是这支队伍对排球的热爱和"顽强拼搏，为国争光"的初心。

——节选自宋元明《走下领奖台，一切从零开始》

作品 50 号

在一次名人访问中，被问及上个世纪最重要的发明是什么时，有人说是电脑，有人说是汽车，等等。但新加坡的一位知名人士却说是冷气机。他解释，如果没有冷气，热带地区如东南亚国家，就不可能有高的生产力，就不可能达到今天的生活水准。他的回答实事求是，有理有据。

看了上诉报道，我突发奇想：为什么没有记者问："二十世纪糟糕的发明是什么？"其实二〇〇二年十月中旬，英国的一家报纸就评出了"人类糟糕的发明"。获此"殊荣"的，就是人们每天大量使用的塑料袋。

诞生于上个世纪三十年代的塑料袋，其家族包括用塑料制成的快餐饭盒、包装纸、餐用杯盘、饮料瓶、酸奶杯、雪糕杯等。这些废弃物形成的垃圾，数量多、体积大、重量轻、不降解，给治理工作带来很多技术难题和社会问题。

比如，散落在田间、路边及草丛中的塑料餐盒，一旦被牲畜吞食，就会危及健康甚至导致死亡。填埋废弃塑料袋、塑料餐盒的土地，不能生长庄稼和树木，造成土地板结。而焚烧处理这些塑胶垃圾，则会释放出多种化学有毒气体，其中一种称为二英的化合物，毒性极大。

此外，在生产塑料袋、塑料餐盒的过//程中使用的氟利昂，对人体免疫系统和生态环境造成的破坏也极为严重。

——节选自林光如《最糟糕的发明》

第二节　普通话水平测试用说话题

（1）我的一天
（2）老师
（3）珍贵的礼物
（4）假日生活
（5）我喜爱的植物
（6）我的理想（或愿望）
（7）过去的一年
（8）朋友
（9）童年生活
（10）我的兴趣爱好
（11）家乡（或熟悉的地方）
（12）我喜欢的季节（或天气）
（13）印象深刻的书籍（或报刊）
（14）难忘的旅行
（15）我喜欢的美食
（16）我所在的学校（或公司、团队、其他机构）
（17）尊敬的人

（18）我喜爱的动物
（19）我了解的地域文化（或风俗）
（20）体育运动的乐趣
（21）让我快乐的事情
（22）我喜欢的节日
（23）我欣赏的历史人物
（24）劳动的体会
（25）我喜欢的职业（或专业）
（26）向往的地方
（27）让我感动的事情
（28）我喜爱的艺术形式
（29）我了解的十二生肖
（30）学习普通话（或其他语言）的体会
（31）家庭对个人成长的影响
（32）生活中的诚信
（33）谈服饰
（34）自律与我
（35）对终身学习的看法
（36）谈谈卫生与健康
（37）对环境保护的认识
（38）谈社会公德（或职业道德）
（39）对团队精神的理解
（40）谈中国传统文化
（41）科技发展与社会生活
（42）谈个人修养
（43）对幸福的理解
（44）如何保持良好的心态
（45）对垃圾分类的认识
（46）网络时代的生活
（47）对美的看法
（48）谈传统美德
（49）对亲情（或友情、爱情）的理解
（50）小家、大家与国家

拓展课堂二
戏曲文化

第一节 戏曲文化概述

习近平总书记在党的二十大报告中指出:"以社会主义核心价值观为引领,发展社会主义先进文化,弘扬革命文化,传承中华优秀传统文化"。戏曲文化作为中国传统艺术的瑰宝,承载着丰富的历史和文化内涵。作为新时代的大学生,应肩负起传承和弘扬戏曲文化的使命与责任,从新的历史方位出发,从文化根脉、艺术特质、传承价值等多维度深入挖掘戏曲艺术宝藏,围绕推进文化自信,有效激发戏曲活力,以新时代梨园新声更好传承中华优秀传统文化。

戏曲艺术主要有民间歌舞、说唱和滑稽戏三种不同艺术形式综合而成。它起源于原始歌舞,是一种历史悠久的综合舞台艺术样式。经过汉、唐到宋、金才形成比较完整的戏曲艺术。它由文学、音乐、舞蹈、美术、武术、杂技以及表演艺术综合而成,约有360个种类。中国戏曲与希腊悲剧和喜剧、印度梵剧并称为世界三大古老的戏剧文化。中国戏曲经过长期的发展演变,逐步形成了以京剧、越剧、黄梅戏、评剧、豫剧五大戏曲剧种为核心的中华戏曲百花园。中国戏曲从具备完整的形态开始,至今已经有800多年的历史,虽然各地方戏剧种在表演形式和艺术风格上存在着一定的差异,但主要的区别还是在于音乐和语言方面。这些地方戏剧种都有一些共同的艺术特征和规律,虽然这些并不是戏曲所独有的,但是戏曲艺术在这些方面有着自己独特的艺术表演形式。概括起来,中国戏曲具有三大基本特征,即综合性、虚拟性和程式性,它们共同支撑起戏曲艺术的巍峨殿堂。

（一）综合性

中国戏曲是时间艺术和空间艺术的综合，人们一般把音乐作为时间艺术，把美术作为空间艺术，中国的戏曲则是集时间艺术与空间艺术于一身的高度综合艺术。戏曲表演既需要有一定的时间长度来演绎故事，又需要有一定的空间提供给演员在舞台上塑造鲜明生动的人物形象，所以戏曲属于时间艺术和空间艺术的综合，简称为"时空艺术"。

中国戏曲是听觉艺术和视觉艺术的综合，在唱、念、做、打四功当中，唱和念属于"歌"的成分，是听觉艺术的代表；做和打属于"舞"的成分，是视觉艺术的代表。听觉艺术能"赏心"，给观众以听觉上的享受；视觉艺术能"悦目"给观众以视觉上的感染力和震撼力。所以，戏曲属于听觉艺术和视觉艺术的综合，简称为"视听艺术"。

中国戏曲是集文学、音乐、舞蹈、说唱、美术、杂技、武术等多种艺术门类于一身的高度综合的艺术形式。话剧、歌剧、舞剧虽同为戏剧范畴，艺术上都有综合性，但相比之下，中国戏曲的综合性最强、最丰富。

中国戏曲是集唱、念、做、打于一身的综合性表演，国学大师王国维先生在《戏曲考源》中说："戏曲者，谓以歌舞演故事也。"歌是指戏曲的唱和念。唱即演唱，念即念白。舞是指戏曲的做和打。做即表演，打即武打。

"唱、念、做、打"的综合表现手法，共同构成了中国戏曲表演艺术的基本特征。同为戏剧范畴，话剧是以语言和行动为表演特色，只说白，不歌不舞；歌剧是以音乐和歌唱为表演特色，只歌唱，不说、不舞；舞剧是以音乐和形体语言为表演特色，只舞，不说、不歌；而中国戏曲表演艺术的特征体现在"无声不歌，无动不舞"，是集"唱、念、做、打"于一身的一门具有高度综合性和独特审美价值的戏剧艺术形式。

（二）虚拟性

中国戏曲的虚拟性，既是戏曲舞台简陋、舞美技术落后的局限性带来的结果，也是"虚实相生""以形写神"的中国传统美学思想积淀的产物。它极大地解放了作家、舞台艺术家的创造力和观众的艺术想象力。

戏曲舞台的时空具有虚拟性。戏曲舞台对时间和空间的处理非常灵活。就时间上而言，如《文昭关》中伍子胥的几段唱，台上十几分钟，而代表的却是漫漫长夜。戏曲的空间更为灵活，演员跑个圆场，已从一个地方到了另一个地方，戏谚云"三五步行遍天下"是也。

戏曲演员表演时多用虚拟动作，不用实物或只用部分实物，依靠某些特定的表演动作来暗示出舞台上并不存在的实物或情境。所有虚掉的一切，都是由演员用动作引导、在观众的想象中出现的。如《打渔杀家》这出戏，萧恩和桂英这父女俩一出场，每人手里只各自拿了一件船具，可是观众立即知道他们是在船上。再如《穆桂英挂帅》戏台上表演骑马只是用一根马鞭子，这种鞭子跟真正的马鞭也差得很远，可是观众却能被它吸引住，把它看成一匹真马的代表。小至骑马、坐轿、行舟、开门、关门、上楼、下楼，大至山岳河流、下雨刮风、千里行军、沙场鏖兵，都可以有意识地化为"符号"，象征性地虚拟

出来。

场景、环境的虚拟。传统的舞台上常常是空无一物，有时也只摆放意义不固定的"一桌二椅"。虽然简单，但是运用广泛，既可作为不同场合的桌椅，也可作为山、楼、床、门等的代用物。戏曲要把表演场所转化为剧情发生的地点，但这种转化主要靠表演。

（三）程式性

所谓"程式"，《中国大百科全书·戏曲曲艺卷》的定义为立一定准式、规范以为法，谓之程式。表演程式在戏曲中特指表演的格式化和规范化。程式是戏曲反映生活的表现形式，是一种美的典范。四功：唱、念、做、打；五法：手、眼、身、法、步，皆有严格的程式规范。以简单的身段表演程式为例，如开门、关门、上马、下马、投袖、整冠、理髯等，都有固定的程式。

复杂的表演程式套路有起霸、趟马、走边、龙套调度、武打套路等。程式直接或间接来源于生活，但它又是按照一定的规范对生活经过提炼、概括、美化而形成的。此中凝聚着古往今来艺术家们的心血，它又成为新一代演员进行艺术再创造的起点，因而戏曲表演艺术才得以代代相传。

戏曲程式并不是一成不变、僵化、机械的，而是随着社会的进步不断发展变化、与时俱进的。要在继承好传统表演程式的前提下积极创造新的表演程式，使中华民族优秀传统文化的瑰宝——戏曲艺术永葆旺盛的生命力。综上所述，戏曲的综合性、虚拟性、程式性共同构成了中国戏曲的基本特征，三个特征相辅相成、相互依托，你中有我、我中有你，是一个密不可分的辨证统一体。

生、旦、净、末、丑是中国戏曲中人物角色的行当分类。在初期，京剧的行当仍分为生、旦、净、末、丑五大类，后来才把生行和末行合并，取消了末行，变为生、旦、净、丑四大类。

生行是扮演男性角色的一种行当，其中包括老生：主要扮演帝王及儒雅文弱的中老年人。小生：主要扮演年轻英俊的男性角色；武生：主要扮演的是勇猛战将或是绿林英雄；红生：专指勾红色脸谱的老生；娃娃生：剧中的儿童角色等几大类。除去红生和勾脸（在脸上画有脸谱）的武生以外，一般的生行都是素脸的，即扮相都是比较洁净俊美的。旦行是扮演各种不同年龄，不同性格、不同身份的女性角色。旦行分为青衣（正旦）：端庄娴雅的女子；花旦：天真活泼的少女或性格泼辣的少妇；武旦：扮演勇武的女性人物，如武将和江湖人物中的各类女侠，表演上重武打和绝技的运用，武旦的特点有两个：一是跷功，二是打出手；刀马旦：擅长武艺的青壮年妇女，专演巾帼英雄、提刀骑马、武艺高强的女性，身份大多是元帅或大将，在表演上唱、念、做并重，强调人物威武稳重的气质，不用打出手；老旦：老年妇女。彩旦：滑稽诙谐的喜剧性人物。花衫是融青衣、花旦、武旦、刀马旦于一炉的全才演员。净行俗称花脸，又叫花面。一般都是扮演男性角色。净行可分为正净（大花脸）：地位较高，举止稳重的忠臣良将；副净（二花脸）：俗称架子花脸，大多扮演性格粗豪莽撞的人物；武净（武花脸）：以武打为主的角色。丑行又叫小花脸、三花脸，包括文丑：伶俐风趣或阴险狡黠的角色；武丑：精明干练而风趣幽默的角色。

194

第二节　地方戏曲——茂腔

一、茂腔起源概述

（一）结合地方方言、民俗民情衍化

据《中国大百科全书》不完全统计，在我国，地方剧种有三百六十多种，而山东地方戏——茂腔赫然在列。茂腔是构成齐鲁文化的元素之一，也是近代琅琊文化的重要组成部分。

据史料记载，茂腔发源于胶州南乡（今山东省青岛市藏马、泊里一带），流传于高密、诸城、五莲、莒县及青岛、烟台和东北的部分地区。

戏曲文化2

茂腔曾有过肘鼓子、周姑子、轴棍子、正歌子、奥号唵、老拐调、冒肘鼓、本肘鼓等多个名称。周贻白先生在《中国戏曲发展史纲要》一书中说："……山东地方戏的肘鼓子，一名周姑子，其同类的剧种，有本肘鼓、茂肘鼓、拉魂腔、二夹弦、二人台等，一般说来，其前身皆属花鼓秧歌。"他还说："不过因秧歌本身有地域以及唱法的不同，故以不同名义区别之。"民族戏曲，特别是地方戏曲基本上是不同的说唱艺术互相融汇，结合地方方言、民俗风情等衍化形成。清代中叶以后，各种地方戏如雨后春笋竞相破土而出。据《沂州府志》载，清乾隆年间，苏北和鲁南地区十年九灾，民不聊生，肘鼓子艺人四处卖艺，游食四方。肘鼓子因此流传各地，同当地的乡村小曲和民间俚语相结合，形成了不同声腔。这些声腔逐渐发展成为不同的地方剧种，例如，在山东临沂地区被称为"拉魂腔"（后发展成为柳琴戏）；在苏北被称为"海冒子"；在临朐一带被称为"东路肘鼓"；在淄博发展成"五音戏"。

（二）由衰到兴，定名"茂腔"

清末民初，冒肘鼓开始以"唱门子""盘凳子"等形式走向城市，并逐渐在戏园子售票演出，颇受欢迎。青岛、烟台、大连、安东（今丹东）等城市都有冒肘鼓艺人的身影。之后，由于战乱，土匪如毛，劳动人民饥寒交迫，冒肘鼓也濒临灭亡的境地。

中华人民共和国成立后，党和政府开始鼓励发展地方戏，对冒肘鼓进行抢救和扶持。1950 年，人们借冒肘鼓谐音将其定名为茂腔，寓意为"枝繁叶茂，长盛不衰"。政府把部分流散的茂腔艺人组织起来，相继成立了民间（职业）剧团。1956 年 5 月，民间（职业）剧团进行登记，当年 8 月划归到各县成为地方国营剧团。从此，茂腔这株民间艺术之花在党和人民的关怀下，争艳吐芳，茁壮成长。

二、茂腔的艺术风格

茂腔深受百姓喜爱，是与它独特的魅力和深厚的文化底蕴分不开的。"茂腔一唱，饼子

贴在锅沿上，锄头锄在庄稼上，花针扎在眉头上。"这首民谣生动形象地描述了茂腔的艺术魅力。

茂腔在音乐形式上，是以山东肘鼓为骨的民间说唱小调。它是吸收了外来曲调音乐和山东半岛流传的一些其他音乐形式组成的演唱艺术，基本属于大调式音乐体系。本土的历代艺人们在挖掘、整理、演出的过程中，创作出了以"四大京""八大记"为代表的一大批传统剧目，流传至今。

茂腔戏的各种唱腔变化起伏，悲喜感交加，极富感情色彩。欢喜腔调能使听众心花怒放，悲伤腔调则使人伤心欲泪。婉转、悠扬、细腻的声腔，适于表达情感上的大悲大喜、剧情中的大起大落，便于塑造各类人物形象。

茂腔的声腔音乐经过了由简渐丰、循序渐进的发展过程，经历了数代艺人的辛勤耕耘、不断锤炼，呈现出鲜明迥异的风格特征，成为茂腔艺术的重要组成部分。

从清朝末年至中华人民共和国成立初期，冒（肘鼓）、京（剧）、梆（子）艺人有相约同台演出同一剧目的先例，这才有了茂腔当中的"三瞪眼""幺二三"等特殊板式，其借鉴了京剧乐器京胡、京二胡、月琴的伴奏，使得茂腔伴奏清脆高亢。

茂腔的演唱特点，多体现在女腔下腔的尾音上，即女演员行腔尾音翻八度（打冒），同时用假声。唱腔设计者为了强化剧中人物的情感，在男腔中偶尔也用翻八度。

三、茂腔的文武场

从京、梆合约时期开始，茂腔就以京胡为主要伴奏乐器，用京二胡和月琴配合，唱"南锣"和"娃娃调"时均用唢呐伴奏，后来陆续增添了笛、笙、低胡，今又增置了中阮、三弦、扬琴，民二胡、大提琴等，称为文场。

文场的主要任务是为演员唱腔服务，即在演员演唱时，随着演唱行腔而包腔伴奏。从前，受老艺人文化和乐理水平的局限，伴奏无固定曲谱，实施无记谱即兴伴奏法。后来，特别是中华人民共和国成立后，随着时代的发展和艺人文化水平的提高，出于创作的需要，采取了记谱伴奏法。自20世纪60年代起，在移植和创作现代戏时，又采用了现代手法伴奏，改变了过去不论乐器多少齐上阵的形式，对传统茂腔音乐进行了创新升华。

由此，诸城、胶州、高密地区民间小调的演唱风格结合外来戏曲的演唱特点所形成的发展过程中的板腔体的演唱腔调谓茂腔。

戏曲打击乐亦是相对独立的艺术门类。茂腔在早年形成时，在乐队编制上借鉴了京剧。打击乐主要由底鼓（皮锣）、手板、大锣、铙钹、手锣、小钹、筛锣、水钗、碰钟、堂鼓、京鼓、梆子等十多种乐器组成，称为武场。茂腔使用的锣鼓经，除借鉴梆子等一些地方剧种外，鼓点大致与京剧相同，只是在开头的叫法和鼓点使用上有所区别。文武场通称为"场面"。

戏曲艺术中，打击乐与舞台表演、弦乐伴奏构成了水乳交融、不可分离的关系。茂腔伴奏通常不单独设指挥，而由鼓师兼任，因此，打击乐在戏曲伴奏中，以及指挥在掌握演员演唱节奏、带动人物情绪、烘托舞台气氛等环节，起着至关重要的作用。

四、茂腔的板式

　　茂腔的板式大致分为原板、慢板（大悠板）、二板、散板、摇板、剁板（快板）、导板、反调、幺二三、三瞪眼等。

　　茂腔还有一个特点：唱腔通常在眼上（弱拍）或板后起唱（称过板），在表达人物的急切情绪时也可在板上起唱过门儿短。

附录1 《诵读经典三百篇》目录

山东省"经典诵读、爱我中华"活动组委会推荐篇目

一、古典诗词（203篇）

1. 关雎（《诗经·周南》）
2. 木瓜（《诗经·卫风》）
3. 蒹葭（《诗经·秦风》）
4. 硕鼠（《诗经·魏风》）
5. 国殇（战国·屈原）
6. 橘颂（战国·屈原）
7. 迢迢牵牛星（《古诗十九首》）
8. 饮马长城窟行（《乐府诗集》）
9. 长歌行（《乐府诗集》）
10. 古诗二首（《古诗源》）
11. 短歌行〔其一〕（汉·曹操）
12. 观沧海（汉·曹操）
13. 龟虽寿（汉·曹操）
14. 七哀诗三首〔选一〕（汉·王粲）
15. 白马篇（三国·曹植）
16. 咏怀八十二首〔选一〕（三国·阮籍）
17. 读《山海经》十三首〔选一〕（晋·陶渊明）
18. 饮酒诗二十首〔选一〕（晋·陶渊明）
19. 咏荆轲（晋·陶渊明）
20. 归园田居五首〔选二〕（晋·陶渊明）
21. 代春日行（南朝·鲍照）
22. 子夜四时歌〔春歌〕（南朝民歌）
23. 木兰诗（北朝民歌）
24. 蝉（唐·虞世南）
25. 送杜少府之任蜀川（唐·王勃）
26. 滕王阁诗（唐·王勃）
27. 咏柳（唐·贺知章）
28. 回乡偶书（唐·贺知章）
29. 登幽州台歌（唐·陈子昂）
30. 凉州词〔其一〕（唐·王翰）
31. 望月怀远（唐·张九龄）
32. 凉州词（唐·王之涣）
33. 登鹳雀楼（唐·王之涣）
34. 望洞庭湖赠张丞相（唐·孟浩然）
35. 宿建德江（唐·孟浩然）
36. 次北固山下（唐·王湾）
37. 芙蓉楼送辛渐（唐·王昌龄）
38. 出塞（唐·王昌龄）
39. 从军行〔其四〕（唐·王昌龄）
40. 采莲曲三首〔其二〕（唐·王昌龄）
41. 清平调三首〔选二〕（唐·李白）
42. 忆秦娥〔箫声咽〕（唐·李白）
43. 秋浦歌（唐·李白）
44. 黄鹤楼送孟浩然之广陵（唐·李白）
45. 行路难（唐·李白）
46. 送友人（唐·李白）
47. 将进酒（唐·李白）
48. 早发白帝城（唐·李白）
49. 望天门山（唐·李白）

50. 望庐山瀑布〔其二〕(唐·李白)
51. 宣州谢朓楼饯别校书叔云(唐·李白)
52. 相思(唐·王维)
53. 送元二使安西(唐·王维)
54. 杂诗三首〔其二〕(唐·王维)
55. 九月九日忆山东兄弟(唐·王维)
56. 使至塞上(唐·王维)
57. 山居秋暝(唐·王维)
58. 燕歌行(并序)(唐·高适)
59. 春江花月夜(唐·张若虚)
60. 黄鹤楼(唐·崔颢)
61. 旅夜书怀(唐·杜甫)
62. 赠花卿(唐·杜甫)
63. 江村(唐·杜甫)
64. 望岳(唐·杜甫)
65. 春望(唐·杜甫)
66. 春夜喜雨(唐·杜甫)
67. 绝句二首〔其二〕(唐·杜甫)
68. 绝句四首〔其三〕(唐·杜甫)
69. 前出塞(唐·杜甫)
70. 登高(唐·杜甫)
71. 茅屋为秋风所破歌(唐·杜甫)
72. 江南逢李龟年(唐·杜甫)
73. 走马川行奉送封大夫出师西征(唐·岑参)
74. 白雪歌送武判官归京(唐·岑参)
75. 渔歌子〔西塞山前白鹭飞〕(唐·张志和)
76. 寄李儋元锡(唐·韦应物)
77. 滁州西涧(唐·韦应物)
78. 游子吟(唐·孟郊)
79. 枫桥夜泊(唐·张继)
80. 十五夜望月(唐·王建)
81. 早春呈水部张十八员外(唐·韩愈)
82. 月夜(唐·刘方平)
83. 西塞山怀古(唐·刘禹锡)
84. 乌衣巷(唐·刘禹锡)
85. 竹枝词二首〔其一〕(唐·刘禹锡)
86. 酬乐天扬州初逢席上见赠(唐·刘禹锡)
87. 大林寺桃花(唐·白居易)
88. 琵琶行(唐·白居易)
89. 赋得古原草送别(唐·白居易)
90. 长相思(唐·白居易)
91. 江雪(唐·柳宗元)
92. 登柳州城楼寄漳汀封连四州刺史(唐·柳宗元)
93. 菊花(唐·元稹)
94. 寻隐者不遇(唐·贾岛)
95. 雁门太守行(唐·李贺)
96. 咸阳城东楼(唐·许浑)
97. 题都城南庄(唐·崔护)
98. 山行(唐·杜牧)
99. 江南春绝句(唐·杜牧)
100. 泊秦淮(唐·杜牧)
101. 清明(唐·杜牧)
102. 望江南(唐·温庭筠)
103. 乐游原(唐·李商隐)
104. 晚晴(唐·李商隐)
105. 无题〔相见时难别亦难〕(唐·李商隐)
106. 夜雨寄北(唐·李商隐)
107. 雨晴(唐·王驾)
108. 溪上遇雨(唐·崔道融)
109. 虞美人〔春花秋月何时了〕(五代·李煜)
110. 浪淘沙〔帘外雨潺潺〕(五代·李煜)
111. 山园小梅(宋·林逋)
112. 雨霖铃〔寒蝉凄切〕(宋·柳永)
113. 望海潮〔东南形胜〕(宋·柳永)
114. 渔家傲〔塞下秋来风景异〕(宋·范仲淹)
115. 苏幕遮〔碧云天〕(宋·范仲淹)
116. 浣溪沙〔一曲新词酒一杯〕(宋·晏殊)
117. 蝶恋花〔槛菊愁烟兰泣露〕(宋·晏殊)
118. 踏莎行〔候馆梅残〕(宋·欧阳修)

119. 淮中晚泊犊头（宋·苏舜钦）
120. 客中初夏（宋·司马光）
121. 梅花（宋·王安石）
122. 泊船瓜洲（宋·王安石）
123. 书湖阴先生壁（宋·王安石）
124. 元日（宋·王安石）
125. 卜算子〔送鲍浩然之浙东〕（宋·王观）
126. 蝶恋花〔花褪残红青杏小〕（宋·苏轼）
127. 题西林壁（宋·苏轼）
128. 饮湖上初晴后雨（宋·苏轼）
129. 水调歌头〔明月几时有〕（宋·苏轼）
130. 惠崇春江晚景（宋·苏轼）
131. 念奴娇〔赤壁怀古〕（宋·苏轼）
132. 江城子〔密州出猎〕（宋·苏轼）
133. 定风波〔莫听穿林打叶声〕（宋·苏轼）
134. 水龙吟〔似花还似非花〕（宋·苏轼）
135. 江城子〔乙卯正月二十日夜记梦〕（宋·苏轼）
136. 临江仙〔梦后楼台高锁〕（宋·晏几道）
137. 卜算子〔我住长江头〕（宋·李之仪）
138. 清平乐〔晚春〕（宋·黄庭坚）
139. 鹊桥仙〔纤云弄巧〕（宋·秦观）
140. 青玉案〔凌波不过横塘路〕（宋·贺铸）
141. 秦淮夜泊（宋·贺铸）
142. 和端午（宋·张耒）
143. 苏幕遮〔燎沉香〕（宋·周邦彦）
144. 病牛（宋·李纲）
145. 绝句（宋·李清照）
146. 醉花阴〔薄雾浓云愁永昼〕（宋·李清照）
147. 声声慢〔寻寻觅觅〕（宋·李清照）
148. 临江仙〔庭院深深深几许〕（宋·李清照）
149. 如梦令〔常记溪亭日暮〕（宋·李清照）
150. 如梦令〔昨夜雨疏风骤〕（宋·李清照）
151. 渔家傲〔记梦〕（宋·李清照）
152. 满江红〔怒发冲冠〕（宋·岳飞）
153. 示儿（宋·陆游）
154. 书愤〔其一〕（宋·陆游）
155. 卜算子〔咏梅〕（宋·陆游）
156. 游山西村（宋·陆游）
157. 十一月四日风雨大作（宋·陆游）
158. 四时田园杂兴（宋·范成大）
159. 村居即事（宋·范成大）
160. 小池（宋·杨万里）
161. 观书有感（宋·朱熹）
162. 春日（宋·朱熹）
163. 游园不值（宋·叶绍翁）
164. 摸鱼儿〔暮春〕（宋·辛弃疾）
165. 破阵子〔为陈同甫赋壮词以寄之〕（宋·辛弃疾）
166. 菩萨蛮〔书江西造口壁〕（宋·辛弃疾）
167. 丑奴儿〔书博山道中壁〕（宋·辛弃疾）
168. 西江月〔夜行黄沙道中〕（宋·辛弃疾）
169. 永遇乐〔京口北固亭怀古〕（宋·辛弃疾）
170. 青玉案〔元夕〕（宋·辛弃疾）
171. 水龙吟〔登建康赏心亭〕（宋·辛弃疾）
172. 暗香（宋·姜夔）
173. 题临安邸（宋·林升）
174. 唐多令〔何处合成愁〕（宋·吴文英）
175. 野步（宋·周密）
176. 过零丁洋（宋·文天祥）
177. 念奴娇〔驿中言别友人〕（宋·文天祥）
178. 正气歌（宋·文天祥）
179. 金陵驿（宋·文天祥）

180. 村晚（宋·雷震）
181. 虞美人〔少年听雨歌楼上〕（宋·蒋捷）
182. 一剪梅〔舟过吴江〕（宋·蒋捷）
183. 绝句（宋·僧志南）
184. 天净沙〔秋思〕（元·马致远）
185. 潇湘夜雨（元·马致远）
186. 山坡羊〔潼关怀古〕（元·张养浩）
187. 双调〔蟾宫曲〕（元·郑光祖）
188. 墨梅（元·王冕）
189. 百字令〔登石头城〕（元·萨都剌）
190. 殿前欢〔观音山眠松〕（元·徐再思）
191. 石灰吟（明·于谦）
192. 明日歌（明·钱鹤滩）
193. 临江仙〔滚滚长江东逝水〕（明·杨慎）
194. 秦淮杂诗（清·王士祯）
195. 长相思（清·纳兰性德）
196. 竹石（清·郑燮）
197. 竹（清·郑燮）
198. 赴戍登程口占示家人（清·林则徐）
199. 己亥杂诗〔选二〕（清·龚自珍）
200. 慈仁寺荷花池（清·何绍基）
201. 出都留别诸公（清·康有为）
202. 狱中题壁（清·谭嗣同）
203. 满江红〔小住京华〕（清·秋瑾）

二、古典文赋（35篇）

1. 一年之计在于春（春秋·管仲）
2. 道德经（节选）
3. 论语（节选）
4. 大学（节选）
5. 中庸（节选）
6. 学记（节选）
7. 孟子（节选）
8. 墨子（节选）
9. 伯牙鼓琴（《列子·汤问》）
10. 庄子〔逍遥游〕（节选）（战国·庄周）
11. 荀子〔劝学〕（节选）（战国·荀况）
12. 荀子〔天论〕（节选）（战国·荀况）
13. 报任安书（节选）（汉·司马迁）
14. 诫子书（三国·诸葛亮）
15. 前出师表（三国·诸葛亮）
16. 凿壁借光（《西京杂记》）
17. 兰亭集序（晋·王羲之）
18. 桃花源记（晋·陶渊明）
19. 答谢中书书（南朝·陶弘景）
20. 与朱元思书（南朝·吴均）
21. 水经注〔江水〕（节选）（北魏·郦道元）
22. 颜氏家训〔勉学〕（节选）（北齐·颜之推）
23. 滕王阁序（唐·王勃）
24. 师说（唐·韩愈）
25. 马说（唐·韩愈）
26. 陋室铭（唐·刘禹锡）
27. 阿房宫赋（唐·杜牧）
28. 岳阳楼记（宋·范仲淹）
29. 秋声赋（宋·欧阳修）
30. 爱莲说（宋·周敦颐）
31. 前赤壁赋（宋·苏轼）
32. 读书有三到（宋·朱熹）
33. 五箴（清·曾国藩）
34. 少年中国说（节选）（清·梁启超）
35. 三种境界（清·王国维）

三、现当代诗词（47篇）

1. 望大陆（于右任）
2. 送别（李叔同）
3. 自题小像（鲁迅）
4. 自嘲（鲁迅）

5. 游七星岩（朱德）
6. 教我如何不想她（刘半农）
7. 炉中煤——眷念祖国的情绪（郭沫若）
8. 天上的街市（郭沫若）
9. 沁园春〔长沙〕（毛泽东）
10. 忆秦娥〔娄山关〕（毛泽东）
11. 七律〔长征〕（毛泽东）
12. 沁园春〔雪〕（毛泽东）
13. 卜算子〔咏梅〕（毛泽东）
14. 再别康桥（徐志摩）
15. 春与光（宗白华）
16. 大江歌罢掉头东（周恩来）
17. 一句话（闻一多）
18. 祈祷（闻一多）
19. 抗战怀壮志（董其武）
20. 纸船——寄母亲（冰心）
21. 梅岭三章（陈毅）
22. 孟良崮战役（陈毅）
23. 莫干山纪游词（陈毅）
24. 你是人间的四月天——一句爱的赞颂（林徽因）
25. 雨巷（戴望舒）
26. 我用残损的手掌（戴望舒）
27. 老马（臧克家）
28. 有的人——纪念鲁迅有感（臧克家）
29. 村夜（臧克家）
30. 乡愁（李广田）
31. 江城子〔访东坡赤壁〕（张爱萍）
32. 雪落在中国的土地上（艾青）
33. 我爱这土地（艾青）
34. 念奴娇〔危难方见情挚——忆四〇年筹粮筹款事〕（杨得志）
35. 秋天（节选）（何其芳）
36. 我为少男少女们歌唱（节选）（何其芳）
37. 黄河颂（光未然）
38. 甘蔗林——青纱帐（节选）（郭小川）
39. 回延安（贺敬之）
40. 乡愁（余光中）
41. 假如生活重新开头（邵燕祥）
42. 青春万岁（王蒙）
43. 我骄傲，我是中国人（王怀让）
44. 青春（席慕蓉）
45. 致橡树（舒婷）
46. 祖国啊，我亲爱的祖国（舒婷）
47. 只要明天还在（汪国真）

四、现当代散文（15篇）

1. 雪（鲁迅）
2. 《野草》题词（鲁迅）
3. 白杨礼赞（茅盾）
4. 故都的秋（郁达夫）
5. 匆匆（朱自清）
6. 荷塘月色（节选）（朱自清）
7. 一些印象（节选）（老舍）
8. 可爱的中国（节选）（方志敏）
9. 谈生命（冰心）
10. 野草（夏衍）
11. 晨趣（季羡林）
12. 泰山极顶（杨朔）
13. 荔枝蜜（杨朔）
14. 蓬莱仙境（节选）（杨朔）
15. 人民英雄永垂不朽——瞻仰首都人民英雄纪念碑记（周定舫）

附录 2 《普通话水平测试大纲》评分系统

题 型	题 量	分 值	评分类别	评分标准
单音节字词	100个音节	10分	语音错误	每个错误扣 0.1 分
			语音缺陷	每个缺陷扣 0.05 分
			超时	0.5 分（1 分钟以内）；1 分（1 分钟以上，含 1 分钟）
多音节字词	100个音节	20分	语音错误	每个错误扣 0.2 分
			语音缺陷	每个缺陷扣 0.1 分
			超时	0.5 分（1 分钟以内）；1 分（1 分钟以上，含 1 分钟）
朗读	400个音节	30分	音节错误	每个错误扣 0.1 分，包括误读、漏读和增读
			声母或韵母系统性缺陷	视程度扣 0.5 分、1 分
			语调偏误	视程度扣 0.5 分、1 分、2 分
			停连不当	视程度扣 0.5 分、1 分、2 分
			朗读不流畅	视程度扣 0.5 分、1 分、2 分
			超时	扣 1 分
说话	任选一个话题 40分		语音错误语音面貌 一档	扣 0 分、1 分、2 分
			二档	扣 3 分、4 分
			三档	扣 5 分、6 分
			四档	扣 7 分、8 分
			五档	扣 9 分、10 分、11 分
			六档	扣 12 分、13 分、14 分
			词汇语法不规范	二挡扣 2、3 分，三挡扣 3、4 分
			自然流畅	二挡扣 0.5、1 分，三挡扣 2、3 分
			缺时	1~20 秒扣 3 分，21~40 秒扣 6 分等

附录 3　普通话测试易错字词表

一、单音节字词

鳌 庵 凹 鬃 钵 膘 跛 钡 坝 苯 进 铂 埠 春 疮 摧
蹭 此 蹿 啐 踹 苴 璀 嫡 鼎 堆 而 腭 焚 吠 甫 氽
幅 弗 酚 龚 羹 秆 夷 耗 颌 恒 弧 鼾 荤 氪 氦 踝
烔 窘 脊 撅 秸 拎 矩 搅 灸 爵 篓 胝 颊 靳 蕨 荚
缴 揩 磕 勉 幂 弥 汜 媚 掳 酶 囊 癖 睨 睥 瞟 皿
箍 抵 垲 黏 钠 呕 沁 剖 眸 磐 擘 券 蜷 哇 冗 荸
拈 镍 社 砭 褰 怯 搔 簌 麝 顷 涮 赦 捎 楣 艇 裴
仆 舐 僧 砼 韦 瘟 癣 壅 矢 寝 朽 穴 逊 弦 玄 汝
虽 缫 涡 枉 寅 俞 撰 蕈 匣 饷 釉 伊 仲 卒 拙 蛙
瓮 伫 佯 逾 佐 肘 鬃 贞 译 焉 哑 凿 闸 灼 臻 虞
禹 憎 纂 伛 褶 咂 冢

二、双音节词语

遨游 懊悔 盎然 翱翔 愠恼 挨训 贬谪 哺乳 濒临 棒槌
包涵 编纂 婢女 不禁 柏树 奔跑 创伤 苍穹 篡夺
篡改 从而 憧憬 踟蹰 财会 电压 大概 胆囊 对峙
诋毁 绯红 缝隙 腐朽 繁衍 固执 广袤 规矩 划桨
火候 荒谬 行当 浣纱 恍惚 关卡 脊梁 结茧 给予 惊骇
集萃 结识 即将 苦衷 缅怀 狼藉 褴褛 论语 露出
模样 媚俗 暮地 膜拜 铺子 冥顽 麻痹 疟疾 涅槃 宁肯
婆娑 剖析 撇开 盘虬 山麓 铺盖 其实 趋势 奇迹 阡陌
悄声 然而 飒飒 似的 湍流 水獭 上溯 压迫 僧侣 树干
树冠 撒手 书籍 摄取 应酬 乌桕 涡流 向往 舷窗 兴奋
血缘 窈窕 应用 要紧 枝蔓 压倒 云彩 罪孽 镇压 涨潮
枝干 折腾 栅栏 总得 瞩望 着急 征兆 辗转 榨油

三、多音节词语

黑黝黝　　变压器　　螺旋桨　　蒙古包　　牛仔裤　　白桦树　　漂白粉
动画片　　渥太华　　元谋人　　肚脐儿　　脖颈儿　　手绢儿　　胡同儿
小瓮儿　　灯泡儿　　笔杆儿　　抓阄儿　　绝招儿　　梨核儿　　照片儿
高跟儿鞋　小人儿书　前仆后继　趋于澄明　潜移默化
轻而易举　情不自禁　似是而非　水到渠成　出其不意

参 考 文 献

[1] 彭翠，沙立玲，曲宗顺.语言表达与应用写作[M].南京：东南大学出版社，2017.
[2] 杨佩月.人际沟通与技巧[M].上海：上海交通大学出版社，2021.
[3] 蒋红梅，张晶，罗纯.演讲与口才实用教程[M].4版.北京：人民邮电出版社，2020.
[4] 周爱荣，尹友，黄影.格式、技巧与范例：新编应用文写作[M].上海：同济大学出版社，2021.
[5] 郭青春.职场应用文写作[M].北京：电子工业出版社，2022.
[6] 唐涤非.口才与演讲[M].4版.北京：高等教育出版社，2021.
[7] 陈洁.现代应用文写作模块化训练教程[M].2版.北京：高等教育出版社，2021
[8] 赵京立.演讲与沟通实训[M].3版.北京：高等教育出版社，2021.
[9] 王淑一，彭路.普通话实用训练教程[M].3版.北京：北京出版社，2022.